Die Ubootflottille
der Deutschen Marine

Von 1957 bis heute

Hannes Ewerth

Die Deutsche Bibliothek – CIP-Einheitsaufnahme

Ewerth, Hannes:

Die U-Bootflottille der deutschen Marine : von 1957 bis heute / Hannes Ewerth. –
3., überarb. Aufl.. - Hamburg : Mittler, 2001
  2. Aufl. u.d.T.: Ewerth, Hannes: Die U-Flottille der deutschen Marine
  ISBN 3-8132-0764-1

ISBN 3 8132 0764 1; Warengruppe 21
© 2001 by Verlag E.S. Mittler & Sohn GmbH, Hamburg; Berlin; Bonn
Alle Rechte, insbesondere das der Übersetzung, vorbehalten.

Gestaltung: YPS Peter Neumann, Hamburg,
                     unter Verwendung eigener Archivbilder
Lektorat: Inga Rösler
                     FK a.D. Heinz Saß
                     Dr. Sally v. Stünzner-Karbe
Übersetzung: Dr. Sally v. Stünzner-Karbe
Gesamtherstellung: YPS Hamburg, Peter Neumann
                     Printed in Germany

Abbildungsnachweis

Bundesministerium der Verteidigung IP-Stab, Bonn
Archiv der Ubootflottille, Kiel
H. Bredow, Uboot-Archiv Altenbruch
Ingenieurkontor Lübeck
Howaldtswerke-Deutsche Werft AG, Kiel
AEG-Telefunken, Hamburg
Marinearsenal Kiel
Fregattenkapitän Bieber
Flottenarzt Dr. Bünder
Horst Dehnst
Fregattenkapitän Färmann
Fregattenkapitän Gaupp
Viktor Gernhard
Kapitän zur See Hett
Flottillenarzt Dr. Hänert
Hauptbootsmann a.D. Köllner
Hauptbootsmann a.D. Kroll
Korvettenkapitän Michel
Oberstabsbootsmann a.D. Plate,
Fregattenkapitän Schmitt-Raiser
Egbert Thomer
Kapitän zur See Wallner
YPS Peter Neumann
und aus dem Privatbesitz des Autors

Schutzumschlag

Vorderseite: Ubootklasse 206A in Überwasserfahrt, YPS Peter Neumann
Rückseite: Ubootklasse 206A, YPS Peter Neumann

Inhalt

Vorwort

Im Jahre 2001 wiederholte sich zum 150. Mal der 1. Februar 1851, an dem der bayrische Kanonier Wilhelm Bauer
mit seinem *Brandtaucher* in der Kieler Förde den ersten Tauchversuch unternommen hatte.

Ein zwar mißlungenes Manöver, aber der Beginn des Ubootbaus in Deutschland.

Die rasante Entwicklung der Unterseeboote als Seekriegsmittel setzte allerdings erst mit der Indienststellung des ersten U 1, im Jahre 1906, ein.
Die deutsche Ubootgeschichte umfaßt die Zeiträume von zwölf Jahren mit Ubooten der ersten Generation in der Kaiserlichen Marine,
zehn Jahren mit Ubooten der zweiten Generation in der Reichs- und Kriegsmarine und mehr als vierzig Jahren mit Ubooten der dritten
Generation in der Bundes- und Deutschen Marine.

In diesem Buch wird die Geschichte der dritten Ubootgeneration dargestellt auf der Basis persönlichen Erlebens in 19 Jahren aktiver Ubootzeit.
Die Ubootflottille von der Entwicklung über die Konsolidierungsphase zur Nutzung, bis hinein in die Gegenwart.

Die geraffte Darstellung der ersten und zweiten Ubootepoche basiert nicht auf neuen Erkenntnissen, sondern dient, auf der Basis der
bestehenden Literatur, der Einstimmung auf die Bedeutung des heute wieder besonders effektiven Seekriegsmittels.

Hannes Ewerth

Kommandeure der Ubootflottille

Kapitän zur See
Günter Reeder
1.12.1962 – 5.1.1964

Fregattenkapitän
Hans-Günther Lange
6.1.1964 – 31.3.1965

Kapitän zur See
Gustav-Adolf Janssen
1.4.1965 – 31.12.1969

Kapitän zur See
Hugo Baldus
1.1.1970 – 30.9.1980

Kapitän zur See
Hannes Ewerth
1.10. 1980 – 30.9.1986

Kapitän zur See
Dirk Horten
1.10.1986 – 30.9.1988

Kapitän zur See
Hans Lüssow
1.10.1988 – 30.9.1991

Kapitän zur See
Kurt Pfennig
1.10.1991 – 14.3.1996

Kapitän zur See
Matz Borchert
14.3.1996 – 11.12.1998

Kapitän zur See
Heinz-Eugen Eberbach
11.12.1998 – 25.9.2001

Kapitän zur See
Fritz Rudolf Weber
25.09.2001 –

Die Entwicklung der Uboote bis zum Ende des Ersten Weltkrieges

Flotten von 49 souveränen Staaten halten heute Uboote in Dienst. Obwohl diese Seekriegsmittel sich wesentlich durch viele besondere Eigenschaften von Überwasserschiffen unterscheiden, sind Unterseeboote seit dem Ersten Weltkrieg zum selbstverständlichen Bestandteil der Flotten geworden. Sie sind eines von mehreren Seekriegsmitteln, die allerdings über spezielle Eigenschaften und Fähigkeiten verfügen. Auch wenn Uboote zu Forschungszwecken, für die Wissenschaft und für technische Entwicklungen wesentliche Beiträge geleistet haben, lag ihre besondere Bedeutung doch immer in ihrem Gefechtswert.

Es geht die Sage, schon Alexander der Große habe in einer Tauchkugel mehrere Tage auf dem Meeresgrund ausgeharrt, um die Unterwasserwelt beobachten zu können.

Der wirkliche "Anfang" der Uboote lag erst im Jahr 1775, als David Bushnell in den Freiheitskämpfen der britischen Kolonie in Nord-Amerika ein Unterwasserfahrzeug entwickelte, das er *Turtle* nannte. Dieses sollte gegen Überwasserschiffe eingesetzt werden. Zwar ist der erste Versuch des Einsatzes der Turtle gegen das Flaggschiff des Admiral Richard Howes – die *Eagle* – noch nicht erfolgreich gewesen, dennoch gilt international Bushnell als Vater der Uboote.

Die 1798 von Robert Fulton konstruierte *Nautilus*, für welche die Erprobungen 1801 auf der Seine in Paris durchgeführt wurden, war ein weiterer Versuch, Unterseeboote als Kriegsmittel zu etablieren. Aber die Zeit schien für diese Pläne noch nicht reif gewesen zu sein, denn weder bei Bonaparte stießen diese auf Gegenliebe, noch hatten die Versuche, die Pläne an die Engländer oder 1812 bis 1814 auch an die amerikanische Regierung zu verkaufen, den gewünschten Erfolg.

In den Jahren von 1871 bis 1881 konstruierte der aus Irland ausgewanderte John Philip Holland in Amerika seine ersten vier Uboote, die jedoch niemals gebaut wurden. Erst mit seinem fünften Entwurf, welchen er in Zusammenarbeit mit dem Artilleriegeneral Zalinsky fertigte, war er erfolgreich. Das Boot diente später jedoch nicht wie vorgesehen als tauchfähige Mörserbatterie, sondern wurde wegen eines Schadens nur für Tauchversuche im Dock genutzt.

1888 schließlich beteiligte sich der Konstrukteur Holland an einer Ausschreibung der amerikanischen Marine für "brauchbare Uboote" und gewann diesen Wettbewerb.

1889 bewilligte der Kongreß das Geld für den Bau dieses "Hollandbootes", durch einen Präsidentenwechsel bedurfte es allerdings weiterer sechs Jahre, bis endlich 1895 der nordamerikanische Kongreß den endgültigen Auftrag für den Bau des Uboo-

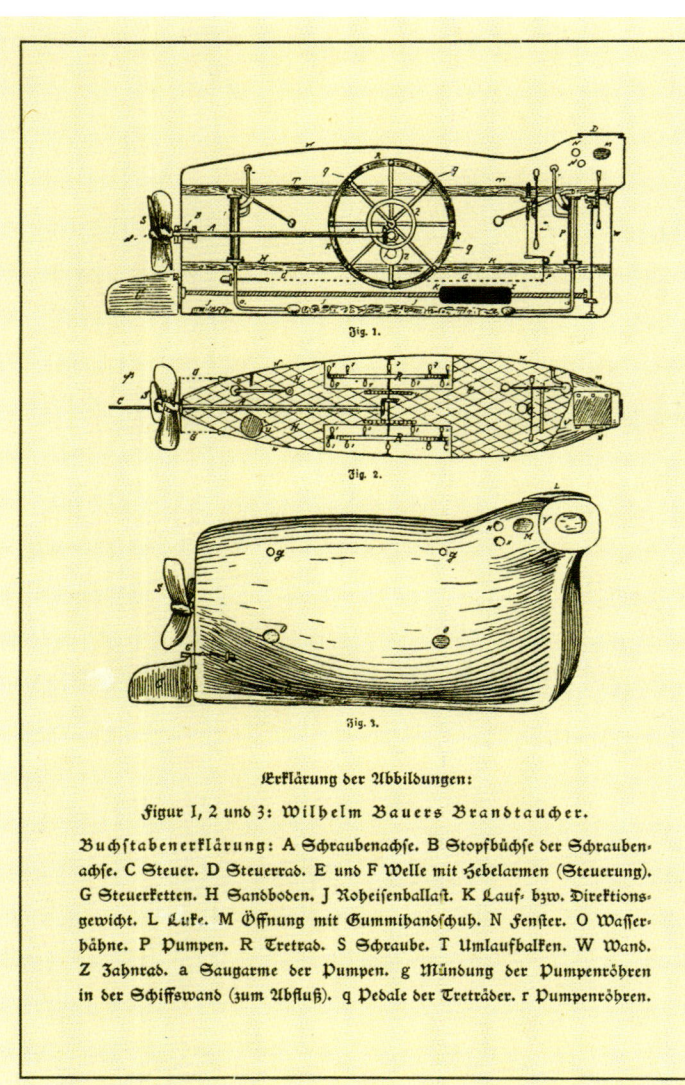

Erklärung der Abbildungen:

Figur I, 2 und 3: Wilhelm Bauers Brandtaucher.

Buchstabenerklärung: A Schraubenachse. B Stopfbüchse der Schraubenachse. C Steuer. D Steuerrad. E und F Welle mit Hebelarmen (Steuerung).
G Steuerketten. H Sandboden. J Roheisenballast. K Lauf- bzw. Direktions-
gewicht. L Luke. M Öffnung mit Gummihandschuh. N Fenster. O Wasser-
hähne. P Pumpen. R Tretrad. S Schraube. T Umlaufbalken. W Wand.
Z Zahnrad. a Saugarme der Pumpen. g Mündung der Pumpenröhren
in der Schiffswand (zum Abfluß). q Pedale der Treträder. r Pumpenröhren.

tes *Plunger* erteilte. Nach den von Holland entwickelten Vorstellungen und von der amerikanischen Marine geänderten Plänen wurde gleichzeitig ein zweites Boot mit dem Namen *Holland* in Auftrag gegeben. Dieser siebente Entwurf, den Holland fertigte, wurde schließlich der Urtyp der später als "Hollandklasse" bekannt gewordenen Uboote. Die Länge betrug etwa 16 m, der Durchmesser 3 m, die Verdrängung bei Überwasserfahrt 64 Tonnen, und das Boot hatte eine Besatzungsstärke von vier bis sechs Mann. Als Bewaffnung diente ein Bugtorpedorohr zum Ausstoßen von drei mitgeführten Torpedos und zwei vorn und achtern fest eingebaute Kanonen.

Schon 1909 wurde das achte Hollandboot, die *Fulton*, gebaut. Sie diente als Erprobungsboot für die nachfolgenden Boote *Adler, Mokkasin, Porpoise, Shark, Grampus, Pike* und *Plunger*.

Bauzeichnung des Brandtaucher /
Original drawings of the Brandtaucher

In Deutschland geht die Entwicklung der Uboote auf den Unteroffizier der bayerischen Armee, Kanonier Wilhelm Bauer, zurück, der 1849 ein Unterwasserfahrzeug konstruierte und 1850 fertigstellte. Als gedienter Kanonier der Schleswig-Holsteinischen Armee war ihm der Gedanke zum Bau eines Unterwasserfahrzeuges während des Krieges gegen die Dänen (1848 bis 1852) gekommen, als er, angesichts der Sundbrücke nach Alsen, über den Einsatz eines Tauchfahrzeugs gegen den Feind nachdachte. Er beriet sich mit höheren Offizieren, hörte Vorlesungen an der Kieler Universität und konnte, nach Vorstellung einiger Modelle, die Unterstützung der Marine erreichen.

Der *Brandtaucher*, bei Schweffel & Howaldt in Kiel gebaut, wurde im Dezember 1850 zu Wasser gelassen und unternahm im Februar 1851 seine erste Tauchfahrt. Das Boot sank bei diesem ersten Tauchversuch, die Besatzung konnte

jedoch gerettet werden. Trotz des Tauchunfalls wurde Wilhelm Bauers *Brandtaucher* von der Schleswig-Holsteinischen Marine übernommen und gilt bis heute als erstes funktionsfähiges Uboot, das eine neue Epoche der Seekriegsführung einleitete.

Nach diesem ersten sehr verheißungsvollen, dann jedoch mißglückten Auftakt vergingen einige Jahrzehnte bis zum endgültigen Bau deutscher Uboote als Kriegsschiffe.

Zu Beginn des Jahres 1902 bot der Ingenieur d'Equevilly der Firma Krupp seine Dienste an und schlug vor, seine Spezialkenntnisse und die Ergebnisse seiner Studien auf dem Gebiet des Unterseebootbaus zu nutzen. Nach Prüfung seiner Unterlagen wurde er von Herrn F.A. Krupp für den Bau eines Versuchsbootes verpflichtet. Wenngleich die deutsche Marine dem Bau von Ubooten noch abwartend gegenüberstand, hoffte doch die Firma Krupp mit dem Bau eines ersten Ubootes auf der inzwischen erworbenen Germaniawerft eine zukunftsgerichtete Entwicklung betreiben zu können. Sie erwarteten zuverlässige Aufträge der Marine.

Das erste noch im Geheimen gebaute Versuchsboot, unter der Bezeichnung *Leuchtboje*, erhielt später den Namen *Forelle*. Es diente der Germaniawerft dazu, sich mit den Gesetzen der Unterwasserfahrt vertraut zu machen. Schließlich sollte es Grundlagen für den Bau größerer Uboote liefern.

Die *Forelle* verdrängte aufgetaucht etwa 16 Tonnen, und die Bewaffnung sollte aus zwei außenliegenden Torpedorohren bestehen. Nach den ersten Versuchsfahrten zu Anfang des Jahres 1903 konnte schon bald aus drei Seemeilen Entfernung ein unentdeckter Angriff gegen ein vor Anker liegendes Fahrzeug vorgeführt werden. Das Uboot *Forelle*, das im Herbst desselben Jahres dem Kaiser vorgeführt wurde und auf dem am 23. September 1903 dann Prinz Heinrich von Preußen als erster Gast an einer Tauchfahrt teilnahm, war ein voller Erfolg. Trotzdem wurde das Boot nach Rußland verkauft, da dort, als Folge des russisch-japanischen Krieges, eine Vergrößerung der Flotte vorgenommen wurde

Versuchsboot Forelle *auf der Werft in Kiel /*
Experimental submarine Forelle *in the yard*

und großes Interesse an dieser neuen Waffe bestand.

In Deutschland erfuhren die Uboote erste größere Beachtung, als der Staatssekretär des Reichsmarineamtes und spätere Großadmiral von Tirpitz 1904 der Germaniawerft den Auftrag zum Bau eines Ubootes für die Marine erteilte. Dieses erste Uboot der deutschen Marine wurde am 14. Dezember 1906 feierlich unter dem Namen *U 1* von dem Kommandanten, Kapitänleutnant von Boehmen-Bezing, in Dienst gestellt.

Zu dieser Zeit ahnte noch niemand, daß das "U" für Unterseeboot später einmal zum internationalen Begriff einer besonderen deutschen Waffe zur See werden sollte.

Die ersten deutschen Uboote, mit einer Tonnage von 238 t und einer Länge von 42,4 m, konnten getaucht, angetrieben von einem Elektromotor über einen Bleiakkumulator, eine Geschwindigkeit von 8,7 Seemeilen/Stunde erreichen und in Überwasserfahrt mit Petroleummotoren fast 11 Seemeilen pro Stunde zurücklegen.

Die Bewaffnung, bestehend aus einem Bugtorpedorohr und einer Zuladung von drei Torpedos, erschien zu jener Zeit ausreichend, um diese Uboote als Seekriegsmittel einsetzen zu können.

Die Erprobungen und Versuchsergebnisse mit dem ersten Boot waren so vielversprechend, daß weitere Bauaufträge erteilt wurden. Diese sollten auch die Entwicklung dieser Waffe vorantreiben.

Das erste U 1 *wurde am 14. Dezember 1906 in Dienst gestellt. The first* U 1 *was commissioned on 14. 12. 1906*

Die deutsche Ubootwaffe
im Ersten Weltkrieg

Großadmiral von Tirpitz sah in dem Bau der Uboote eine sinnvolle Ergänzung zur Hochseeflotte. Er betrieb aber nicht nur den Bau seegehender Uboote, sondern war gleichsam von dem Gedanken angetan, auch kleine Uboote vor der flandrischen Küste einsetzen zu können. Obwohl die Arbeit der Marine sich auf eine mögliche Auseinandersetzung mit England konzentrierte, muß wohl das Neue und Fremde eines Unterwasserkrieges dazu geführt haben, daß in den Folgejahren von 1907 bis 1909 nur zögerlich weitere Uboote in Auftrag gegeben wurden.

Erst 1910 wurde der Bauauftrag für acht weitere Boote erteilt, und zu Kriegsbeginn 1914 waren schließlich 21 Uboote für den Fronteinsatz bereit. Auch wenn das Ausland bei Kriegsausbruch zahlenmäßig mehr Uboote besaß, waren unsere Boote, mit den Petroleummotoren und ab U 19 mit Dieselmotoren ausgerüstet, technisch deutlich überlegen.

Daß der Ubooteinsatz nicht unumstritten war, zeigte sich in dem militärisch und politisch wichtigen Beschluß zur Eröffnung des Ubootkrieges vom Februar 1915. Aufgrund einer Protestnote der neutralen Staaten, insbesondere der Vereinigten Staaten von Amerika, wurde am 12. Februar 1915 kurzfristig die Handlungsfähigkeit der Uboote eingeschränkt, und neutrale Schiffe mußten von Angriffen verschont bleiben. Diese Maßnahme hatte der Reichskanzler, ohne Beratungen mit seiner Marine, beim Kaiser erwirkt. Einen weiteren Rückschlag erlitt der Ubooteinsatz durch die Versenkung der *Lusitania*[1] durch *U 20* (Kapitänleutnant Schwieger) am 7. Mai 1915, bei der 119 Amerikaner den Tod fanden. Die Versenkung löste bei den Neutralen einen Sturm der Entrüstung aus (Protestnote der USA). Nachdem bereits vorher (ebenfalls 1915) anläßlich der Versenkung des holländischen Dampfers *Katwijk* und die dadurch

hervorgerufene Erregung eine Entschuldigungsnote an Holland gerichtet worden war, entschloß sich der Reichskanzler jetzt, außer einer ersten hinhaltenden Antwortnote, die er am 28. Mai an die USA richtete, nun beim Kaiser den Befehl zu erwirken, daß große Passagierdampfer, selbst feindliche, von unseren Ubooten durchzulassen seien.

Der Staatssekretär des Reichsmarineamtes, Großadmiral von Tirpitz, und der Chef des Admiralstabes, Admiral Bachmann, reichten daraufhin ihren Abschied ein, der ihnen jedoch vom Kaiser nicht gewährt wurde. Erst die Versenkung des

---

[1] *Englischer Passagierdampfer* Lusitania *mit 702 Mann Besatzung, 1257 Passagieren und einer Ladung von 5000 Kisten Kartuschenmunition. Bei der Versenkung sind 1198 Menschen ums Leben gekommen, darunter 119 amerikanische Staatsbürger. Der Transport von Munition war zum Zeitpunkt der Versenkung noch nicht bekannt.*

kleinen Passagierdampfers *Arabic* durch *U 24* am 19. August 1915, auf dem sich wiederum amerikanische Passagiere befanden, leitete die Ablösung des Großadmirals von Tirpitz als Staatssekretär ein, und der Ubootkrieg westlich der Britischen Inseln wurde eingestellt. Zwar wurde mit kaiserlicher Genehmigung der Befehl zum Angriff auf bewaffnete Handelsschiffe ab 11.2.1916 ausgegeben, aber ein uneingeschränkter Ubootkrieg war dieser Befehl nicht. Großadmiral von Tirpitz schied, nach einem weiteren gescheiterten Versuch, einen solchen Befehl durchzusetzen, im März 1916 aus dem Amt.

Der ausgeführte "verschärfte Ubootkrieg" erwies sich als ein unglücklicher Kompromiß. Die Torpedierung des Dampfers *Sussex*, bei der wiederum Amerikaner ums Leben kamen, erregte erneut die amerikanische Öffentlichkeit. Darauf versicherte die deutsche Reichsregierung, daß der Ubootkrieg künftig nur noch nach Prisenordnung geführt werde.

Erst am 1. Februar 1917 wurde, aufgrund eines Beschlusses vom 9. Januar 1917, der bemerkenswerterweise durch die oberste Heeresführung herbeigeführt worden war, der uneingeschränkte Ubootkrieg durchgesetzt. Dieser war auf die Einsicht der Heeresleitung zurückzuführen, daß eine siegreiche Entscheidung des Krieges auf dem Festland alleine nicht mehr zu erreichen war. Man erhoffte sich, durch den Ubootkrieg eine Wende herbeiführen zu können. Tatsächlich wurde eine erhebliche Steigerung der Versenkungsziffern erreicht. Der uneingeschränkte Ubootkrieg trug allerdings entscheidend zur Kriegserklärung der USA im April 1917 bei.

Wie hatte sich die deutsche Ubootwaffe bis zu diesem Zeitpunkt entwickelt?

Eine Vielfalt unterschiedlich großer Uboote war gebaut worden, die als Minenlege-Uboote, als Aufklärungseinheiten oder als Kampf-Uboote in Nord- und Ostsee und im Mittelmeer eingesetzt wurden. Ein gewaltiger technischer Fortschritt hatte eingesetzt. Nachdem in den ersten Jahren, ab 1912, jährlich nur sechs Uboote gebaut wurden, wie es das Flottengesetz vorsah,

konnten in den folgenden zwei Jahren von 1914 bis 1916 die Anzahl von 171 Ubooten in Deutschland gebaut werden.

Bereits *U 19* bis *U 22* wurden als Zweihüllen-Uboote für den Hochsee-Einsatz entwickelt und hatten in Abhängigkeit von der Marschgeschwindigkeit eine Reichweite von 7600 bis 9700 Seemeilen. Bei einer Größe von 650 t, mit zwei Bug- und zwei Hecktorpedorohren ausgerüstet, liefen sie mit ihren Dieselmotoren der Firma MAN eine Überwassergeschwindigkeit von 15,4 Knoten. Die Artilleriebewaffnung war ein 8,8-cm-Geschütz, später, ab *U 19* (1917), bei einigen Booten ein 10,5-cm-Geschütz.

Mit einer Besatzungsstärke von vier Offizieren sowie 31 Unteroffizieren und Mannschaften waren sie deutlich größer als die ersten Einhüllenboote.

Aber auch Uboote mit einer Größe von 1100 t, einer Überwassergeschwindigkeit von 17 Knoten und einer Besatzungsstärke von 46 Soldaten, wie die Boote *U 135* bis *U 138*, wurden entwickelt. Die größten Kampf-Uboote hatten eine Tonnage von 1930 t, bei einer Länge von 92 m und einem Durchmesser von 9 m. Diese

U 1 *auf Feindfahrt, gemalt von Viktor Gernhard /* U 1 *in action painted by marine artist Viktor Gernhard*

Maschinenfahrstand auf U 21 / Engine room controls on U 21

Boote hatten eine Reichweite von 12.000 bis 17.000 Seemeilen, wie z.B. die Ukreuzer *U 139* bis *U 142*. Die Waffenausrüstung war entsprechend: vier Bugtorpedorohre, zwei Hecktorpedorohre und einen Vorrat von 19 bis 24 Torpedos; die Artilleriebewaffnung bestand aus zwei 15-cm-Geschützen und zwei 8,8-cm-Geschützen. Mit einer Besatzungsstärke von 62 Soldaten und einem Prisenkommando von 21 Soldaten sollten diese großen Boote zur weiträumigen atlantischen Handelskriegsführung eingesetzt werden.

Kleine Uboote für den Einsatz im Küstenvorfeld wurden ebenfalls neu entwickelt. So sollten die Uboote *UB 1* bis *UB 8*, mit einer Tonnage von 127 t und einer Überwassergeschwindigkeit von 6,5 Knoten, vor der flandrischen Küste eingesetzt werden. Die Bewaffnung dieser Boote bestand aus zwei nicht nachladbaren Bugtorpedorohren und einem Maschinengewehr zur Selbstverteidigung bei Überwasserfahrt. Die Besatzung bestand aus 14 Soldaten.

Darüber hinaus sind reine Minen-Uboote entwickelt worden, wie z.B. die erste Serie der C-Boote, *UC 1* bis *UC 10*. Ein Pro-

gramm, das schon ab 1914 erheblich erweitert wurde.

Am 31. Mai 1915 eröffnete *UC 11*, unter dem Kommandanten Oberleutnant zur See Schmidt, den Minenkrieg durch Legen einer Minensperre vor Zeebrügge. Aber auch im Mittelmeer wurden diese Boote eingesetzt, wo sie zum Teil Herausragendes geleistet haben. *UC 1*, das erste Boot dieser Serie, ging bei seiner 79. Unternehmung 1917 verloren, nachdem mit diesem Boot unter sieben Kommandanten 38 Einheiten mit insgesamt 59.000 BRT und drei Kriegsschiffe versenkt worden waren.

Die Unterseeboote mit ihren vielfältigen Einsatzmöglichkeiten hatten in wenigen Jahren eine nicht erwartete Kampfkraft bewiesen. Hierfür war der Übergang vom Petroleummotor zum Dieselmotor und die Entwicklung leistungsstarker Batterien von ebenso großer Bedeutung wie die Entwicklung neuer Ortungsgeräte und Waffen.

Dennoch konnten weder die technische Entwicklung noch der zahlenmäßige Ausbau der Ubootwaffe, auch nicht die her-

vorragenden Leistungen der Besatzungen, eine entscheidende Wende zugunsten der Deutschen herbeiführen. Rückblickend kann man den Ubootkrieg in vier Phasen unterteilen:

1. Phase : 18.2. bis 19.9.1915

Im Februar 1915 begann die erste Phase des Ubootkrieges und dauerte bis zum September 1915, als die Reichsregierung nach dem Arabic-Zwischenfall (19.8.1915) den Ubootkrieg westlich der Britischen Inseln einstellte. Leider gab es in dieser Situation zunächst keine klaren Weisungen an die Kommandanten, wie gegen Handelsschiffe vorgegangen werden sollte. Sie mußten selbst entscheiden zwischen warnungsloser Versenkung oder Handelskrieg nach Prisenordnung.

Der Handelskrieg, der mit 21 Ubooten begonnen worden war, von denen nur 14 westlich der Britischen Inseln operieren konnten, wurde in der ersten Phase wegen der Spannungen mit den USA, die durch die Versenkung der *Lusitania* und der *Arabic* entstanden, beendet.

"Verschärfter Ubootkrieg", d.h. Versenken – auch ohne Vorwarnung – aller feindlichen Handelsschiffe, jedoch Verschonen von Passagierdampfern. Durch den *Sussex*-Zwischenfall im Ärmelkanal mußte die Reichsregierung, unter dem Druck der USA, einlenken. Sie sagte zu, künftig den Seekrieg nur nach den Regeln des Völkerrechts, d.h. nach Prisenordnug, zu führen. Der Ubooteinsatz im Handelskrieg wurde daraufhin von der Marineführung im Ärmelkanal und um die Britischen Inseln – nicht jedoch im Mittelmeer – abgebrochen.

3. Phase: 6.10.1916 bis 31.1.1917

In dieser Zeit zeigte der "Handelskrieg nach Prisenordnung" beachtliche Erfolge, ohne daß ein ansteigender Verlust an Ubooten zu verzeichnen war. Erneute Spannungen mit den USA wegen der Ubooteinsätze gab es nicht. Die durchschnittlichen Erfolge der deutschen Uboote lagen in dieser Zeit bei monatlich etwa 185 Schiffen mit einer Tonnage von 325.000 BRT.

4. Phase: 1.2.1917 bis 6.10.1918

In dieser Zeit wurde der "uneingeschränkte Ubootkrieg" durchgeführt, d.h. Handelsschiffe wurden in Kriegsgebieten ohne Warnung angegriffen. Vor dieser Entscheidung hatte allerdings die Marineführung der Reichsregierung die Zusicherung gegeben, daß im "uneingeschränkten Ubootkrieg" monatlich 500 000 BRT versenkt werden könnten und England damit in sechs Monaten zu bezwingen sei.

Im Februar 1917 folgte der endgültige Bruch mit den USA, die im April 1917 Deutschland den Krieg erklärten. Ab Sommer 1917 gingen die Versenkungsziffern der Uboote deutlich zurück und konnten bis Kriegsende nicht wieder erhöht werden[2].

Mit dem Streichen des Ubootes *U 1* aus der Liste der deutschen Kriegsschiffe am 19. Februar 1919 und seiner Aufstellung im Deutschen Museum in München wurde für Deutschland eine Epoche abgeschlossen.

178 deutsche Uboote gingen im Ersten Weltkrieg bei Einsätzen verloren, und mehr als 5000 Seeleute verloren ihr Leben. Insgesamt wurden in den Jahren 1906 bis 1918 für Deutschland 375 Uboote gebaut und kamen zum Einsatz. Von ihnen wurden 6394 Handelsschiffe mit einer Gesamttonnage von 11.948.700 BRT versenkt.

Hervorzuheben sind Namen wie Korvettenkapitän Arnauld de la Periér, der mit *U 35* auf 15 Feindfahrten 194 Handelsschiffe und zwei Kriegsschiffe versenkte. Ebenso Kapitänleutnant Hersing, Kapitänleutnant Forstmann und Kapitänleutnant Valentiner, die durch ihre herausragenden Erfolge die Schlagkraft der Ubootwaffe deutlich machten.

Trotz dieser bedeutenden Leistungen war der Einsatz der deutschen Uboote nicht kriegsentscheidend.

---

[2] *Nach Unterlagen der Marineschule Mürwik*

Die deutschen Uboote 1939 bis 1945

UBOOTE DER ZWEITEN GENERATION

Bereits ab 1922 hat sich die Marineleitung der Reichsregierung, unter größter Geheimhaltung, wieder mit dem Bau von Ubooten beschäftigt und ab 1932 deren Bau gezielt vorbereitet.

Erste Pläne entstanden in einem holländischen Ingenieurbüro unter der Mitarbeit der deutschen Ingenieure Techel und Schürer, welche sich bereits im Ersten Weltkrieg durch die Konstruktion verschiedener deutscher Uboote verdient gemacht hatten.

Erste Bauten nach deren Plänen erfolgten aus Geheimhaltungsgründen in Spanien.

Die Ausbildung wurde bereits 1933 in Finnland aufgenommen.

Durch das deutsch-englische Flottenabkommen vom 18. Juni 1935 wurde es Deutschland erlaubt, bis zu 45 % der britischen Uboottonnage zu bauen und in Dienst zu halten. Jetzt konnten die schon sehr frühzeitig begonnenen Vorbereitungen in die Tat umgesetzt werden.

Am 25. Juni 1935 wurde wiederum ein *U 1*, als erstes Uboot der Reichsmarine, von Kapitänleutnant Klaus Ewerth in Dienst gestellt. Bis Ende September 1935 waren *U 1* bis *U 6* bei der Ubootabwehrschu-

le, der späteren Ubootschule, unter dem Befehl des Fregattenkapitän Slevogt in der Ausbildung.

Am 28. September 1935 wurde mit der Indienststellung von *U 7* und den folgenden *U 8* und *U 9* die erste Front-Ubootflottille "Wedingen" in Dienst gestellt.

Chef dieser Flottille, der in den folgenden Monaten auch die Boote *U 10* und *U 18* zuliefen, wurde der damalige Kapitän

Links: U 1 *(Indienststellung 25. Juni 1935) auf Probefahrt,* U 26 *mit 712 ts Deplacement wurde 1935/36 bei Deschimag in Bremen gebaut (rechts).*
U 1 *on trials before commissioning in 1935 (left) and the 712 ton* U 26 *built in Bremen (right).*

zur See (ab 1.10.1935) Karl Dönitz. Dönitz, ein Offizier mit Fronterfahrung als Wachoffizier und Kommandant aus dem Ersten Weltkrieg, war Kommandant von Torpedobooten, Chef einer Torpedobootsflottille, Navigationsoffizier auf dem Flaggschiff des Befehlshabers der Seestreitkräfte in der Ostsee und Kommandant des Auslandkreuzers Emden. Er beherrschte die Taktik der Überwasserstreitkräfte ebenso wie die Unterwassertaktik und war deshalb für den organisatorischen und taktischen Aufbau der neuen Ubootwaffe besonders geeignet.

Die britische Marine hatte bereits Anfang der 30er Jahre ein Unterwasserortungsgerät auf Schallbasis entwickelt, das sogenannte ASDIC[3] , und ließ wissen, daß damit Uboote unter Wasser auf viele tausend Meter geortet werden könnten. Obgleich die Uboote dadurch in ihrer Wirkungsweise erheblich eingeschränkt schienen, sollte die deutsche Ubootwaffe dennoch in dem Umfang aufgebaut werden, wie es der deutsch-englische Flottenvertrag

[3] *Allied Submarine Detection Investigation Committee*

zuließ; nämlich 45% der englischen Uboottonnage.

Das Uboot als klassisches Seekriegsmittel des Schwächeren, welches über lange Zeit eine für den Gegner schwer kalkulierbare Bedrohung aufrechterhalten kann und die Initiative des Angriffs bestimmt, wurde von Dönitz als ein seetüchtiges, wirkungsvolles Kriegsschiff gesehen. Ein Kampfschiff, das je nach taktischer Situation unter und über Wasser eingesetzt werden kann und in der Lage ist, sich jederzeit einer Bedrohung zu entziehen oder unbemerkt

die Initiative zurückgewinnen kann. So jedenfalls wurde zu Beginn des Zweiten Weltkrieges die Überlegenheit der Uboote gegenüber den Überwasserschiffen eingeschätzt.

Bei der Frage, in welcher Größe und Stückzahl Boote zu bauen seien – viele kleine oder wenige große Boote –, mußte eine Synthese gefunden werden aus technischen Möglichkeiten, taktischen Forderungen und finanziellen Mitteln. Nicht zuletzt war die in dem Flottenvertrag vereinbarte Gesamttonnage einzuhalten. So fiel die Entschei-

dung für eine größere Anzahl von 500-t-Booten anstatt weniger 2000-t-Boote.

Obgleich die Engländer bereits 1937 einer Erhöhung der deutschen Uboottonnage auf 100% der britischen Tonnage zugestimmt hatten, mußte dennoch mit der zur Verfügung stehenden Kapazität sehr sorgsam in die Planung gegangen werden.

Im Sommer 1935 waren für die deutsche Kriegsmarine 12 Uboote des Typ II (250 t, 3 Bugtorpedorohre, Überwassergeschwindigkeit 12 Knoten, Aktionsradius 3100 Seemeilen) sowie zwei Boote des Typ I (712 t, 4 Bugtorpedorohre, zwei Hecktorpedorohre, 12 Knoten Überwassergeschwindigkeit, Aktionsradius 7900 Seemeilen) und 10 Booten des Typ VII (500 t, 4 Bugtorpedorohre, zwei Hecktorpedorohre, Überwassergeschwindigkeit 16 Knoten, Aktionsradius 6200 Seemeilen) in der Planung bzw. im Bau.

Aus der Sicht von Dönitz bot sich insbesondere eine Weiterentwicklung des im Ersten Weltkrieg bewährten Uboots des Typs UB III an, aus dem der Typ VIIC entwickelt wurde. Im Oberkommando der Marine war man jedoch der Ansicht, daß zur Unterstützung der Überwasserflotte im Kreuzerkrieg größeren U-Kreuzern mit starker Artilleriebewaffnung und großer Seeausdauer (Typ XI), großen Minen-Ubooten (Typ X) sowie großen Ubooten für den Torpedoeinsatz in entfernten Gewässern (Typ IX und Typ XI) der Vorzug zu geben war. Dieses mußte dazu führen, daß sich wegen der hohen Tonnage der großen Boote die Stückzahl insgesamt verringerte. Dieser Meinungsstreit führte zu beträchtlichen Auftrags- und Bauverzögerungen mit der

Uboot der Klasse Typ VII C verläßt die Kieler Förde / Class VII C submarine in the Kiel Bay

Folge, daß zu Kriegsbeginn nur eine geringe Anzahl an einsatzbereiten Ubooten zur Verfügung stand.

Rückblickend haben sich die Uboote vom Typ VII – Entwicklung VIIC – als standfeste und hervorragend geeignete Konstruktionen erwiesen. Diese kampfkräftigen Boote von 769 t, mit einem Aktionsradius von 6500 Seemeilen bei 7 Knoten Fahrt, ausgerüstet mit vier Bug- und einem Hecktorpedorohr, mit einem Vorrat von 12 bis 14 Torpedos und einer Schnelltauchzeit von nur 25 Sekunden, waren eines der zuverlässigsten Seekriegsmittel.

Zwar brauchen Uboote in ihrer Ausrüstung und Größe nicht an anderen Seekriegsmitteln gemessen werden, aber es mußten dennoch die Besatzungsstärken den Einsatzgebieten und der Einsatzzeit angepaßt werden, und es war das operative Umfeld zu berücksichtigen.

Die technischen Möglichkeiten waren voll genutzt worden, so daß große Beweglichkeit, schnelle Tauchzeiten und ein gutes taktisches Manövrierverhalten erreicht wurden. Der Forderung nach großer Seeausdauer für weiträumige Einsätze war u.a. durch ausreichenden Wohnraum für die Besatzungen Rechnung getragen worden.

Die Einsatzzeiten der Uboote werden allerdings nicht nur von der Größe und der Ausrüstung der Boote bestimmt, sondern sehr wesentlich von der physischen Leistungsfähigkeit der Besatzung.

Das Leben auf engstem Raum, die Bewegungsarmut, die gegenseitige Abhängigkeit und das ständige Leben und Wirken unter den Augen der Kameraden zehrt an den Kräften jedes einzelnen. Darüber hinaus führten technische Unzulänglichkeiten und Schwächen in der Waffen- und Ortungsentwicklung zu Einschränkungen, die bei diesen sonst so schlagkräftigen Tauchbooten[4] noch hingenommen werden mußten.

Bedingt durch die geringe Batteriekapazität, war die Unterwassergeschwindigkeit von max. 7 Knoten nur für 30 Minuten zu halten, und selbst bei geringster Fahrt und eingeschränktem Stromverbrauch mußten die Akkumulatoren schon nach wenigen Stunden wieder aufgeladen werden.

Mit "Kujambel", wie die Ubootfahrer die Stromstärke pro Stunde nannten, mußte gespart werden, denn durch sie, wie auch durch den nur begrenzt vorhandenen Sauerstoff, war die Tauchzeit eingeschränkt.

Hierin lagen die Schwächen der damaligen Tauchboote, d.h. Uboote, die tauchen und auftauchen konnten, die jedoch in Unterwasserfahrt nur über wenig Antriebsreserven verfügten, mit denen sie ihre Position verändern konnten.

Nur in Überwasserfahrt – und damit wird wieder das Tauchboot deutlich – waren die Dieselmotoren auf die Welle geschaltet, so daß über lange Strecken zur Stationierung mit Geschwindigkeiten bis 17 Knoten gefahren werden konnte.

Aus der Kündigung des Flottenabkommens durch Hitler am 26. April 1939 hatte Dönitz richtig gefolgert, daß ein Krieg mit England bevorstand. Da England vom Welthandel über den Atlantik abhängig war, mußte sich die Ubootwaffe auf eine Schlacht im Atlantik vorbereiten.

Der Angriff auf diese Verbindungs-

---

[4] *Aus heutiger Sicht werden Uboote, die nicht ständig unter Wasser operieren, sondern nur tauchen, um anzugreifen oder sich einer Gefahr zu entziehen, als "Tauchboote" bezeichnet.*

U 109, *ein Boot der Klasse IXB* / U 109, *a Class IXB submarine*

wege war für Dönitz eine vorrangig strategische Aufgabe. Hierfür mußte so schnell wie möglich eine große Zahl atlantikfähiger Uboote gebaut werden.

In den Weiten des Atlantiks war nämlich das Auffassen der Gegner besonders problematisch, so daß der FDU (Führer der Uboote) im Winter 1938/39 die Anzahl von 300 Frontubooten forderte, um "viele Augen" im Operationsgebiet haben zu können; wenn schon eine Luftaufklärung nicht möglich war. Er ging davon aus, daß etwa ein Drittel der Boote auf dem Hin- und Rückmarsch sein würde, ein Drittel im Einsatzgebiet und ein Drittel in der Instandsetzung (Größenverhältnisse, die noch heute ihre Richtigkeit haben).

Als der Krieg gegen Großbritannien dann tatsächlich, entgegen den Erwartungen der Staatsführung, im September 1939 ausbrach, hoffte Dönitz, daß spätestens jetzt der deutschen Rüstung die fehlenden Mittel für den Kampf im Atlantik schnell zur Verfügung gestellt würden. Hitler teilte diese strategische Ansicht jedoch nicht. Er hoffte vielmehr auf eine Verständigung oder einen Sonderfrieden mit England. Er glaub-

te, diesen durch den Krieg mit Rußland möglicherweise sogar erzwingen zu können.

So konnte es auch nicht verwundern, daß der Ubootbau im Jahre 1939 im Gesamtrüstungsplan in keiner Weise einen Vorrang erhielt. Selbst das Bauprogramm von monatlich 29 Ubooten wurde nie erreicht, so daß noch im Jahre 1941 die Anzahl der deutschen Frontuboote lediglich 22 betrug. Das bedeutete deutlich verlängerte Einsatzzeiten für die einzelnen Boote.

Zwar konnte der Zulauf von Ubooten 1940 auf 54 und 1941 sogar auf 194 erhöht werden, aber die Verwirklichung des Z-Plans[5] bis 1939 sowie die nie ausreichenden Baukapazitäten ließen die Durchsetzung der Vorstellungen von Dönitz nur sehr eingeschränkt zu. Nur sehr bedingt konnten Ausbildung und Taktik den Mangel an Material kompensieren und zum angestrebten Erfolg führen.

TAKTIK UND EINSATZ

Taktik entsteht nicht aus sich selbst heraus, sondern muß sich an den eigenen wie auch an den gegnerischen Möglichkeiten orientieren. So galt es bereits beim Wiederaufbau

der Ubootwaffe, die technischen Grenzen zu erkennen, um vorhandene Schwächen durch Nutzen von Stärken der Taktik und der Ausbildung zu kompensieren.

Bereits 1917, nach den ersten Erfolgen der deutschen Ubootwaffe, waren die Engländer auf ein Geleitzugsystem übergegangen. Diese Zusammenstellung großer Konvois hatte Dönitz schon als Kommandant von UB 68 zu der Auffassung geführt, daß einer Häufung von Handelsschiffen eine Konzentration von Ubooten gegenübergestellt werden müsse.

Dönitz, ein Mann der Ubootwaffe mit Erfahrungen auf Überwasserschiffen, hatte als Taktiker beide Seiten, die der Überwasser- und die der Unterwasserkomponente, ausreichend kennengelernt, um zu wissen, wie wichtig es war, einer Überwassertaktik eine eigene Uboottaktik entgegenzusetzen.

Der Ausbildungsstand der Uboote mußte den Torpedoeinsatz unter Wasser wie auch aus Überwasserfahrt zulassen. Dar-

[5] Der Z-Plan war der Schiffbauplan für die Jahre 1938 bis 1948 und sah u.a. 249 Uboote vor.

über hinaus mußte, mit guten Erfolgsaussichten, ein Artilleriegefecht gegen Handelsschiffe beherrscht werden.

Trotz der vielen Einschränkungen, denen die Ubootkriegsführung durch das Schonen neutraler Schiffe und das Verhalten gegenüber französischen Handelsschiffen unterlag, waren die Uboote dennoch in den ersten Kriegsjahren besonders erfolgreich.

Schon im ersten Kriegsjahr 1940 zeigten sich bei der Bekämpfung von Geleitzügen Erfolge durch Anwendung der Rudeltaktik. Zwar hatte sich die Führung der Uboote von See her nicht bewährt, dafür war aber die Führung von Land aus sehr wirkungsvoll. Wettermeldungen der Boote in See, Meldungen über Zusammensetzung der Geleitzüge und Positionsmeldungen, verbunden mit den Erfahrungen der Offiziere im Stab des Befehlshabers der Uboote, waren die Basis für eine zentrale, schnelle und effektive Führung der Einheiten im Einsatz.

Durch verzugslose Nachrichtenübermittlung und Auswertung der Meldungen wurden die Uboote bis zum Angriff

geführt. Der Angriff selber wurde selbstverständlich von dem jeweiligen Kommandanten angesetzt und durchgeführt.

Die Boote mußten sich nach Erhalt der Meldung dem Konvoi vorsetzen, um, nachts in Überwasserfahrt oder bei Tage getaucht, aus dieser Position anzugreifen. Hierfür ließen sich die Boote bei Tage geräuschlos durch die Sicherungskette der feindlichen Zerstörer und Korvetten sacken, um, noch bei Tageslicht auf Sehrohrtiefe oder erst bei Dunkelheit im Geleitzug, aufzutauchen und die Angriffe zu fahren. Hier wurde von jedem einzelnen Kommandanten zu jeder Zeit Initiative, Zähigkeit, Härte und großes Können abverlangt.

Immer ausgefeilter wurden die Taktiken der Kommandanten, immer größer der Schatz an Erfahrungen und immer erfolgreicher konnten Uboote gegen Einzelfahrer, Überwasserstreitkräfte oder Konvois operieren.

Auch zu Minenoperationen wurden Uboote eingesetzt: vor den Häfen von Plymouth oder Portland, vor der englischen Ostküste oder in der Irischen See, im Mittelmeer und Schwarzen Meer, vor Hafeneinfahrten oder Stützpunkten. Überall wurden Uboote eingesetzt und waren erfolgreich.

Besondere Beachtung fanden die Erfolge von Kommandanten wie Kretschmer, Topp, Merten oder Scheppke, Schuhart oder Hardegen, Lehmann-Willenbrock, Schulze, Prien oder Lüth – um nur einige zu nennen. Ihre Einsätze führten sie in den Atlantik, ins Mittelmeer, den Indischen Ozean oder vor die amerikanische Küste. Ein Musterbeispiel guter planerischer Detailarbeit war zweifellos die Unternehmung von Kapitänleutnant Günter Prien gegen den Hauptliegehafen der britischen Flotte in Scapa Flow. Ihm gelang es in der Nacht vom 13. zum 14. Oktober 1939, die Sperren unbemerkt zu passieren und das Schlachtschiff Royal Oak zu versenken. Prien kehrte mit seinem Boot, trotz stärkster Gegenwehr und schwerwiegender technischer Probleme, wohlbehalten nach Wilhelmshaven zurück. Eine Operation, die zu den bekanntesten Erfolgen des Ubootkrieges zählt.

Der Ubootkrieg stellte hohe Anforderungen an die Kommandanten und an ihre Besatzungen. Die Einsätze im Eismeer

Ein auslaufendes Typ-VIIC-Uboot / Sea-bound: A Class VII C submarine

unter härtesten Bedingungen, die Operationen im Südatlantik unter tropischer Sonne oder im Indischen Ozean und in der Karibik, sie alle waren Strapazen, die Mann für Mann bei jedem Wetter, bei Tag und bei Nacht ertragen werden mußten. Aber immer wieder haben die deutschen Uboote ihre Angriffe trotz ständig steigender Gegenwehr von den Nord- und Ostseehäfen, von Norwegen oder der französischen Atlantikküste weltweit vorgetragen. Einer der bedeutenden Erfolge war der von Kapitänleutnant Schuhart gleich zu Beginn des Krieges. Am 19. September 1939 griff er mit *U 29* den in seinem Operationsgebiet stehenden Flugzeugträger *Courageous* an und versenkte ihn mit zwei Torpedos. Das war ein erster großer Schlag, ebenso wie der Angriff von Kapitänleutnat Glattes mit *U 39* auf den Flugzeugträger *Arc Royal* von der englischen Flotte, auch wenn der Angriff von Glattes erfolglos blieb. Beide Operationen zusammen führten jedoch zu einer Umstellung der englischen Seekriegsführung. Die Flugzeugträger wurden aus der Ujagdrolle zurückgezogen.

Das Geleitzugsystem wurde mehr und mehr ausgefeilt, und die Abwehr gegen die deutschen Uboote steigerte sich von Monat zu Monat. "Hunter Killer Groups", von den Engländern gegen die Ubootbedrohung aufgestellt, wie auch die permanente Luftaufklärung gestalteten den Ubooteinsatz in allen Seegebieten zunehmend schwieriger. An allen Fronten, an denen die deutschen Uboote eingesetzt waren, wurde massive Gegenwehr schmerzlich spürbar. In diesem Zusammenhang ist der legendäre Commander einer britischen Ujagdgruppe, Commander RN, später Captain C.F. Walker, zu nennen. Walker hat spezielle Verfahren zum Auffinden und Jagen deutscher Uboote entwickelt und bemerkenswerte Erfolge erzielt.

Seine Taktik war es, entdeckte Uboote mit mehreren Ujagdeinheiten einzukreisen und so lange mit Wasserbomben unter Wasser zu halten, bis diese versenkt waren oder wegen Mangel an Sauerstoff oder Batteriekapazität auftauchen mußten.

Die unterschiedlichen Tiefeneinstellungen der Wasserbomben, der Einsatz von Ujagdraketen, das Ansetzen zum Rammstoß oder auch der nervenaufreibende Einsatz der Flugzeuge mit Bordwaffen und Bomben machte den Einsatz der Uboote immer gefährlicher.

Insbesondere der vermehrte Einsatz von Flugzeugen hatte zur Folge, daß die Uboote nur noch unter schwierigsten Umständen angreifen und nur unter größten Gefahren den Heimathafen wieder erreichen konnten, wenn sie nicht den gegnerischen Angriffen erlagen.

Manches Boot mußte auch wegen eines weit entfernten Einsatzes in See Brennstoff übernehmen, um eine begonnene Unternehmung fortzusetzen oder um zum Heimathafen zurückkehren zu können. Groß war dann die Freude, vergessen die Anspannung und die Strapazen, wenn ein Boot, ob erfolgreich oder noch einmal davongekommen, von Feindfahrt zurückkehrte. Begrüßt von den Angehörigen der Flottille kamen die abgespannten, in kurzer Zeit gealterten Besatzungen als verschworene Gemeinschaft zurück, die motiviert, überzeugend und gewissenhaft ihre Pflicht getan hatte.

Die zusätzliche Ausrüstung der Uboote mit Fliegerabwehrgeschützen konn-

te die englische und amerikanische Luft-
überlegenheit nicht brechen, so daß die
Boote mehr und mehr unter Wasser
gedrückt wurden und deshalb die Geleitzüge seltener und teilweise nur unter schwierigsten Bedingungen erreichen konnten.

Rückschläge und Mißerfolge der
Boote in See wegen fehlgeschlagener Weiterentwicklungen an Waffen und Gerät ent-
mutigten oft die Besatzungen.

Die Weiterentwicklungen des Torpedos G7A zum elektrischen Torpedo G7E
(jetzt ohne verräterische Blasenlaufbahn)
sowie bei den zur Lage unabhängigen Torpedos LUT und FAT oder insbesondere die
Entwicklung des programmgesteuerten
Torpedos "Zaunkönig" führten anfangs zu
erheblichen Problemen. Vorzeitige Zündun-
gen der Pistolen durch das magnetische
Eigenfeld oder die Pannen mit den zielsu-
chenden Torpedoköpfen schienen zeitweilig
den Ubooteinsatz in Frage zu stellen.

Aber auch diese Probleme wurden
schließlich von Technikern und Taktikern
gelöst.

Die Entwicklung ging weiter. Ständig wurden neue Uboote gebaut. Auf allen

deutschen Werften liefen wöchentlich Uboote vom Stapel, die z.T. als Einzelsektionen in
den verschiedenen Teilen Deutschlands
gefertigt und an der Küste zusammengefügt
wurden. Fast täglich wurden Boote in
Dienst gestellt, aber auch täglich gingen
Boote in den Weltmeeren verloren.

Waren die Uboote in den Anfangsjahren des Krieges besonders erfolgreich, so
schien sich zum Ende des Jahres 1942 das
Blatt zu wenden. Die Luftangriffe mit Hilfe
der inzwischen entwickelten Radargeräte,
die immer intensiver und effektiver gewordenen Geleitzugsicherungen, die Auswertung der verschlüsselten Stationsmeldun-
gen und der dadurch gezieltere Einsatz der
Ujagdgruppen führte bei den Ubooten zu
schweren Verlusten.

DIE VERLORENE SCHLACHT IM ATLANTIK
Am 24. Mai 1943 brach Admiral Dönitz die
Schlacht im Atlantik ab. Die Zahl der ver-
senkten Handelsschiffe stand in keinem
Verhältnis mehr zum Ansatz der eingesetz-
ten Uboote.

Fünf Geleitzüge wurden von 40
Ubooten bekämpft, nur ein Frachter konnte

versenkt werden. Dem standen 10 Uboot-
verluste gegenüber. Dennoch wurde
grundsätzlich an der Ubootkriegführung
festgehalten. Schließlich banden die
Uboote in See noch Hunderte von Überwasserstreitkräften, zwangen zur Kon-
voiführung und hielten Hunderte von
Flugzeugen über See, die somit nicht gegen
das deutsche Territorium, nicht gegen
die Rüstungsindustrie und nicht gegen die
Zivilbevölkerung zum Einsatz gebracht
werden konnten.

Kurz vor Ende des Krieges wurden
noch einmal alle Kräfte der Rüstungsindustrie mobilisiert, um doch noch zu versuchen, durch den Einsatz verbesserter und
modernerer Uboote eine Wende in der
Atlantikschlacht herbeizuführen. Aber es
gelang nicht. Die Ostfront wich weiter und
weiter zurück, und es zeigte sich immer kla-
rer, daß der Krieg für Deutschland nicht zu
gewinnen war. Spätestens mit dem Kriegs-
eintritt der USA, im Dezember 1941, war
der Krieg, strategisch gesehen, für Deutschland verloren.

Aber kehren wir noch einmal zum
Gang der Ereignisse zurück.

DER SCHNORCHEL

Die Idee, einem unter der Wasseroberfläche fahrenden Fahrzeug Frischluft zuzuführen, um auch bei Unterwasserfahrt Verbrennungsmaschinen betreiben zu können, ist ziemlich alt.

Bereits 1933 gab es erste Vorschläge des Ingenieurs Walter für einen Luftmast auf den Ubooten.

Ebenso gab es schon 1940 Ideen des holländischen Marineoffiziers J.J. Wichers, der vorschlug, seinen Entwurf eines Luftmastes mit dem ebenfalls von ihm entwickelten Ringschwimmer als Kopfventil[6] auszurüsten und diesen auf Ubooten zu installieren.

In der deutschen Marine wurde die Idee, Uboote mit einem Luftmast auszurüsten, erst 1943 wieder aufgegriffen, als die gegnerische Radarentwicklung zu Gegenmaßnahmen in der Ubootausrüstung zwang. Der Entwurf des Ingenieurs Professor Walter wurde wieder aufgegriffen, denn die durch das weiterentwickelte Radar der Gegner stark gefährdeten Überwassereinsätze der Uboote machten eine schnelle Lösung dringend erforderlich.

Bereits im Sommer 1943 wurden die beiden Schulboote *U 57* und *U 58* mit Schnorchelmasten und schwimmendem Kopfventil ausgerüstet. Nach den ersten erfolgreichen Versuchen wurde für die VIIC-Boote ein klappbarer Luftmast, als Nachrüstung für die Boote in der Instandsetzung und als Ergänzung für die Neubauten, im Turmbereich eingebaut. Im September 1943 kamen bereits *U 235* und *U 237*, mit einem Schnorchel ausgerüstet, zum Einsatz. Bis Mitte 1944 wurden von der Werft Blohm & Voss 14 weitere Frontboote mit dem Schnorchelmast ausgerüstet.

Unter dem immer stärker werdenden Druck der bordgestützten Ujagdflugzeuge wurde der Schnorchel von den Besatzungen schnell als gelungene Neuerung akzeptiert, ermöglichte er doch jetzt den Ubooten in Unterwasserfahrt die Diesel einzusetzen und so den Marsch ins Operationsgebiet in Tauchfahrt durchzuführen.

NEUKONSTRUKTIONEN

Die modernsten Entwicklungen, die Uboote Typ XXI[7] und Typ XXIII[8], wurden 1944 nach den ersten Erprobungen von ihren Besatzungen in Dienst gestellt und sollten zusammen mit den "Schnorchelbooten" neuen Aufschwung bringen.

Typ XXI waren große Boote, 1600 t, mit abgerundeten, strömungstechnisch günstigen Formen und sollten mit dem dieselelektrischen Antrieb den Booten eine hohe, geräuschlose Unterwasserfahrt ermöglichen. Positionieren, Vorsetzen vor den Konvoi und Angriff sollten künftig mit der Unterwassergeschwindigkeit von 17 Knoten, voll getaucht, problemloser durchgeführt werden können. Ausgerüstet mit dem neuen Schnorchelmast war darüber hinaus das Laden der Batterien bei getauchtem Boot möglich.

Der Übergang vom Tauchboot zum Unterseeboot war vollzogen.

---

[6] *Das Kopfventil verhindert das Eindringen von Wasser beim Eintauchen des Schnorchels unter die Wasseroberfläche.* [7] *Ein gehobenes Boot vom Typ XXI war in der Bundesmarine Schul- und Versuchsboot* Wilhelm Bauer, *heute Technikmuseum in Bremerhaven.* [8] *Zwei selbstversenkte Boote vom Typ XXIII wurden gehoben und fuhren als* U Hai *und* U Hecht *in der Bundesmarine als Schulboote.* U Hai *ging 1965 in Überwasserfahrt auf der Doggerbank verloren.*

Zum Einsatz kam jedoch nur noch ein Boot, *U 2511*, unter Korvettenkapitän Schnee, welches sich unbemerkt durch die Sicherungskette hindurch in Schußposition auf einen Kreuzer bringen konnte, den Angriff jedoch wegen des inzwischen empfangenen Funkspruches über die Kapitulation abbrechen mußte. Diese Boote vom Typ XXI wurden nach der Kapitulation zum Vorbild für die Entwicklungen verschiedener ausländischer Uboote, z.B. die Whisky-Klasse der Russen oder die Umrüstung der amerikanischen Boote zur Guppy Class.

Typ XXIII waren kleine Boote, 230 t, die auch mit ihren Verkleidungen und dem starken Elektromotor unter Wasser eine höhere Geschwindigkeit (15 Knoten) als über Wasser (10,5 Knoten) fahren konnten. Sie waren für den Einsatz im Küstenvorfeld gedacht, und tatsächlich kamen einige dieser, auch mit einem Schnorchel ausgerüsteten Boote im Englischen Kanal zum Einsatz und waren mit ihren nur zwei Torpedos sehr erfolgreich. *U 2336*, unter Kapitänleutnant Klusmeier, drang sogar in den Firth of Forth ein und versenkte zwei Schiffe.

Auch die vielversprechenden Boote vom Typ XXIV und XXVI, mit dem von Professor Walter entworfenen außenluftunabhängigen Antrieb und über 25 Knoten Höchstgeschwindigkeit, wurden für den Fronteinsatz nicht mehr fertig. Sie blieben Versuchsboote, die erst nach Ende des Krieges bei den Alliierten großes Interesse fanden. Eine Wende im Ubootkrieg konnte durch diese, auf dem neusten Stand der

Klasse-XXI-Uboot / Class XXI U-boat

Technik stehenden Boote nicht mehr erreicht werden. Aber die Einsatzbereitschaft der Ubootbesatzungen blieb bis zum Ende des Krieges ungebrochen. Die kleinen Gemeinschaften, die, auf engstem Raum über Wochen und Monate, ja sogar bis zu fast einem Jahr, zusammen lebten und kämpften, wurden zu verschweißten Einheiten, die sich auch unter härtesten Bedingungen bewährten.

Churchill beendete den Abschnitt seiner Schilderung über die deutsche Ubootwaffe[9] mit den Worten: "Mit erstaunlicher Standfestigkeit und ungeachtet aller Verluste harrten 60 bis 70 Uboote bis fast ganz zum Schluß an der Front aus. Ihre Erfolge waren nicht bedeutend, aber sie trugen in der Brust unbeirrbar die Hoffnung auf einen Umschwung im Kriege ...

Die Endphase des Kampfes lag in den deutschen Küstengewässern. Alliierte Luftangriffe vernichteten viele Uboote. Als Dönitz die Kapitulation anordnete, standen immer noch nicht weniger als 49 Uboote in See. So groß war die Hartnäckigkeit des deutschen Widerstandes, so unerschütterlich die Tapferkeit der Ubootfahrer".

DAS ENDE DER ZWEITEN UBOOTWAFFE

Am 4. Mai 1945 endete der Ubootkrieg.

In Deutschland waren zwischen 1935 und 1945 insgesamt 1171 Uboote in Auftrag gegeben bzw. gebaut worden. Mehr als 750 Uboote blieben in See.

Über 30 000 Offiziere, Unteroffiziere und Mannschaften verloren ihr Leben. Männer, die als Soldaten und Seeleute ihre Pflicht erfüllt hatten.

Ihr Opfer war vergeblich. Wie schon im Ersten Weltkrieg konnten die Uboote den

Klasse-XXIII-Uboot / Class XXIII U-boat

Krieg nicht für Deutschland entscheiden.

Ein entscheidender Schlag gegen die Verbindungswege der Engländer im Atlantik war nicht möglich gewesen.

Der Nachschub an Nahrungsmitteln, Rohstoffen, Truppen, Waffen, Munition und Treibstoffen der Anglo-Amerikaner hätte nur dann erfolgversprechend gestört werden können, wenn der Schiffsraum des Gegners nicht ebenso schnell hätte nachgebaut werden können, wie er von den Ubooten versenkt wurde.

Erst im Frühjahr 1943 betrug die Zahl an deutschen Ubooten etwa drei Viertel der von Admiral Dönitz geforderten Stückzahl. Es waren zu wenig Uboote an der Front, um die Schlacht im Atlantik für Deutschland entscheiden zu können.

Obgleich die deutschen Uboote im Zweiten Weltkrieg von der alliierten Schiffstonnage 2 882 Handelsschiffe mit nahezu 14.500.000 BRT versenkten und damit zu 70% des Gesamtverlustes an Tonnage beitrugen, hätte die Schlacht im Atlantik

[9]*Churchill, The Second World War, Band VI*

nur dann eine entscheidende Wende erfahren können, wenn zu Beginn des Krieges ein Vielfaches an deutschen Ubooten zur Verfügung gestanden hätte.

Die Entwicklung neuer Ortungsgeräte, neuer Ujagdwaffen und der Einbruch in die deutschen Schlüsselmittel hatte auf deutscher Seite zu Verlusten geführt, die durch Neubauten nicht ausgeglichen werden konnten.

Churchill schreibt in seinen Erinnerungen: "Die einzige Sache, die mir jemals wirklich während des Krieges Furcht einflößte, war die Ubootgefahr ..."[10]

"Der Ubootkrieg war unser schlimmstes Übel. Es wäre weise von den Deutschen gewesen, alles auf eine Karte zu setzen."[11]

Ebenso schrieb der britische Admiral of the Fleet, Lord Cunningham, der ab 1943 erster Sealord und Chef der englischen Admiralität war: "In erster Linie scheint mir beachtlich, wie treffend Dönitz' Urteil über den einzigen Weg war, unser Land in die Knie zu zwingen, nachdem eine Invasion sich als unmöglich herausgestellt hatte. Und wie entschlossen verfolgte er seine Strategie, uns durch Vernichtung unserer

Handelsschiffe langsam zu erdrosseln. Er sah immer wieder sehr klar, daß der Atlantik der einzige Kriegsschauplatz war, auf dem ein deutscher Sieg hätte errungen

Über 30.000 Offiziere, Unteroffiziere und Mannschaften verloren ihr Leben... Die Namen von mehr als 750 Besatzungen stehen auf den Bronzetafeln.

The names of over 30.000 lost submariners are engraved on 750 bronze plates.

werden können. Seine Beurteilung der Lage war absolut richtig. Daß seine politische Führung so wenig seinen Rat beachtete, war unser großes Glück."[12]

Der Ubooteinsatz, der Großbritannien schwer getroffen hat, war in seiner Wirkung nicht so durchschlagend, wie er hätte sein können, wäre die von Dönitz geforderte Rüstung erfolgt und der Ubootkrieg von Anbeginn des Krieges in konsequenter Weise durchgeführt worden.

Dennoch ist mit dem Ende des Zweiten Weltkrieges die Idee der Nutzung von Ubooten als Seekriegsmittel nicht untergegangen. Die Notwendigkeit einer wirkungsvollen Verteidigung hat Politiker, Militärs und Techniker inspiriert, neue Uboote zu entwickeln und in die Flotten zu integrieren.

[10] *Churchill, The Second World War, Band II, Seite 529*

[11] *Churchill, The Second World War, Band IV, Seite 107*

[12] *Lord Cunningham, Stellungnahme in Sunday Times vom 25. Januar 1959*

Auslaufend aus der Kieler Förde läßt U 11 das Ubootehrenmal Möltenort an Steuerbordseite und dippt die Flagge.
Bound for sea, U 11 salutes the submariners' memorial in Kiel/Möltenort.

Die dritte deutsche Ubootwaffe

Deutschland stand vor den Trümmern des Zweiten Weltkrieges. Die Boote und Schiffe der Kriegsmarine waren außer Dienst gestellt, durch Selbstversenkung vernichtet oder von den ehemaligen Kriegsgegnern als Beutegut vereinnahmt worden. Deutschland war in vier Besatzungszonen aufgeteilt. Eine Marine gab es nicht mehr! Schnell hat sich aber wieder in der neugegründeten Bundesrepublik Deutschland mit ihrer freiheitlichen Grundordnung die Notwendigkeit für eine Verteidigungsbereitschaft durchgesetzt. Im Rahmen der Verteidigungsplanung des Nordatlantischen Bündnisses (NATO) sollte von Deutschland auch ein Beitrag geleistet werden.

Nach der Proklamation der Souveränität der Bundesrepublik Deutschland am 5. Mai 1955 und dem Inkrafttreten der Pariser Verträge wurde Deutschland am 9. Mai das fünfzehnte Mitglied in der NATO. Jetzt galt es nach einer Zwischenphase von 10 Jahren vom personellen und materiellen Nullpunkt aus eine Bundeswehr aus dem Nichts heraus aufzustellen.

Entsprechend der Pariser Verträge vom 23. Oktober 1954 sollte der deutsche Verteidigungsbeitrag eine fest umrissene Größenordnung aufweisen, ausreichend, um die alliierten Streitkräfte in angemessener Form zu stärken. Im maritimen Bereich brachte der sogenannte "Accord spécial" zunächst folgende Vorstellung zu Papier:

18 Geleitboote,
60 Minensuchboote,
60 Schnellboote,
10 Hafenschutzboote,
36 Landungsboote
(dazu 85 Minensucher und 40 Hafenschutzboote als Reserveflotte).

Außerdem sollte die Bundesmarine 24 Aufklärungsflugzeuge, 30 Hubschrauber, 5000 Mann in Landeinheiten und ein Küstenartillerieregiment unterhalten. Eine Forderung, die aus personellen und finanziellen Gründen nur schwer zu erfüllen war.

Innerhalb der Westeuropäischen Union (WEU) wurde der Beitrag für die Bundesmarine in der Weise abgeändert, daß Deutschland auch über 12 Küsten-Uboote verfügen sollte. Hierfür hatte es sich die Bundesrepublik Deutschland selber zur Auflage gemacht, Uboote nur bis zu einer Größe von 350 t zu bauen. Dieses erschien sinnvoll, weil die Zuteilung der innerhalb der NATO aufgeteilten Seegebiete vorsah, daß deutsche Uboote im Rahmen der Vorneverteidigung in der Ostsee und in den Seeverbindungswegen zwischen Ost- und Nordsee zu Sicherungsaufgaben sowie zum Binden von Kräften und zur Verhinderung von Anlandungen an der deutschen Ostseeküste eingesetzt werden sollten.

Anders als zu Beginn der Ubootwaffe, 1906 oder 1935, waren die Uboote jetzt

Bergen von U 2540, dem späteren Versuchsboot Wilhelm Bauer. Es wurde zu einem Stützpfeiler der neuen Uflottille.

Salvaged in 1957, U 2540 took on a leading role as Wilhelm Bauer in the German submarine flotilla.

U Hai *nach der Bergung im Kleinen Belt 1956, nach der Selbstversenkung im Mai 1945 (oben),*
U Hecht *bei der Indienststellung 1957 (unten)*

Salvaged after scuttling in Denmark in 1956, U Hai *(above)*
U Hecht *being commissioned in 1957 (below)*

nicht als Angriffsmittel für die Unterstützung einer Hochseeflotte oder für eine mögliche Handelskriegführung konzipiert, sondern als Beitrag zur Verteidigung im Rahmen des NATO-Bündnisses.

In Ost und West hatten inzwischen Ubootentwicklungen eingesetzt, die sich auf die Basis der deutschen Kriegs-Uboote Typ XXI stützen, womit dieser Typ eine Fortsetzung erfuhr, insbesondere die Entwicklung der Uboote der sowjetischen Marine, wie der bekannten Whisky-Klasse, die modernen Uboote der Engländer, der Franzosen oder auch der Amerikaner hatten in den Jahren von 1945 bis 1955 Maßstäbe gesetzt.

Aus dem "Tauchboot" des Zweiten Weltkrieges hatte sich weltweit das "Unterseeboot" der Neuzeit mit Langzeit-Unterwassereinsätzen entwickelt.

Die rasanten technischen Fortschritte und die sich daraus ergebenden vielfältigen Einsatzmöglichkeiten im Frieden, in Krise und Krieg führte dazu, daß sich weltweit viele Marinen für einen Ausbau ihrer Ubootkomponente entschieden. Uboote hatten ihre Überlegenheit zurückgewonnen. Eine Waffe, die mit vergleichsweise geringem Aufwand an finanziellen Mitteln, Personal und Material über lange Zeiträume eine beachtliche Bindungswirkung erzielt, eine Bedrohung auch in vom Gegner kontrollierten Seegebieten aufrechterhalten kann und einen effektiven Waffeneinsatz bei geringstem Eigenrisiko möglich macht. Die Weiterentwicklung der Antriebe, der Sensoren und besonders der Waffen, die jetzt nicht mehr nur Hunderte oder Tausende, sondern Zehntausende von Metern zurücklegen konnten, hatten dafür gesorgt, daß die Uboote ihre Bedeutung erheblich ausbauten.

Die Entwicklungen der Technik und die gezielte Nutzung von Forschungsergebnissen aus den Bereichen Wasserschall und Geophysik hatten das Uboot, stärker als je zuvor, zu einem unabhängigen und wirkungsvollen Seekriegsmittel werden lassen.

DIE ANFÄNGE

Mit der Indienststellung von *U Hai* im August 1957, dem ersten Uboot der Bundesmarine, wurde wieder der Wiederaufbau der dritten Ubootwaffe in Deutschland eingeleitet.

U Hai, ex *U 2365*, war ein Boot vom Typ XXIII aus dem Zweiten Weltkrieg, das nach seiner Selbstversenkung im Kleinen Belt zu Ende des Krieges gehoben werden konnte. Die *John Beckedorf*, ein Spezial-Bergungsschiff, hat die Bergung durchgeführt.

U 2365 (Überwasser-verdrängung 233 ts, 34,6 m lang, 17 Mann Besatzung) hatte zur 4. Ubootflottille gehört und war am 8. Mai 1945, nach einem erfolglosen englischen Angriff einer viermotorigen "Liberator", von der eigenen Besatzung versenkt worden. Das Boot wurde nach der Bergung von den Kieler Howaldts-Werken grundüberholt und konnte am 15. August

Kommandant U Hai:
Kapitänleutnant Ehrhardt

1957 von Kapitänleutnant Ehrhardt als *U Hai* in Dienst gestellt werden.

Zwar hat es bei der Namensgebung Überlegungen gegeben, der Tradition folgend wieder "Bootsnummern" einzuführen, aber schließlich fiel die Entscheidung für die ersten zwei Boote zugunsten von Fischnamen. *John Beckedorf* holte im August 1956 auch das zweite Boot, *U 2367*, vom Meeresgrund. Dieses Boot, ebenfalls vom Typ XXIII, war am 5. Mai 1945 mit einem anderen Uboot kollidiert und anschließend von seiner Besatzung im Großen Belt versenkt worden. Dieses Boot wurde nach seiner Grundüberholung bei Howaldt in Kiel am 1. Oktober 1957 als Schulboot *U Hecht* von Kapitänleutnant Hass in Dienst gestellt. Beide Boote dienten, nach einer einjährigen

Kommandant U Hecht:
Kapitänleutnant Hass

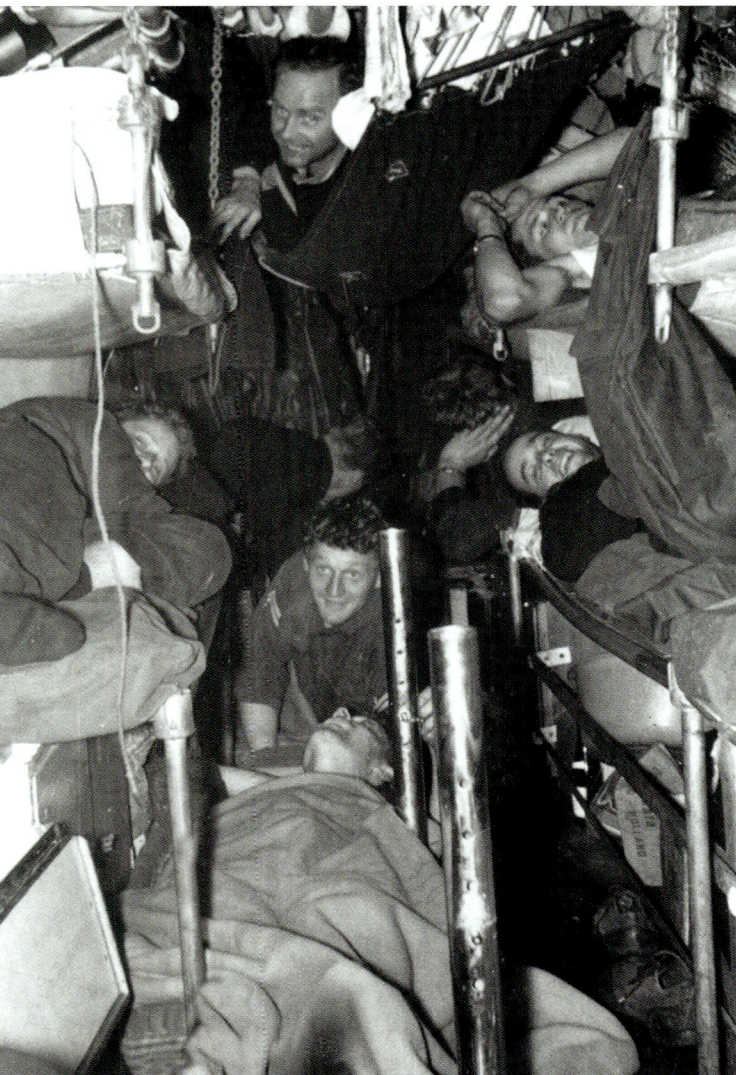

"Ruhe im Schiff" – Besatzung U Hecht
Crew berths on U Hecht

Erprobung und ersten Ausbildung beim Schiffsübernahmekommando in Kiel, der Ausbildung junger Ubootfahrer bei der Ubootlehrgruppe in Neustadt.

Wertvolle Erfahrungen für die ersten "selbstgestrickten" Ubootfahrer der noch jungen Bundesmarine und technische Erkenntnisse über moderne Antriebs- und Ortungsanlagen konnten auch an Bord von *U Wilhem Bauer*, ex *U 2540* des Typs XXI, gesammelt werden. Dieses Boot war in der Nacht zum 2. Mai 1945 von Typhoon-Jagdbombern in der Nähe des Flensburg-Feuerschiffs angegriffen und anschließend von der eigenen Besatzung versenkt worden. 1957 wurde es gehoben. Zunächst als *U Wal* erfuhr das 75,4 m lange 1600-t-Boot bei den Howaldts-Werken eine Generalüberholung. Mit einer Sondergenehmigung der WEU für das deutlich über der Toleranzgrenze von 350 t liegende Uboot konnte es am 1. September 1960 von Kapitänleutnant Voß als Schul-, Erprobungs- und Versuchsboot

An Bord U Hai: Im Bugraum (links). Navi-, GHG- und Taktikbetrieb, Kochdienst und Freiwache (rechts)
On board U Hai: The torpedo area (left). Navigation, sonar, tactics and cooking duties (right)

unter dem Namen *Wilhelm Bauer* in Dienst gestellt werden. In der Zeit vom 26. April 1968 bis zum 20. Mai 1970 erfolgte ein Total-umbau dieses großen Uboots, wobei auch der Turm in seiner Form verändert wurde. Das Boot wurde mit modernen aktiven und passiven Ortungsgeräten ausgerüstet und der Erprobungsstelle 71 in Eckernförde als Versuchsboot unterstellt. Hier wurden, für die geplanten Uboote der Klasse 206, neu entwickelte Anlagen und Waffen erprobt.

Am 18.11.1980 mußte *U Wilhelm Bauer*, welches die letzten Jahre mit ziviler Erprobungsbesatzung unter Kapitän Braun gefahren war, endgültig außer Dienst gestellt werden.

Am 15. März 1982 wurde es beim Deutschen Schiffahrtsmuseum in Bremer-haven als Technikmuseum Wilhelm Bauer in Betrieb genommen. Alle drei Uboote, *U Hai*, *U Hecht* und *U Wilhelm Bauer*, waren bis zur Indienststellung der Uboot-flottille in Eckernförde dem Kommando der Amphibischen Streitkräfte in Wilhelmsha-ven, unter den Kommandeuren Kapitän zur See Kretschmer und später Kapitän zur See Topp, unterstellt.

Mit neuem Turm: U Wilhelm Bauer / *With a new conning tower:* U Wilhelm Bauer

DIE ERSTEN UBOOTE DER DRITTEN GENERATION

Bereits am 8. März 1955 erhielten der Diplom-Ingenieur Gabler und der damals zum Bundesverkehrsministerium gehörende Ministerialrat Aschmoneit einen Gutachterauftrag zur gemeinsamen Bearbeitung von "Vorschlägen zu Typbestimmungen für kleine Uboote".

Der nächste Schritt war ein "Entwicklungsvertrag" unter der Bezeichnung XII H 2 No 188/55 bis 2.697 /57, der am 15. Januar 1958 an das Ingenieurkontor Lübeck (Prof. Gabler) vergeben wurde. Er umfaßte den Auftrag für die "technische Kurzbeschreibung" – später Konzept genannt – und die "den Liefergegenstand endgültig bestimmenden Unterlagen", später Definition genannt.

Als Resultat dieser Arbeit enstand das Projekt Klasse 201, ein 350-t-Uboot. Diesem Projekt wurde am 10. Oktober 1958 vom Inspekteur der Marine und dem Abteilungsleiter "T" (Technische Beschaffung) im Bundesministerium für Verteidigung zugestimmt. Auch der Verteidigungsausschuß genehmigte dieses Projekt, so daß am

16. März 1959 der Vertrag zwischen dem Bundesamt für Wehrtechnik und Beschaffung (BWB) und den Kieler Howaldtswerken über den Bau von 12 Ubooten der Klasse 201 unterzeichnet werden konnte.

Kleine, wendige, schlagkräftige und standfeste Uboote mit einer starken Bewaffnung, die durch Abwehr von Angriffen auf die Küsten der Ostsee und der Nordsee das Territorium der NATO-Anliegerstaaten schützen sollten, um dem Gegner die Nutzung der Ostsee zu erschweren, seine Verbindungswege zwischen den Ostseehäfen und dem Atlantik unterbinden und die Nutzung der Nordsee für eigene Zwecke gewährleisten sollten.

Diese ersten neuen Boote der Klasse 201 waren besonders für den Ostseeinsatz sehr vielversprechend. Zur Vermeidung von Strömungsgeräuschen wurden die zwei Seitenruder aus der Mitte herausgesetzt, und die vorderen Tiefenruder, als konvexe und konkave Halbschalen konstruiert, waren in "Nullage" eingefahren. Zur Verringerung

"Vater" der neuen deutschen Uboote: Professor Ulrich Gabler
Ulrich Gabler, "father" of the new German submarine

von Kavitationsgeräuschen war der Propeller hinter den Ruderblättern angeordnet. Bei einer Bewaffnung mit acht, von vorne zu ladenden Bugtorpedorohren konnten die Boote klein gehalten und der geringe zur Verfügung stehende Raum optimal genutzt werden. Die segeltuchverkleidete Brücke, die sich für Überwasserfahrt bald als untauglich erweisen sollte, wurde für Unterwasserfahrt zur Vermeidung von Strömungsgeräuschen und Verwirbelungen abgebaut und die Ausfahrgeräte wie Sehrohr, Schnorchel, Antennen und Radarmast vollständig von der Turmverkleidung aufgenommen.

Der elektrische Antrieb erfolgte mit einem Doppel-Anker-Motor, der von einer dreiteiligen Bleibatterie, einem modernen Energiespeicher, gespeist wurde. Erreicht wurde eine Unterwasserfahrt von 17 sm/h und eine Überwasserfahrt von 12 sm/h. Das Aufladen der Batterie wurde durch zwei Dieselmotoren in nur vier von 24 Stunden sichergestellt. Die Besatzungsstärke von 4 Offizieren, 5 Portepeeunteroffizieren, 8 Unteroffizieren und 5 Mannschaften war ausreichend für ein Zwei-Wachsystem.

Am 20. März 1962 wurde *U 1*, das erste neue Uboot, das dritte mit der Bezeichnung *U 1*, unter dem Kommando von Korvettenkapitän Baumann in Kiel in Dienst gestellt.

Hatten wir aus der Vergangenheit gelernt, daß das Uboot das ideale Seekriegsmittel der geringen Ressourcen ist, das zusammen mit Überwasserstreitkräften den Gegner zu dreidimensionaler Abwehrbereitschaft zwingt?

Hatten wir gelernt, daß das Uboot mit einem vergleichsweise geringen Bedarf an Personal und Material über lange Zeit eine schwer kalkulierbare Bedrohung aufrechterhalten kann, auch in einem vom Gegner beherrschten Seegebiet?

Hatten wir gelernt, daß mit Ubooten wirksam ein Vielfaches an Waffensystemen des Gegners gebunden werden kann?

Zum erstenmal in der deutschen Geschichte konnten Uboote gezielt für ihre Aufgaben im Rahmen der Verteidigung konzipiert werden. Ein Waffensystem als Teil einer ausgewogenen Flotte mit fest zugewiesenem Operationsgebiet, das seine Möglichkeiten und Grenzen an einem potentiellen Gegner orientieren konnte und messen mußte.

U 1 auf Probefahrt in der Ostsee. Es wurde am 20. März 1962 in Dienst gestellt. / U 1 on Baltic sea trials

41

Anlage zu:
Bundeskanzleramt
Der Beauftragte des Bundeskanzlers
                    für
Die mit der Vermehrung der Alliierten
Truppen zusammenhängenden Fragen

I/1/6b - Pers. Kart. -

Bonn, den 8. März 1955
Argelanderstraße 105
Fernsprecher: 20 161

Anlage:

A b s c h r i f t

Betr.: Gutachten für U-Boot

Zusammenstellung von Richtlinien für die Arbeit gemäß Besprechung.

1) Das Gutachten soll eine Unterlage für spätere Entwurfsarbeiten sein.

2) Es soll so gefasst sein, als ob die Entwurfsarbeiten sofort beginnen würden, d.h. also, es sollen nur erprobte und bekannte Elemente bei dem späteren Entwurf verwendet werden. Das bedeutet im Bezug auf die Maschinenanlage: elektrischen Antrieb, wobei das Hauptelement die Batterie ist. Wegen der Batterie wird veranlasst, dass Herr Gabler sich unmittelbar mit der Firma AFA in Verbindung setzt, um Angaben über die Grösse und Leistungsfähigkeit der zur Zeit vorhandenen Batterien und derjenigen Batterien, die in kürzester Zeit entwickelt werden können, zu beschaffen. Die Anlage soll dieselelektrisch sein, wobei auf Geräuschdämpfung (Aufstellung auf Schwingmetall) besonderer Wert zu legen ist. Voraussichtlich werden die Haupt-E-Motoren über Getriebe arbeiten und ein besonderer Schleichmotor vorgesehen werden, der wegen des Wirkungsgrads erforderlich erscheint. Das Boot erhält eine I-Wellenanlage. Fahrbereich; Operationsdauer von 2-3 Wochen entsprechen, wobei das Boot im wesentlichen Schleichfahrten laufen wird. Notwendig ist möglichst schnelles Aufladen der Batterien.

Bewaffnung:

Die Bewaffnung soll möglichst aus 4 innerhalb des Bootes angeordneten Torpedorohren bestehen. Ausserhalb des Druckkörpers liegende Rohre kommen wegen der Verwendung von E-Torpedos nicht in Betracht. Bezüglich der Anordnung der Rohre werden keine Vorschriften gemacht. Um die Länge des Bootes möglichst gering zu halten, können die Rohre von vorne geladen werden. In diesem Falle sind besondere Vorrichtungen auf den Torpedo-Klarmach-Schiffen für die Übernahme im Übungsbetrieb vorzusehen.

- 2 -

- 2 -

Keine Artillerie-Bewaffnung.

Sonderbewaffnung (Raketen oder kleine Torpedos gegen U-Jäger nicht bekannt und voraussichtlich nicht vorhanden).

Elektronische Ausrüstung:

a) Radar und Funkmeßbeobachtungsgeräte am Sehrohr und Schnorchel bzw. ausfahrbar.

b) Reichlich passive und aktive Ortungsanlagen mit Einrichtung für Ortungstiefschuß. Genügend zahlreiche und grosse Abgangsrohre für weiterentwickelten Bold vorsehen.

c) Beklebung des Bootes gegen S-Gerät-Ortung vorsehen.

Schiffbauliches:

a) Grösse des Bootes insbesondere Länge soweit wie möglich einschränken.

b) Tauchtiefe d.h. Festigkeit des Druckkörpers im Rahmen des Möglichen weitgehend. Dabei muss auch daran gedacht werden, dass die Boote möglicherweise nicht nur in der flachen Ostsee sondern auch in tiefen Gewässern operieren sollen; ausserdem ist Tauchtiefe gleich Festigkeit des Druckkörpers für die Widerstandsfähigkeit bei Ansprengung auch auf flachem Wasser von hohem Wert.

Für die Anordnung und Höhe eines Turms bestehen keine besonderen militärischen Forderungen. Er kann den Erfordernissen des Widerstands und der Stabilität untergeordnet werden; es muss aber darauf geachtet werden, dass Sehrohr, Schnorchel und Antennen eine solche Ausfahrhöhe haben, dass die Tiefensteuerung des Bootes auch bei bewegter See genügend genau erfolgen kann. Beim Sehrohr ist auf Schwingungsfreiheit auch bei hohen Fahrstufen Wert zu legen. Als Anhalt kann dienen, dass das Oberdeck des Typ II bei voll ausgefahrenem Sehrohr bei 8,3 m unter der Wasseroberfläche lag.

F.d.R.d.A.
Kiel, den 24. August 1963

Damals war es noch möglich: Gutachten zur Ubootplanung auf zwei knappen Seiten / Feasible in 1955: The two-page report for new Class 201 submarines

Torpedobeladung auf U Hai / *Loading torpedoes into* U Hai

Das Uboot als Seekriegsmittel von heute

Umfang und Ausrüstung von Streitkräften werden bestimmt von sicherheitspolitischen Rahmenbedingungen und den aus diesen abgeleiteten Aufgabenschwerpunkten. Für die Struktur einer Marine sind allgemeine Aufgaben wie

- Schutz von Seeverbindungen,
- Abwehr von Angriffen auf die eigenen Küsten und
- Durchsetzen nationaler Interessen auf See entscheidend.

Art und Ausrüstung der Einheiten hängen ab von weltweit zur Verfügung stehenden Waffensystemen und militärischen Technologien, die geeignet sind, die Integrität des eigenen Territoriums zu beeinträchtigen. Ein ausgewogenes Verhältnis verschiedenartiger Einheiten ist für die Struktur einer schlagkräftigen Flotte zwingend. Deshalb sind Uboote unverzichtbar. Nur sie decken defensive und offensive Bereiche der Verteidigung ab, die sonst von keinem anderen Seekriegsmittel erbracht werden können.

U 28 in Überwasserfahrt / U 28 *on patrol*

OFFENSIV

Uboote werden zur Bekämpfung von Überwassereinheiten und Ubooten eingesetzt und können dafür mit Torpedos und/oder Raketen ausgerüstet sein. Sie können darüber hinaus Minen an Verkehrsknotenpunkten legen, im Verbund mit anderen Seekriegsmitteln gezielt gegen einzelne oder im Verband fahrende Schiffe operieren oder Spezialtruppen für Sondereinsätze verbringen oder aufnehmen. Sie können einem Gegner die ungehinderte Nutzung der See und seiner Seeverbindungslinien verwehren.

Hierbei liegt ihre Stärke in der unentdeckten Annäherung und der verdeckten Kampfführung. Als Einsatzmittel zur U-Jagd ist das Uboot besonders gut geeignet, weil es sich, wie das anzugreifende Ziel, in der günstigsten Ortungstiefe positioniert und dadurch bei geringsten Eigengeräuschen optimale Auffaßreichweiten erzielen kann.

Besonders bei Einsätzen, die aus dem küstennahen Flachwasserbereich her-

aus vorgetragen werden, sind die für U-Jagd-zwecke optimierten Uboote in einer überlegenen Rolle. Auch im Verbund mit U-Jagd-Hubschraubern, Flugzeugen oder Schiffen verkörpern sie die Komponente in der dritten Dimension. Auf Uboote kann für die U-Jagd im verbundenen Gefecht, besonders in Flachwassergebieten mit Strömungen, Salz- und Temperaturschichten, nicht verzichtet werden. Obgleich Uboote in der Regel unentdeckt ihre Operationsgebiete erreichen, können sie in Krisenzeiten, allein schon durch ihre Präsenz, eine unkalkulierbare Bedrohung darstellen.

DEFENSIV

Konventionelle Uboote sind zur schnellen Schwerpunktbildung nicht geeignet, können Überwassereinheiten nicht verfolgen, sind aber gegen Land- und Seeziele, im Verbund mit anderen Seekriegsmitteln, einsetzbar oder sie operieren als Einzelkämpfer. Ihr Einsatz basiert vorzugsweise auf passiver Datenermittlung und wird deshalb nur beim Waffeneinsatz oder durch bewußt provozierendes Verhalten offensichtlich. In der Rolle als Aufklärer können sie sich über

längere Zeit ungesehen in Seegebieten aufhalten, um zu überwachen oder um Daten für den Einsatz anderer Seekriegsmittel zu gewinnen. Allein durch ihr Vorhandensein oder auch nur ihren möglichen Einsatz binden sie gegnerische Kräfte.

Sie sind von hoher Kampfkraft, haben große Standfestigkeit und lange Seeausdauer. Deshalb können sie wetter- und seegebietsunabhängig operieren.

HEUTIGE BEDEUTUNG

Nicht revolutionäre Erfindungen haben den Ubooten wieder zu ihrer Bedeutung als

Zuwachsvergleich zwischen Ubooten und Überwasserschiffen
Growth comparison between surface warships and submarines

Seekriegsmittel verholfen, sondern vielmehr sind es neben dem Nuklearantrieb, die kontinuierliche Weiterentwicklung von Formgebung, Fahrbatterien, Elektromotoren, Ortungs- und Feuerleitanlagen, Waffen und Geräte, die heute ihren Wert in modernen Flotten bestimmen.

Umfassende Kenntnisse und konsequente Nutzung physikalischer Gegebenheiten im Unterwasserbetrieb und der Verwendung modernster Technologie bei perfekter Fertigung bestimmen, zusammen mit umfassender Ausbildung, ihren Wert.

Die Bedeutung der Rolle der U-boote für die Erhöhung der Kampfkraft und Stärkung der Verteidigungsfähigkeit der Flotten hat in den letzten vier Dekaden des 20ten Jahrhunderts deutlich zugenommen.

So ist weltweit die Anzahl der Marinen, die Uboote unterhalten, von 19 auf 44 Staaten gestiegen. Mit ihrer modernen Ausrüstung und hohen Kampfkraft sind sie zu einem unverzichtbaren Bestandteil zukunftsorientierter Flottenverbände geworden.

Ihre Überlegenheit gegenüber

Überwasserstreitkräften, die Möglichkeiten zum ungesehenen, aber koordinierten Einsatz und ihre Fähigkeit zu Operationen in vom Gegner überwachten Seegebieten geben Ubooten ein vielseitiges Verwendungsspektrum.

So werden Uboote gleichermaßen zur Verteidigungsvorsorge im eigenen Küstenvorfeld, zur permanenten Sicherung der Seeverbindungen, zur weiträumigen Seegebietsüberwachung, als strategische Raketenbasis oder zur Verstärkung von Überwasserverbänden eingesetzt.

Abhängig von Konfiguration, Antrieb und Ausrüstung mit Geräten und Waffen können Uboote wirkungsvoll als Raketenträger gegen Land- oder Seeziele, als Torpedoträger gegen Überwassereinheiten und in der U-Jagdrolle gegen Uboote, als verdeckt operierende Aufklärungseinheit zur weiträumigen Seegebietsüberwachung, als stiller Beobachter zur Erstellung des Lagebildes oder im Rahmen der Minenkriegführung als Minenleger eingesetzt werden.

Tatsächlich ist der Traum vom unbegrenzten Unterwassereinsatz nur für wenige Nationen (Amerika, Rußland, Großbritannien, Frankreich, China) in Erfüllung gegangen durch Uboote mit Nuklearantrieb als strategisches Waffensystem oder für weltweite operative Einsätze im permanenten Unterwasserbetrieb und mit Dauergeschwindigkeiten von mehr als 35 sm/h.

Für Nicht-Nuklearuboote gilt aktuell die Brennstoffzelle in Verbindung mit einer Fahrbatterie heute als wirkungsvollste, technisch ausgereifte und operativ ausgewogene Alternative. Mit ihr können konventionelle Uboote jetzt auch langzeitig im Unterwasserdauerbetrieb eingesetzt werden.

Die operativen Einschränkungen des Schnorchelbetriebes entfallen. Verdeckte Einsätze bis zu 60% der Missionszeit sind möglich geworden. Hohe Spitzengeschwindigkeit im Batteriebetrieb bleibt erhalten. Wärme- und Geräuschabstrahlung ist auf ein Minimum reduziert.

Konventionelle Uboote haben mit der neuen AIP-Brennstoffzellen-Technologie deutlich an Operationsfreiheit in Tiefe, Raum und Zeit gewonnen.

EINSATZBEREICHE

Durch den Wegfall der Ost-West-Blöcke und die damit gewachsenen Operationsfreiheit ist mit Einsätzen von Ubooten heute weltweit, unter allen Klima- und Wasserverhältnissen, zu rechnen. Uboote sind mehr denn je als besonders ökonomische Waffensysteme mit extrem günstigem "Life-cycle-cost-Verhältnis" (1/3 bis 1/5 einer Fregatte) zum wirkungsvollen Waffensystem der "medium-sized navies" geworden.

Die rasante Entwicklung in den letzten 30 Jahren – bis hin zum ständig unter Wasser operierenden konventionellen Uboot mit außenluftunabhängigem Antrieb – hat die Möglichkeit eröffnet, Uboote für jedes spezifische Seegebiet hinsichtlich Größe, Beweglichkeit, Standfestigkeit, Antrieb, Bewaffnung und Ausrüstung zu optimieren.

Uboote sind unter allen Wetter- und Seeverhältnissen in flachen und engen Gewässern ebenso wie im Tiefwasser ohne Einschränkungen einsetzbar, sind besonders effektive Waffensysteme der Verteidigung und zuverlässige Partner in jedem Flottenverband.

Im Fadenkreuz: eine Fregatte der Klasse F 123 / A Class 123 frigate caught in the crosshairs

Zulauf der Neubauten
Klassen 201, 205

Der erste Neubau der Bundesmarine, *U 1*, wurde am 20. März 1962 in Kiel von dem Kommandanten, Korvettenkapitän Baumann, in Dienst gestellt. Am 3. Mai 1962 folgte *U 2* unter dem Kommando von Kapitänleutnant Freytag. *U 3* folgte wenige Wochen später und wurde am 10. Juli unter

dem Kommando des Kapitänleutnant Farstat als Leihgabe für die norwegische Marine in Dienst gestellt.

Die Wendigkeit dieser neuen Boote entsprach bei Unterwasserfahrt den militärischen Forderungen und die Unterwasserhöchstgeschwindigkeit von 17 Kno-

ten, vom fünfflügeligen Propeller erzeugt, bestätigte den großen technischen Fortschritt. Dennoch gab es in den Anfangsmonaten noch erhebliche technische

U 1 *nach einem Umbau als Erprobungsträger für Heckablaufrohre 1966*
U 1 *fitted with an experimental stern torpedo tube*

Schwierigkeiten zu überwinden, bis die junge deutsche Ubootwaffe mit ihren neuen Booten die an sie gestellten Forderungen erfüllen konnte.

Das Amt für Rüstungskontrolle der WEU hatte am 10. Juli 1962 eine Typverdrängung für deutsche Uboote festgelegt. Hiernach durfte der feste Ballast nicht mehr von der Gesamttonnage abgezogen werden, so daß die Uboote *U 1*, *U 2* und *U 3* mit nunmehr 395 ts nicht den festgelegten Bedingungen der Pariser Verträge entsprachen. Einem darauf gestellten deutschen Antrag vom 19. Oktober 1962, die Tonnagegrenze für die deutschen Uboote von 350 ts auf 450 ts heraufzusetzen und darüber hinaus den Bau von sechs Ubooten mit je 1000 ts für den U-Jagdeinsatz in der Nordsee zu genehmigen, wurde stattgegeben.

Um den deutschen Beitrag im Rahmen der veränderten NATO-Strategie der "flexible response" erfüllen zu können, genehmigte der Verteidigungsausschuß des Deutschen Bundestages 1965 für die Marine eine Sollstärke von 30 Ubooten. Hier lagen jedoch nicht die Probleme dieser Zeit. Vielmehr führte die intensive Erprobung

der Ubootneubauten zu der bitteren Erkenntnis, daß die aus amagnetischem Stahl gebauten Rümpfe Interkristalline- und Spannungsrißkorrosion zeigten. Im Druckkörper und an den Tauchzellen zeigten sich Risse. Die Bootssicherheit war dadurch dermaßen gefährdet, daß *U 1* und *U 2* Mitte 1963 außer Dienst gestellt werden mußten. Unter Nutzung von Geräten, zahlreichen Ausrüstungsgegenständen und Anlagen wurden zwei neue Boote aus ferritischem Schiffbaustahl (ST 52) gebaut, die erst 1966 und 1967 dem 1.Ubootgeschwader zuliefen und in Dienst gestellt wurden.

Obwohl die Baureihe *U 4* bis *U 8* größere Festigkeit aufwies, die Bootskörper nicht ausgetauscht werden mußten, waren auch hier Rißbildungen zu erkennen, die in späteren Jahren zu Tauchbeschränkungen führten. Mit diesen Einschränkungen konnten diese Boote noch einige Jahre für die Ausbildung an der Ubootlehrgruppe in Neustadt eingesetzt werden. Erst die letzte Bauserie, *U 9* bis *U 12*, wurde zwischen 1967 und 1969 aus amagnetischem und jetzt auch korrosionsfestem Stahl in Dienst gestellt.

Die Festigkeit und Zähigkeit dieses

Stahls wurde drastisch deutlich, als *U 12* mit einem Überwasserschiff kollidierte. Trotz einer Druckkörperbeule von 4 m x 2 m x 1,5 m war der Stahl nicht gerissen.

Das Eigenmagnetfeld von Schiffen und Booten war zwar schon in früheren Zeiten kompensiert worden, aber erst durch die amagnetische Bauweise der neuen Uboote konnte die Gefährdung durch Magnetminen und die Ortung durch magnetische Sensoren auf ein Minimum reduziert werden.

Die Amerikaner hatten die amagnetische Bauweise wegen der komplizierten Verarbeitung des Stahls verworfen. Im deutschen Ubootbau wurde sie trotz der Anfangsschwierigkeiten weiter verfolgt und letztlich bis zur Perfektion entwickelt.

Bereits die zweite Bauserie erfüllte schon annähernd die geforderten Charakteristika, und die dritte Serie ab *U 9* wurde endlich allen Anforderungen gerecht. Um ganz sicher zu gehen, daß die Festigkeit der Boote mit ihren Bunkern, Tanks, Zellen und Leitungen den Forderungen der Tauchtiefe, Sicherheitstiefe und Ansprengsicherheit entsprachen, wurden die Boote in regelmäßigen Abständen, auch nach großen

Schäden am Druckkörper von U 12 nach der Kollision mit einem Handelsschiff – keine Leckage.
Damage to the pressure hull on U 12 after a collision with a merchant ship – no water ingress.

Werftliegezeiten, einer Druckprüfung unterzogen. Die ersten Sicherheitsüberprüfungen wurden im freien Seeraum durchgeführt, da das später gebaute Druckdock zum Herstellen des entsprechend der Tauchtiefe geforderten Außendrucks noch nicht zur Verfügung stand. Für die Tests im freien Seeraum verlegten die Boote zusammen mit den Schwimmkränen *Energie* und *Ausdauer* und später mit den *Magnus*-Kränen der Firma Harms nach Horten in Norwegen, wo in einem Seitenarm des Oslo-Fjords die Druckversuche durch Absenken der Boote erfolgten. Die Besatzungen gingen von Bord, die Boote mit zusätzlichen Trimmgewichten versehen und bei geöffneten Entlüftungen, am Kran hängend, auf die festgelegte Testtauchtiefe abgesenkt. Es sollte festgestellt werden, ob Undichtigkeiten an Ventilen oder Druckkörperdurchbrechungen vorhanden waren oder ob sich gar Risse gebildet hatten. Zur Kontrolle waren im

Boot Mikrofone installiert, die jedes Geräusch, selbst jeden fallenden Wassertropfen, hörbar machten. Für diese "Absenkversuche" hatten die großen Schwimmkräne *Energie* und *Ausdauer* den Nachteil, daß sie bei Auftreten von Undichtigkeiten an den Ubooten diese, wegen ihrer geringen Hievgeschwindigkeit, nicht schnell genug wieder an die Wasseroberfläche bringen konnten, um Wasserschäden zu vermeiden. So gab es bei einem der ersten Absenkversuche mit *U 5* durch eine undichte Kabeldurchführung einen Wassereinbruch, der eine längere Werftliegezeit zur Folge hatte.

Die später eingesetzten *Magnus*-Kräne der Firma Harms hatten eine wesentlich höhere Hievgeschwindigkeit und machten dadurch das Absenken der Uboote schneller und sicherer. Jetzt war es bei festgestellten Leckagen möglich, das Boot in wenigen Minuten "auftauchen" zu lassen. Zwischenfälle hat es, außer dem Wassereinbruch auf *U 5*, nicht wieder gegeben. Dennoch, so mancher Verantwortliche wird beim Hören fallender Wassertropfen, die über Mikrofon deutlich wahrnehmbar

waren, Schweißtropfen auf der Stirn bekommen haben.

Um ein Höchstmaß an Sicherheit für die Uboote sicherzustellen, fuhren sie regelmäßig im Frühjahr und Herbst zum "Absenken" nach Norwegen. Für die Besatzungen sicherlich eine schöne und abwechslungsreiche Reise, aber für das Ubootgeschwader ein aufwendiges Unternehmen. Jeweils drei bis vier Wochen an Ausbildungs- oder Einsatzzeit waren verloren.

Zu den ersten schiffbaulichen Erfahrungen gehörte das schlechte Manövrierverhalten der Boote in Überwasserfahrt. Dieses war nicht nur auf die zu kleinen Seitenruder, sondern auch darauf zurückzuführen, daß der Propeller am Ende des Bootskörpers hinter den Seitenrudern lag und somit die Ruder nicht im Propellerstrom arbeiteten. So positioniert wurden sie nicht angeströmt und verloren deutlich

an Wirksamkeit. Diese Boote waren nur so lange zu manövrieren, wie sie ausreichend Fahrt durchs Wasser machten.

Die Boote der Klasse 201 von *U 1* bis *U 3*, streng nach der Maßgabe gebaut, nur unter Wasser operieren zu sollen, wiesen extrem schlechtes Überwasserverhalten auf. Nicht nur, daß Drehkreise auf der Kieler Förde, zwischen der Kitzeberger Huk und dem Tirpitzhafen, nicht ohne Schlepperhilfe möglich waren, auch das Ein- und Auslaufen oder das Drehen auf Auslaufkurs in Richtung Friedrichsort war ohne Schlepperhilfe nicht möglich. Die Brückenverkleidung bestand aus Segeltuch. Weder ein Kompaß noch andere navigatorische Hilfsmittel waren greifbar. Die einzige Sprechverbindung zur Zentrale war das offene

U 7 fertig zum Absenken im Oslo-Fjord
In position for pressure testing: U 7

Turmluk. Der Brennstoffübernahmeanschluß direkt neben der E-Schalttafel im Boot, der bereits bei der ersten Ölversorgung eine längere Werftliegezeit zur Folge hatte, wurde ebenso als Schwachstelle erkannt wie die lauten pneumatischen Selbstschalter der E-Schalttafel oder die unzuverlässige Ankereinrichtung.

Die erste Fahrt eines neuen Ubootes durch den Nord-Ostsee-Kanal erfolgte deshalb unter strengen Auflagen des Wasser- und Schiffahrtsamtes. So war eine Begleitung durch zwei Schlepper erforderlich, um sicherzustellen, daß schnelles Andrehen, Aufstoppen oder Festmachen in einer Kanalweiche oder in den Schleusen möglich war. Auf Elbe und Weser mußte das Uboot zusätzlich mit Lotsen besetzt sein. Ein insgesamt großer Aufwand, um z.B. Verlegung von Kiel nach Bremerhaven durchzuführen. Aber es galt Erfahrungen zu sammeln über das Verhalten der Boote in strömenden und engen Gewässern.

In Bremerhaven versuchte ein Hafenlotse, bisher im Manövrieren von Ubooten ungeübt, mit Hilfe von zwei schweren Bugsierschleppern das Boot zu drehen.

Einen Hinweis des Kommandanten, besser auf den Heckschlepper zu verzichten, wies er ab. Er habe schließlich schon "ganz andere Schiffe" bewegt. Der Lotse stand auf dem Turm, hielt sich am ausgefahrenen Sehrohr fest und pfiff seine beiden Schlepper an, die sich mit ihren je 800 PS kräftig ins Geschirr legten, um das Boot im Hafenbecken zu drehen. Mit großem Schrecken mußte er feststellen, daß das Uboot zwar bis zu einer Neigung von 40° krängte, die gewünschte Drehung jedoch nicht einsetzte. So war der Lotse nach Abpfeifen der Schlepper sichtlich erleichtert, als nun der Kommandant wieder das Kommando für sein Boot selber übernahm. Mit nur einem Bugsierschlepper und drehender Schraube des Ubootes konnte ohne Schwierigkeiten in den engsten Winkel des Hafens hinein manövriert werden.

Erst nach diesen leidigen Erfahrungen, z.B. beim Ein- und Auslaufen, An- und Ablegen und Manövrieren in engen Gewässern, wurden die Seitenruderblätter vergrößert und der Ruderwinkel erweitert, wodurch die Drehkreise verkleinert und damit die Manövrierfähigkeit deutlich verbessert wurden.

Dennoch waren diese Boote in Überwasserfahrt immer noch so schwerfällig, daß es richtig war, später für die Klasse 206 eine Ruderanlage zu wählen, bei der das Seitenruder wieder hinter der Schraube lag. Die befürchtete Verschlechterung des Geräuschpegels stellte sich nicht ein, wie Versuche mit den bereits nach dem neuen Konzept gebauten Booten, *U 11* und *U 12*, zeigten. Diese Konstruktion wurde bei den späteren Booten der Klasse 206 beibehalten.

Diese Schwierigkeiten hat es beim Tiefsteuerverhalten und beim Manövrieren unter Wasser nicht gegeben, obgleich eine neue Form für die vorderen Tiefenruder gewählt wurde. Im Gegensatz zu üblichen ausfahrbaren planen oder feststehenden Tiefenrudern, wurden für die neuen Boote konvexe bzw. konkave Dreiecksschalen verwendet, die nur so weit ausgefahren werden mußten, wie mit dem Ruder Auftrieb oder Untertrieb erzeugt werden soll. Der Vorteil ist, daß die vorderen Tiefenruder nur jeweils entsprechend des bezweckten Ruderlagewinkels auszufahren sind. Bei Ruderlagewinkel "vorne Mitte" ist der Anströmungs-

widerstand "Null", weil beide Ruder einge-
fahren bleiben. Bei hoher Geschwindigkeit,
wenn zum "Tiefe steuern" nur geringe
Ruderlagewinkel oder ausschließlich das
Fahren der "Lastigkeit" mit den hinteren
Tiefenrudern erforderlich ist, sind so Strö-
mungsgeräusche deutlich verringert. Die
Auffaßmöglichkeit passiv arbeitender
Gruppenhorchgeräte (GHG) wurde dadurch
signifikant verbessert.

Trotz dieser geringen Ruderaus-
schläge ist das Tiefensteuerverhalten der
Uboote im tiefen wie auch im flachsten
Wasser ausgezeichnet.

Das gute Manövrierverhalten ist
nicht nur in den Flachwassergebieten der
Ost- und Nordsee wichtig, sondern ist in
allen Einsatzgebieten von großer operativer
Bedeutung. Obgleich die deutschen Boote
für den Einsatz in der mittleren und östlichen Ostsee konzipiert waren, wo Wassertiefen zwischen 50 m und 100 m vorherr-
schen, darf nicht übersehen werden, daß
überall in Küstenrandgebieten mit Wassertiefen um 20 m der Einsatz dieser Boote
möglich war.

Zwar ist es bei heutigen Waffen-
reichweiten problemlos, einen Gegner aus
tiefem Wasser heraus in das Flachwasserge-
biet hinein wirkungsvoll zu bekämpfen,
doch sollten auch Minenlegeoperationen,
Kampfschwimmereinsätze oder Operationen gegen Landziele in Küstenstreifen
durchführbar sein.

Nach sachkundigen internationalen
Urteilen gibt es außer den deutschen keine
weiteren Uboote, die mit Geschwindigkeiten von >17 sm/Std. auf 20 m Wassertiefe
und nur 2 m Wasser unter dem Kiel sicher
manövrieren. Die Ausrüstung der Uboote
mit angelegtem Minengürtel behindert das
gute Manövrierverhalten nicht, so daß diese
Waffenzuladung möglich ist, ohne das
Fahrverhalten zu beeinträchtigen.

Der Konstruktionsstand dieser
Uboote, wie auch das der deutschen Exportboote, wird bestimmt durch ein kleines Zielmaß, große Beweglichkeit, hohe Wendigkeit und hervorragendes Steuer- und Manövrierverhalten. Eigenschaften, die not-

Kommandanten beim Anlegemanöver
Manoeuvring a submarine in close quarters has always
been a sub commander's favourite stress situation

wendig sind, um Uboote auch in engen und flachen Seegebieten mit Torpedos, Minen oder anderen Waffen wirkungsvoll einsetzen zu können.

VERSUCHS-UBOOTE

Parallel zum Bau der Kampf-Uboote liefen Vorbereitungen für den Bau von zwei Klein-Ubooten. Ursprünglich sollten diese als Erprobungsboote die Serie der 350-ts-Uboote Klasse 205 einleiten, um später als Vorpostenboote Aufklärungsdienste zu leisten. Hierfür wurden sie, neben der Standardausrüstung, mit einer überdimensionalen aktiven Weitsuch-Sonaranlage (WSU) ausgerüstet, die für die Nachfolgeboote erprobt werden sollte. Diese kleinen, von Krupp Atlas Elektronik in Bremen gebauten Boote der Klasse 202 verdrängten 100 t, waren 22 m lang und fuhren mit sieben Mann Besatzung. Für den Überwasser- bzw. Batterieladebetrieb wurde der 350-PS-Diesel eingesetzt, im Unterwasserbetrieb sorgte der E-Motor mit gleicher Leistung für den Vortrieb. Diese Zwerg-Uboote waren ähnlich wie die Boote des Typs XXIII im Zweiten Weltkrieg mit einem 27-PS-Schleich-

fahrt- E-Motor ausgerüstet.

U Techel, benannt nach dem 1870 geborenen Chefkonstrukteur für Uboote der Kaiserlichen Marine Hans Techel, wurde am 14. Oktober 1965 unter dem Kommando von Oberleutnant zur See Rautmann in Dienst gestellt.

U Schürer, gleichen Namens wie der Chef der Amtsgruppe Gesamtentwurf und des Hauptamtes Kriegsschiffbau im Oberkommando der Marine Friedrich Schürer, setzte unter dem Kommando von Oberleutnant zur See Hoschatt am 6. April 1966 Flagge und Wimpel.

Diese Boote wurden jedoch viel zu spät in Dienst gestellt und erwiesen sich darüber hinaus für die ihnen zugedachten Erprobungsaufgaben als ungeeignet.

Bei einer Brückenhöhe von knapp 1 m wurde selbst bei geringstem Seegang der Turm überwaschen, so daß praktisch keine Sicht bestand. Erprobungspersonal war bei der Enge des Raumes zusätzlich zur notwendigen Besatzung von sieben Mann nicht unterzubringen.

Geringer Luftvorrat und knapp bemessene Batteriekapazität machten es

Klein-Uboot U Techel *(oben) mit niedriger Brückenhöhe erwies sich als praxisfremd – besonders bei schlechtem Wetter (unten)*

Miniature experimental submarine U Techel *(above) fell short of expectations, especially in a seaway (below)*

den Booten unmöglich, getaucht in die Operationsgebiete zu fahren. Die Durchführung eines Aufklärungsauftrages blieb Illusion. Die Uboote, aus ferritischem Stahl gebaut, korrodierten an der mit Kupferanoden bestückten Pier zusehends, so daß es für alle Beteiligten, gleichgültig ob Erprobungsleiter, Kommandanten, Besatzungen oder Hersteller, eine Erlösung war, als der Außerdienststellungsbefehl zum 15. Dezember 1966 erteilt wurde. Die Boote wurden verschrottet.

Weitere Versuchskonstruktionen blieben der Ubootflottille in den Anfangsjahren erspart. Nur U 1 wurde, bevor man es wegen der Rißbildung außer Dienst stellte, mit einer Erprobungsvorrichtung für Heckablaufrohre ausgerüstet. Mit diesem umgebauten Boot sollte eine zusätzliche Torpedobewaffnung für die Uboote erprobt werden.

Erst in den Jahren ab 1984 folgten weitere Umrüstungen. U 1, inzwischen aus ferritischem Stahl gebaut und wieder in Dienst gestellt, sowie U 11, U 12 und U 16 wurden für Erprobungen von neuen Antriebsanlagen, leistungsfähigeren

Ortungsgeräten und Waffenleitanlagen eingesetzt, später U 11 als Zweihüllenboot zu Torpedoerprobungen und als Zielschiff.

Eine Sonderrolle nahm U 1 bei den Erprobungsträgern ein. Auf diesem Boot wurde 1988 die erste Brennstoffzellenanlage als außenluftunabhängiger Antrieb eingebaut und 1989 mit großem Erfolg erprobt. Für den Einbau mußte das Boot in der Werft verlängert werden, so daß Sauerstofftank, Hydridspeicher für Wasserstoff und die Brennstoffzelle, zusätzlich zum dieselelektrischen Antrieb, Platz fanden. Nach Abschluß dieser, für die Entwicklung von Neubauten der Klasse 212 so wichtigen Erprobungen wurde U 1 am 29. November 1991 außer Dienst gestellt. Es diente anschließend als ziviler Erprobungsträger den Thyssen Nordseewerken für deren neu entwickelten Kreislaufdiesel – einer Alternative zur Brennstoffzelle.

U 1 *nach dem Umbau mit der Brennstoffzelle (oben)*
U 11 *umgebaut zum Zweihüllen-Zielboot für Torpedoschießübungen (Mitte)*
U 12 *umgebaut zum Erprobungsträger (unten)*
U 1 *fitting out with the fuel cell (top)*
Double skin torpedo target boat U 11 *(center)*
U 12 *operating with an experimental bow section*

Ausrüstung von U 1 mit der Brennstoffzelle / Refitting U 1 with the new fuel cell

Klasse 206

Die zweite Serie neuer Uboote für die Deutsche Marine wurde eingeleitet mit der Fertigstellung von *U 13* am 19. April 1973 bei den Howaldtswerken-Deutsche Werft AG (HDW). Mit *U 13* übernahm die Ubootflottille das erste von 18 Booten der Klasse 206 und begann die Aufstellung des 3. Ubootgeschwaders in Eckernförde.

Diese Boote der Klasse 206 basierten auf der Konstruktion der 205er-Boote, wurden jedoch unter Einbeziehung der operativen, taktischen und technischen Erfahrungen in der Rumpfform geändert und mit Neuerungen und Weiterentwicklungen im Bereich der Anlagen, Geräte und Waffen ausgerüstet.

Wie die Vorgängertypen, sind auch die 206er-Uboote als Einhüllenboote und ohne druckfeste Unterteilung konstruiert. Sie sind in amagnetischer Bauweise ausgeführt, 48,6 m lang, haben einen Druckkörperdurchmesser von

4,6 m und verdrängen im getauchten Zustand 500 Tonnen. Bei einer Besatzung von 25 Soldaten werden die Boote im Zweier-Wachrhythmus (four on/four off) gefahren und können bis zu fünf Wochen im Einsatz bleiben.

Angetrieben von einem Elektromotor über die leistungsstarke dreiteilige Fahrbatterie, welche von zwei Dieselmotoraggregaten geladen wird, erreichen die Boote in

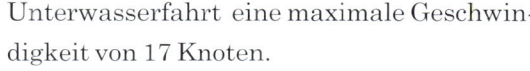

U 27, ein Boot der Klasse 206, beim Personaltransfer
Class 206 boat U 27 exchanging crew

Unterwasserfahrt eine maximale Geschwindigkeit von 17 Knoten.

Zum Erneuern der Atemluft und zum Betrieb der Dieselmotoren für die Batterieladung müssen diese Uboote periodisch zum Schnorchelbetrieb an die Wasseroberfläche. Der Zeitintervall ist abhängig von den im Einsatz gefahrenen Geschwindigkeiten. Bei ökonomischem Einsatz der Fahrbatterie muß diese in 3 von 24 Stunden geladen werden. Bei sparsamstem Einsatz aller Stromverbraucher können die Boote jedoch bis zu 96 Stunden zwischen den Schnorchelzeiten getaucht bleiben.

Im Waffenbereich der 206er-Uboote wurden die 16 selbstsuchenden Torpedos des modifizierten amerikanischen Typs MK37 der 205er-Uboote durch acht drahtgelenkte deutsche Torpedos vom Typ DM2 ersetzt. Mit dieser Waffe, wenn sie über ihre volle Einsatzdistanz gelenkt eingesetzt wird, können die

Klasse-206-Uboot

Besatzung:	22 Mann
Länge:	48,0 m
Breite:	4,6 m
Tiefgang:	4,0 m
Einsatzverdrängung:	450 t
Geschwindigkeit:	17 kn
Antriebsanlage:	1800 PS (dieselelektrisch)
Bewaffnung:	Acht Torpedorohre, Wurfanlage
	für Seeminen

Deutsche Entwicklung, gebaute Stückzahl
für die Deutsche Marine: 18

Diese vereinfachte Darstellung eines Ubootes der Klasse 206 gibt einen Eindruck der Größenverhältnisse, wie sie diesen kleinen, für den Einsatz in flachen und engen Gewässern konzipierten Booten eigen sind. Nicht das Detail kommt zum Ausdruck, sondern die räumliche Aufteilung eines modernen Einhüllen-Ubootes, wie es für die Deutsche Marine gebaut wurde – ein optimaler Kompromiß aus taktischer Forderung, technischen Möglichkeiten und finanziellen Mitteln: klein, wendig und schlagkräftig.

Schiffsoperation

1 Operationszentrale
2 Radargerät
3 Schnorchel und Navigations-
  sehrohr

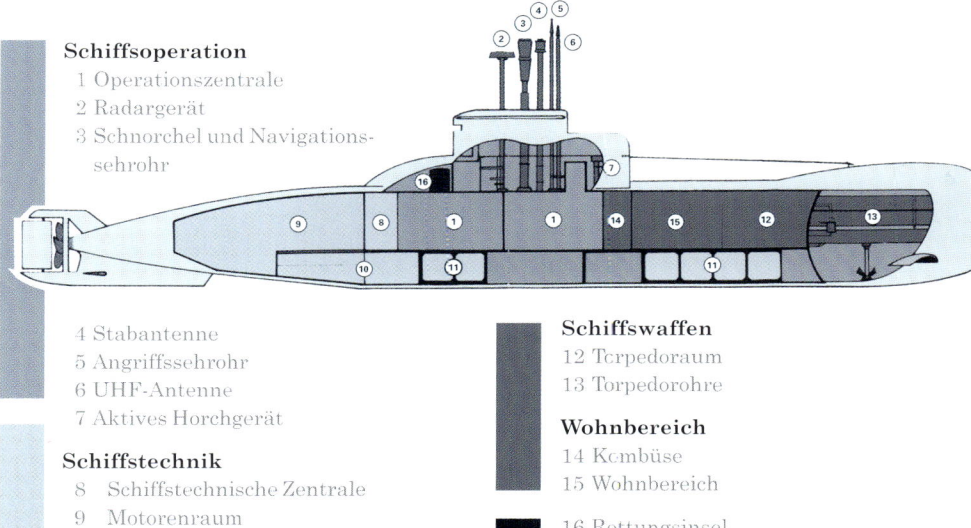

4 Stabantenne
5 Angriffssehrohr
6 UHF-Antenne
7 Aktives Horchgerät

Schiffstechnik

8 Schiffstechnische Zentrale
9 Motorenraum
10 Kraftstofftanks
11 Batterieräume

Schiffswaffen

12 Torpedoraum
13 Torpedorohre

Wohnbereich

14 Kombüse
15 Wohnbereich

16 Rettungsinsel

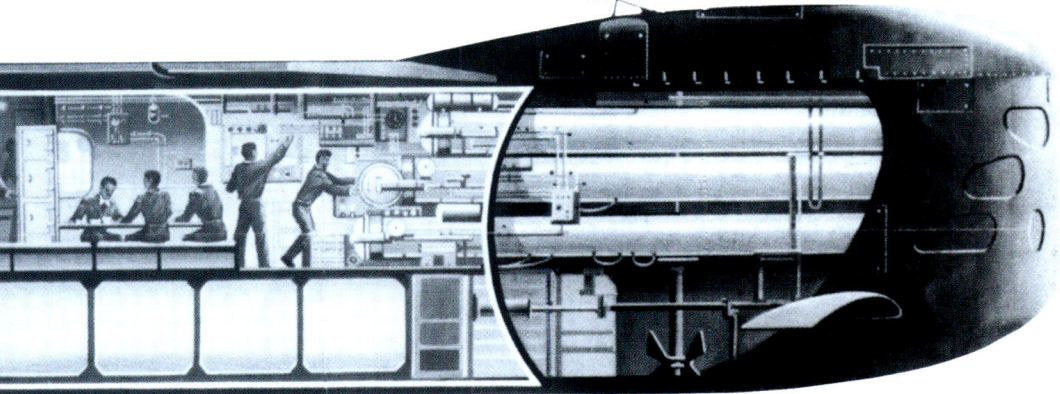

The drawings illustrate the Class 206 interior layout – an optimal compromise between tactical specifications, technical feasibility and budgetary constraints. The Class 206 German Navy submarines are small single-hull units not to be underestimated for their versatility or firepower.

Die Ostsee

Bis zum Ende der Ost-West-Spannungen, im Rahmen der Vorneverteidigung Haupteinsatzgebiet der deutschen Uboote, ist es heute nur eines der möglichen Operationsgebiete für den Einsatz. Tiefen von 25 bis 50 m zwischen Kiel und Bornholm, um 100 m im Danziger Graben und weiträumige vorgelagerte Flachwassergebiete an der Südküste charakterisieren dieses Seegebiet.

Darüber hinaus bestimmen das einfließende salzreiche Nordseewasser und das ausfließende salzarme Oberflächenwasser den Salzgehalt von 25⁰/₀₀ im Westen bis 0⁰/₀₀ – also Süßwasser – im Osten.

Letztlich ist auch die winterliche Eisgrenze bis weit in die mittlere Ostsee hinein für die tiefenabhängigen Temperaturschichten von Bedeutung für die passiven und aktiven Sensoren. Ein flaches und enges Operationsgebiet, das speziell konzipierte Uboote erforderlich machte und noch heute besondere Anforderungen an die deutschen Uboote stellt.

The Baltic

This area with its 25 to 50 metre average depths, shallow coastal waters and mixed salinity values ranging from 25⁰/₀₀ in the West to 0⁰/₀₀ in the East was the front defence line for German submarines during the Cold War. Also of great importance: The influence played by winter ice and cold water layers in active and passive sensoring.

These features all apply to today's subs operating in such confined waters.

Uboote ihre Gegner bekämpfen, ohne sie optisch zu erfassen oder Gefahr zu laufen, in den Auffaßbereich ihrer Ortungsgeräte zu gelangen.

Ergänzend zu den Torpedos können die Uboote mit Minengürteln ausgerüstet werden und 24 Grundminen, unabhängig von der Torpedobeladung, verbringen. Diese zusätzliche Waffenausrüstung, deren Tragegurte jederzeit zentral gelöst werden können, um wieder frei von Minen und Minengürtel operieren zu können, reduzieren weder die Geschwindigkeit, noch wird die Manövrierfähigkeit nennenswert beeinträchtigt.

Von den 18 in Auftrag gegebenen Ubooten der Klasse 206 wurden zehn Boote bei den Thyssen Nordseewerken und acht Boote bei dem Generalunternehmer HDW gebaut. 12 Boote waren dem 3. Ubootgeschwader mit Heimathafen Eckernförde und sechs Boote dem 1. Ubootgeschwader in Kiel zugeordnet. Im 1. UG ersetzten die neuen Boote sechs Boote der Klasse 205.

Erstmalig in der Geschichte des deutschen Ubootbaus war als Generalunternehmer HDW nicht nur für den Bau der Boote zuständig, sondern zeichnete auch verantwortlich für Planung, Konstruktion, Fertigung, Erprobungen und Abnahme. Ein Novum, das sich über viele Jahre bewähren sollte. Für die Marine wirkte sich diese erste Alleinverantwortung eines Generalunternehmers allerdings nachteilig aus, weil die zukünftigen Marinebesatzungen an den Hafen- und See-Erprobungen nicht beteiligt waren und ihnen so bei Übernahmen die anfallenden wertvollen Erfahrungen fehlten.

Dennoch wurden die ersten 206er mit großer Begeisterung in Dienst gestellt, denn mit dieser neuen zukunftsweisenden Technologie machte die deutsche Ubootwaffe einen großen Sprung nach vorne.

Die geänderte Formgebung von Turm, Bug und Heck, die neue Anordnung der Passivbasis, herausgenommen aus dem Bereich der nicht lautlos arbeitenden

Torpedotreffer auf Zerstörer der Fletcherklasse Z 1 während des TOREX MED *1977. Zuerst wird das Schiff angehoben (links), wird durchgeschüttelt und beginnt zu sinken (rechts).*
Fletcher Class destroyer Z 1 is targeted during the TOREX MED *1977. She is lifted out of the water (left), suffers massive shock damage and settles to sink (right).*

Tiefenruder, die verbesserte Feuerleitanlage M8/8, das Lenken der modernen drahtgelenkten Torpedos DM2A1, jetzt mit integrierter Rückmeldung, sowie viele Anlagen und Geräte entsprachen dem Stand der technischen Entwicklung.

Klasse 206, eine für den Einsatz im spezifischen Operationsgebiet der Deutschen Marine "maßgeschneidertes" kleines Kampfboot, dessen Fähigkeiten am potentiellen Gegner orientiert waren. Ein Boot für die Ost- und Nordsee konzipiert, das jedoch, wie sich später zeigen sollte, in der Lage war, in allen Seegebieten zu operieren.

Allerdings mußten sich die Besatzungen auf dieses neue Waffensystem erst einstellen und einer intensiven Schulung an Waffen und Geräten für deren Anwendung und Einsatz unterziehen.

Eine kommunikative Einschränkung bildete der die Operationszentrale füllende "Käfig", der zum Schutz gegen Unfälle um

U 26 mit angehängtem Minengürtel. Zusätzlich zur Torpedoladung können 24 Grundminen mitgeführt werden.

The mine-belt enables U 26 to carry 24 mines without reducing the boat's torpedo firepower or other capabilities.

die Ausfahrgeräte herumreichte. Der Schutzkäfig verhinderte die gewohnte direkte Kommunikation und machte jetzt eine "Intercom" erforderlich. Der Einsatz der modernen Feuerleitanlage warf bei der "Drei/drei-Lösung" (drei Torpedos gleichzeitig gegen drei unterschiedliche Ziele) erhebliche Probleme auf. Im Bereich der neuen Torpedos war es der "Fischbiß", der die Isolation der Torpedodrähte beschädigte, eine bisher nicht gekannte Schwierigkeit, für die eine Lösung gefunden werden mußte. Aber unermüdliche Erprobungen und Versuche, Erfahrungen in See, neue Ausbildungsreihen, Ausbildung am Simulator (AWU) und ein systematischer Aufbau der Team- und Besatzungsausbildung in Theorie und Praxis halfen die Probleme zu meistern. Zu Unrecht, wie sich erst später erweisen sollte, waren die Uboote Klasse 206 vom Kommando für Truppenversuche der Marine als "nicht truppenverwendungsfähig" erklärt worden. Das Gegenteil war der Fall. Nach ersten Anlaufschwierigkeiten beherrschten die Besatzungen das Waffensystem souverän und ernteten mit ihren Booten im In- und Ausland große Anerkennung.

Am 13. März 1975 wurden die beiden letzten Boote dieser Serie, *U 26* und *U 30*, in Dienst gestellt. Die Ubootflottille bestand jetzt aus sechs Booten der Klasse 205 und 18 Booten der Klasse 206.

KLASSE 206A

AUFTRAG

Bei Nutzung der geographischen und ozeanographischen Verhältnisse im Einsatzgebiet und unter Berücksichtigung der Fähigkeiten des Gegners sollten die Uboote

- Kräfte binden und abnutzen,
- das eigene Territorium weit vorne verteidigen,
- dem Gegner die Nutzung der Seeverbindungen erschweren und
- zur Sicherung der eigenen Seeverbindungen beitragen.

Hierfür müssen sie über Waffen, Ausrüstung und Besatzungen verfügen, die sie in die Lage versetzen, über mehrere Wochen bei zentraler Führung und unabhängig als Einzelfahrer zu operieren, um die Tiefe des Raumes zur Auftragserfüllung nutzen zu können.

OPERATIONSGEBIET

Bis 1989 war das Hauptoperationsgebiet der deutschen Uboote die Ostsee, die Ostseeausgänge und die Nordsee – ein Seegebiet von begrenzter Ausdehnung mit Wassertiefen von durchschnittlich 30 m bis zu maximal 200 m, extremen Salz- und Temperaturschichten, wechselnder Wasserdichte und sehr unterschiedlicher Küstenstruktur. Vorgelagerte Flachwassergebiete, felsige Schärengürtel, Buchten und Fjorde wechseln mit Flußmündungen, Tiefwassergräben und unterschiedlichster Grundbeschaffenheit. Ein Operationsgebiet, welches zu jeder Zeit der Technik, Taktik und Besatzung viel Beweglichkeit, Anpassung und Reaktionsvermögen abverlangte.

Im Rahmen des neuen Konzeptes der NATO und damit auch der Deutschen Marine müssen die deutschen Uboote in allen für die NATO-Verteidigungsunterstützung relevanten Seegebieten, auch außerhalb nationaler Bereiche, operieren. D.h., den möglichen Operationsgebieten sind nicht bestimmte Einheiten oder nationale Kontingente zugeordnet, sondern die für das Verteidigungskonzept vorgesehenen Uboote

müssen in allen Seegebieten und unter allen Bedingungen einsetzbar sein. Um diesen Aufgaben gerecht zu werden, wurden von 1987 bis 1993 12 Uboote der Klasse 206 zur Klasse 206A umgerüstet. Diese Maßnahme war eine Reaktion auf die fortschreitende Unterwasserortungstechnik und Waffenentwicklung im Ujagdbereich, um den Einsatzwert der Uboote gegen Überwasserstreitkräfte zu erhalten. Insbesondere sollte die Möglichkeit zur gleichzeitigen Bekämpfung mehrerer Ziele mit voneinander unabhängigen Torpedos verbessert werden.

In dieser "Kampfwert Erhaltenden Maßnahme" (KEM) wurden die Uboote mit einer integrierten Waffenleitanlage ausgerüstet, mit der drei drahtgelenkte Torpedos gleichzeitig gegen unterschiedliche Ziele eingesetzt werden können. Die weiterentwickelte Sonaranlage, welche aktiv und passiv Sonar mit paralleler Zielverfolgung und Rundumdetektion sowie passiver akustischer Zielentfernungsmessung und Sonarinterzept beinhaltet, liefert die erforderlichen Zieldaten.

Durch diese Sonar-Lagebearbeitungs- und Waffenleitanlage (SLW 83) wurde

ein Verbund geschaffen, der vom Sensor über die Datenverarbeitung und Lagedarstellung bis hin zu den Effektoren geht, wodurch eine erhebliche Verbesserung der Reaktionszeiten erreicht werden konnte.

Die automatische Zielverfolgung mit einem Abgleich der Zieldaten über Datenspeicher, in Verbindung mit dem kombinierten Über- / Unterwasserzieltorpedo DM2A3, gab diesen nachgerüsteten Ubooten die Möglichkeit zur Verarbeitung komplexerer Lagen und somit mehr operative Flexibilität und größere taktische Überlegenheit. Zwölf der achtzehn Boote Klasse 206 wurden in einer bis zu einem Jahr erweiterten planmäßigen Werftliegezeit modernisiert. Durch diese Umrüstung wurde das 3. Ubootgeschwader mit den Booten U 15, U 16, U 17, U 18, U22, U23, U24, U 25, U 26, U 28, U 29 und U 30 zum "206 A-Geschwader" zusammengestellt und erfüllt damit die Voraussetzungen für moderne Ubootsoperationen sicherlich bis über die erste Dekade des 21. Jahrhunderts hinaus.

Stealth: 206A U 28 *in Eckernförde*

Die Zukunft: Klasse 212

Die Zukunft der Ubootflottille der Deutschen Marine zeichnet sich nicht nur ab, sondern sie befindet sich bereits in der Realisierung. Auf den Werften Howaldtswerke-Deutsche Werft AG in Kiel und Thyssen Nordseewerke GmbH in Emden entstehen die ersten Neubauten der Klasse 212A. Der Forderung nach geringsten magnetischen Signaturen folgend, werden die Boote aus amagnetischem Stahl gefertigt.

Bereits 1994 fiel für die Deutsche Marine die Entscheidung, vier Uboote der neu entwickelten Klasse 212 zu bauen. Nur zwei Jahre später, 1996, entschied sich die italienische Marine dafür, keinen eigenen Entwurf für eine neue Ubootgeneration zu entwickeln, sondern sich dem Bauprogramm der Deutschen Marine anzuschließen. Zwei Boote der Klasse 212A werden zur Zeit in Italien auf der Werft Fincantieri in Muggiano gebaut; eine Option für den Bau von zwei weiteren Booten ist in Aussicht gestellt.

Was ist neu an den Ubooten Klasse 212? Was unterscheidet sie von den bewährten Booten der Klasse 206A?

Bei erster Betrachtung fallen dem fachkundigen Beobachter zunächst das

gefällige Längen-Durchmesser-Verhältnis von 7,7:1 und der kalottenförmige Turmaufbau ins Auge. Beides Konstruktionsmerkmale, die auf gute hydrodynamische Eigenschaften hinweisen.

Markant auch die vorderen Tiefenruder an den Seiten des Turmaufbaus und die hinteren Tiefen- und Seitenruder, die als "X-Ruder" ausgeführt sind. Mit diesen Ruderanlagen wird erreicht, daß Tiefenhalten und Tiefenänderungen möglich sind, ohne den Trimmwinkel des Bootes verändern zu müssen. Die Manövrierbarkeit in vertikaler und horizontaler Richtung, also Änderungen von Tiefe und Kurs, ist, trotz der ca. dreimal größeren Verdrängung gegenüber den Booten der Klasse 206A, beson-

Links: In Öl gemalt: Uboot Klasse 212
Left: Artist's impression U 212

Rechts: Klasse 212 im Querschnitt
Right: A cross section of the U 212

ders hoch. Eine Eigenschaft, die erforderlich ist, um auch mit diesen Booten in engen und flachen Küstengewässern sicher und wirkungsvoll operieren zu können.

Der große Durchmesser des Propellers hinter dem X-Ruder ist Hinweis darauf, daß der Antrieb schon bei kleinsten Umdrehungszahlen ein hohes Drehmoment aufbringen kann und so einen leisen Vortrieb gewährleistet.

Am Bug zeichnen sich die Verkleidungsklappen der Torpedorohre sowie die Öffnungen für den Druckwasserausstoß der Torpedoanlage ab.

Im unteren Rund der äußeren Hülle sind, an Backbord- wie an Steuerbordseite, die langgezogenen Verkleidungen des "flank array" erkennbar, den Antennen für den mittleren Frequenzbereich des passiven Sonars.

Zwischen Außenhülle und Druckkörper ist im Vorschiff das Torpedoübernahmeluk und sind im Hinterschiff die Druckbehälter für den flüssigen Sauerstoff der Brennstoffzellenanlage sowie die Winde für das Schleppsonar "towed array" installiert.

Um den hinteren unteren Teil des Druckkörpers herum angeordnet, ebenfalls im frei durchfluteten Raum, haben Behälter mit Metallhydrid, in denen Wasserstoff für die Brennstoffzellen gebunden wird, ihren Einbauort.

Die restlichen Antennen der Sonar-Anlage wie die Hydrophone für eine akustische Eigenvermessung des Bootes, wie das "circular-array", der Antenne für die höheren akustischen Frequenzen, und wie die "ranging-arrays", das sind die Antennen, mit denen passiv Entfernungen zu Objekten bestimmt wer-

Bau der Uboote Klasse 212A bei HDW: rechts der vordere Endboden, links Mitschiffssektionen
Building the U 212A at HDW: left the pressure bow, right: midship sections

Hinterschiff 212A bei TNSW (links u. rechts)
212A stern section at TNSW (left and right)

den können, befinden sich ebenfalls unter der äußeren Bootshülle.

Ganz vorn, fast als Spitze im Bug, ist die Antenne des Sonars angebracht, mit dem Minen und andere Hindernisse geortet werden können.

Als Summe seiner ersten Betrachtung kann der fachkundige Beobachter feststellen, daß das Außenschiff vorrangig nach hydrodynamischen Anforderungen gestaltet wurde und Wirbelbildungen vermieden werden. Die Zielsetzung für die Boote Klasse 212A ist, extrem niedrige, aber auch ausgewogene Signaturwerte zu erreichen. Berücksichtigt wurden:

● akustische Signaturen,
● magnetische Signaturen,
● Sonarzielmaß (Signaturen, die von Sonargeräten erfaßt werden können),
● thermische Signaturen,
● optische Signaturen und
● Radarzielmaß (Signaturen, die von Radargeräten erfaßt werden können).

FÜHRUNG UND WAFFENEINSATZ

Kern der Ausstattung der Uboote Klasse 212 sind die aus bilateralen Entwicklungsverträgen, zwischen Norwegen und der Bundesrepublik Deutschland geschlossen, hervorgegangenen:

● Basis-, Führungs- und Waffeneinsatzanlage (BCWCS),
● Sehrohranlage (SERO 14 und SERO 15) und
● Torpedo DM2 A3 (dieser Torpedo wurde für Kl. 212A ersetzt durch die Weiterentwicklung zum Torpedo DM2 A4).

In der Basis-, Führungs- und Waffeneinsatzanlage laufen Ortungs-, Waffen- und Führungsanlagen zusammen. Informationen aller Sensoren aus dem Ortungsbereich ebenso wie aus dem Navigations- und dem Waffenbereich gehen

als Datenmengen in die BCWCS und werden dort einzeln gewichtet und bewertet, bevor sie von Rechnern unter- und miteinander zu neuen "Daten höherer Qualität" verknüpft werden. Als Ergebnisse dieser Rechenarbeit lassen sich dann auf den Bedienkonsolen aktuelle Lagebilder darstellen. Das heißt: Für eine bestimmte Anzahl von den im Aktionsradius der Sensoren befindlichen Zielen stehen dadurch permanent Ziel- und Bekämpfungswerte zur Verfügung.

Es ist so möglich, unverzüglich Torpedos von der BCWCS aus einzusetzen und bis in das Ziel zu lenken. Zur Sensorenausrüstung gehören:

Passiv-Sonaranlagen
➤ zur Ortung von akustischen Ereignissen und Signalen

Aktiv-Sonaranlagen
➤ zur Ortung von Minen und anderen Hindernissen

Sehrohranlage
➤ SERO 14 und SERO 15 mit

EloUM- und GPS-Antenne

EloUM-Gerät
➤ zur Analyse von einfallenden Radarstrahlen

Radargerät
➤ vornehmlich genutzt zur sicheren Teilnahme am Seeverkehr

Aus den Torpedorohren können auch, an Stelle von Torpedos, spezielle Flugkörper zur Abwehr von Hubschraubern ausgestoßen werden.

Eine der technischen Neuerungen auf den Ubooten Klasse 212 ist die Torpedoausstoßanlage. Ein Hydraulikkolben drückt hierbei Wasser hinter den Torpedo in das Torpedorohr. Der eng an die Wandung anliegende Torpedo wird beschleunigt, erreicht beim Verlassen des Torpedorohres seine Startgeschwindigkeit und startet erst außerhalb des Bootes den eigenen Antrieb. So sind Ausstoß und Anlauf des Torpedos fast geräuschlos. Reservetorpedos können über die

Anzahl der Torpedorohre hinausgehend im Boot gelagert werden; die Übernahme und Abgabe von Torpedos erfolgt durch das Übernahmeluk im Vorschiff-Oberdeck.

Um Schallbrücken zum Druckkörper zu vermeiden und darüber hinaus noch eine höhere Sicherheit bei Schockbelastung zu erreichen, sind der doppelstöckige Wohnbereich und die OPZ elastisch gelagert aufgehängt und der Bereich der Operationszentrale ist zusätzlich als eine eigenständige Plattform ausgelegt.

SCHIFFSTECHNIK

Alle Betriebsanlagen an Bord, deren akustischer Quellpegel einen definierten Grenzwert überschreiten, sind gemeinsam mit dem Dieselaggregat auf einer Plattform montiert, die zusammen mit den Betriebsanlagen sowie den zugehörigen Rohrleitungen und Kabeln zu einer Schallkapsel ausgearbeitet wurde. So sind alle geräuscherzeugenden Betriebsanlagen gegen das übrige Boot doppelelastisch gelagert.

Bau der Torpedorohre
Work on the torpedo tubes

Die bedeutendste technische Neuerung an Bord der Uboote Kl. 212 ist die Möglichkeit, daß die Stromerzeugung für das Bordnetz und den Antrieb wahlweise von einem Dieselaggregat über die Batterie oder einer Brennstoffzellen-Anlage aus erfolgen kann. Dieses Hybridsystem entspricht den aktuellen Vorstellungen zukünftiger Einsätze, möglichst unentdeckt und getaucht durchzuführen.

Über mehr als 50% der geplanten Einsatzzeit des Ubootes kann die Brennstoffzellenanlage ohne externen Luftbedarf die benötigte elektrische Energie für das Bordnetz und den Antrieb liefern. Bei erforderlicher Höchstgeschwindigkeit wird die notwendige höhere elektrische Leistung der Fahrbatterie entnommen. Zum Nachladen können, je nach taktischer Situation, wiederum Dieselaggregat oder Brennstoffzellen-Anlage eingesetzt werden.

BRENNSTOFFZELLE

Die "Brennstoffzellen-Anlage" umfaßt alle notwendigen technischen Einrichtungen zum Erzeugen elektrischer Energie aus dem Energieträger Wasserstoff und dem Oxyda-

tionsmittel Sauerstoff mit Hilfe der Brennstoffzelle. Dazu gehören Behälter für Stickstoff, Sauerstoffbehälter, Metallhydridbehälter für Wasserstoff, doppelwandige Leitungen für den Transport von Wasserstoff, Sauerstoff sowie Stickstoff als Schutzgas und nicht zuletzt die Brennstoffzellen.

In den 70er Jahren haben die Firmen Ferrostaal, Howaldtswerke-Deutsche Werft, Siemens und das Ingenieurkontor Lübeck zusammen mit dem öffentlichen Auftraggeber eine Brennstoffzellen-Anlage als außenluftunabhängigen Antrieb für Uboote entwickelt und in einer Landtestanlage ausführlich erprobt, bevor eine solche Anlage 1988 auf *U 1*, einem Uboot der Klasse 205 der Deutschen Marine, erfolgreich im Seebetrieb getestet wurde. Während der umfangreichen Erprobungsfahrten konnte nachgewiesen werden, daß der Betrieb der Brennstoffzellen-Anlage an Bord unauffällig, zuverlässig und geräuschlos funktioniert. Für konventionelle Uboote war damit ein über lange Zeiträume sicherer und außenluftunabhängiger Fahrbetrieb möglich geworden, der diesen Booten zukunftsweisend gegenüber anderen Systemen ihre

operationelle Überlegenheit erhält.

Die Entwicklung der Brennstoffzelle selbst liegt allerdings viel weiter zurück. Bereits 1839 stellte Prof. William Grove im Verlauf seiner Experimente zur Trennung der chemischen Bestandteile von Wasser fest, daß dieser Prozeß auch in umgekehrter Richtung stattfinden könne.

Das Zusammenfügen von Sauerstoff mit Wasserstoff ergibt elektrischen Strom. Vom Prinzip her war damit schon damals die Brennstoffzelle erfunden. Es dauerte dann allerdings noch mehr als 100 Jahre Entwicklungszeit und -arbeit, bis die BZ-Technologie in den 50er und 60er Jahren des 20ten Jahrhunderts mit einer Anwendung in Projekten der Raumfahrt (Gemini, Apollo) ihren ersten richtigen Aufschwung erlebte. Zukünftig wird die vielseitige Verwendungsbreite von Brennstoffzellen für die Energiewirtschaft in allen Bereichen des täglichen Lebens große Bedeutung gewinnen. Der Slogan der kanadi-

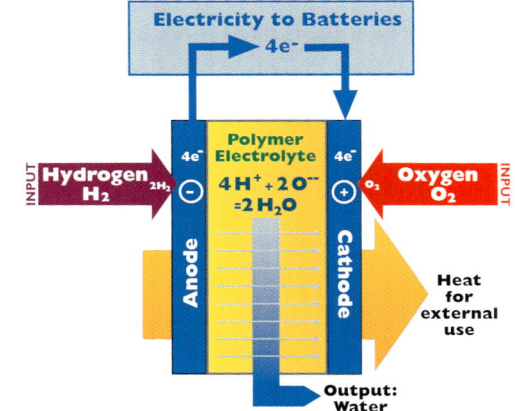

Wirkungsweise der PEM-Brennstoffzelle (oben) / Brennstoffzellenversuchsanlage (unten)
PEM fuel cell principle (above) / U 212 fuel cell test rack (below)

schen Firma Ballard-Power-System, einem der Hersteller von Brennstoffzellen, bringt es auf den Punkt: *The power to change the world.*

Brennstoffzellen sind elektrochemische Energiewandler. Aus der unmittelbaren Reaktion zwischen Sauerstoff und Wasserstoff, ohne eine physikalische Verbrennung, entstehen als Reaktionsprodukte Strom und warmes Wasser. Das Funktionsprinzip, das in der Brennstoffzelle abläuft, entspricht der angesprochenen Umkehr der Wasser-Elektrolyse. Sie findet unabhängig vom Carnotschen Faktor statt, der den thermischen Wirkungsgrad von Verbrennungsmaschinen bestimmt. Die für die Uboote der Kl. 212 vorgesehenen Brennstoffzellen von Siemens arbeiten bei Betriebstemperaturen von unter 80° Celsius, haben einen Wirkungsgrad von etwa 70% und funktionieren, wie auf U 1 nachgewiesen, geräuschlos. Ihr Wirkungsgrad ist wie bei allen Brennstoffzellentypen im Teillastbereich

höher als bei Betrieb unter Vollast. PEM-Brennstoffzellen enthalten als festen Polymerelektrolyten eine Ionenaustauschmembran mit auf "Kohlepapier" aufgebrachten Elektroden. Diese Membranelektroden befinden sich zwischen Kühleinheiten. An den Kathoden findet eine Reaktion mit Sauerstoff zur Bildung von Anionen statt. Diese Anionen reagieren ihrerseits mit Wasserstoffionen, die vorher die Membran durchquert hatten, und bilden die bereits bekannten Reaktionsprodukte warmes Wasser und Strom. Aufgrund der Gesamtheit ihrer Eigenschaften eignen sich Brennstoffzellen im Dauerbetrieb hervorragend als wirtschaftlicher außenluftunabhängiger Lieferant elektrischer Energie auf Ubooten.

Die Umsetzung der elektrischen Energie in Bewegung wird auf der Klasse 212A von einem kurz bauenden PERMASYN-Motor (permanent synchronerregter Magnetfeld-Motor) vorgenom-

men, der bereits bei geringsten Drehzahlen hohe Drehmomente bei hohen Wirkungsgraden liefert.

Das Steuern der schiffstechnischen Anlagen und Geräte und das Steuern des Ubootes in Tiefe, Kurs und Geschwindigkeit erfolgen in der OPZ an einem Leit- und Lenkstand.

Ein durch Zurückhaltung geprägtes und auf jahrzehntelanger praktischer Erfahrung basierendes Automatisierungs-

konzept mit dezentralen Steuerungsanteilen und Redundanz in einer abgestimmten Philosophie der Degradation, die sich über alle Bereiche der Technik erstreckt, ist die Grundlage für eine sichere Handhabbarkeit der neuen Uboote.

BESATZUNG

Obwohl auf den Booten der Klasse 212A zusätzliche Frequenzbereiche wie Infrarot, Laser, mittleres und tiefes akustisches Frequenzband und aufwendige Analysemöglichkeiten als Aufgaben hinzugekommen sind, ist die Besatzungsstärke mit 27 Soldaten relativ gering.

Um den umfangreicheren Informationsbedürfnissen nach schnell verfügbaren Daten zum Aufbau eines Lagebildes im Einsatzfall Rechnung tragen zu können, wurde der Besatzungsumfang von 23 um vier Mann auf jetzt 27 Besatzungsmitglieder erhöht. So können auch im Einsatzfall, mit Ausnahme der Rolle

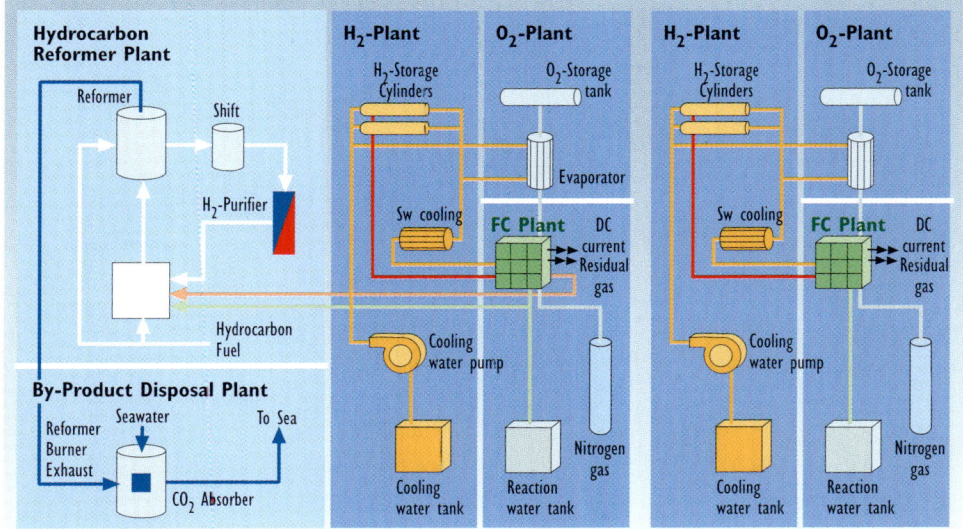

Vereinfachte Darstellung der Brennstoffzellenanlage für Klasse 212A
Simplified representation of the fuel cell installation on board the 212A

"Gefechtsstation", alle Rollen im Zweier-Wach-Betrieb gefahren werden.

Arbeits- und Wohnbereiche sind auf den Ubooten Klasse 212 voneinander getrennt und Erholung finden die Soldaten in Kammern, wo für jedes Besatzungsmitglied eine eigene Koje vorgesehen ist. Die Zeit der warmen Koje ist endgültig vorbei. Durch eine größere Anzahl von Toiletten, Wasch- und Duschmöglichkeiten wurde der Hygienebereich deutlich verbessert.

Eine modern ausgestattete Kombüse stehen dem Smut und der Besatzung zur Verfügung. Kühl- und Gefrierräumlichkeiten bieten erstmalig die Möglichkeit, über längere Zeiträume frische Lebensmittel verwenden zu können.

AUSBILDUNGSEINRICHTUNGEN

Noch bevor die ersten Geräte und Anlagenteile, die im Führungs- und Waffeneinsatzbereich zur OPZ-Ausstattung gehören, in eines der Uboote Klasse 212A eingebaut werden, ist deren Zusammenspiel über die

TNSW-Techniker stellen den Rudernullpunkt ein.
TNSW technicians adjusting the cross rudders.

gesamte Funktionsbreite, auch zusammen mit den anderen OPZ-Anlagen und Geräten, schon erprobt und deren Leistungsfähigkeit als System bereits nachgewiesen. Dieses wurde möglich, weil schon kurz nach Auftragserteilung zum Bau der Uboote Kl. 212 die "Ausbildungsanlage FÜWES" bei STN-Atlas in Bremen in Auftrag gegeben wurde. In der Aufbauphase diente sie sowohl dem Auftraggeber als auch dem Auftragnehmer zum Abbau technischer Risiken als Integrations-Test-Anlage (ITA). Hierbei konnte eine Vielzahl von mehr oder weniger bedeutenden technischen Fehlern erkannt und frühzeitig behoben werden.

Nach Abschluß der Integrationsarbeit wird die ITA am Herstellungsort abgebaut und im Ausbildungszentrum Ubootflottille in Eckernförde als Ausbildungsanlage aufgestellt, so daß die erste Besatzung hier bereits ihre operative Ausbildung erhalten kann.

Als weitere Anlage entsteht ein Tiefensteuersimulator, an dem die zeitlich sehr aufwendige Ausbildung zur Steuerung des Ubootes durchgeführt werden kann. Insbesondere weil die Boote künftig im Friedens-

betrieb vorrangig in automatischem Betrieb gefahren werden, muß das Fahren in den möglichen Degradationsstufen geübt werden. Nur so kann sichergestellt werden, daß die Besatzungen lernen, ihre Boote in allen erdenklichen Situationen zu beherrschen.

Mit Simulatoren kann preiswert, ungefährlich und reproduzierbar bis in alle denkbaren Grenzfälle und -situationen hinein ausgebildet werden.

Solche Ausbildungsabschnitte und -inhalte ließen sich in See nur unter Inkaufnahme größerer Risiken und Kosten einüben.

Die individuelle Ausbildung des einzelnen Besatzungsmitgliedes wird sich künftig auf aktuelle und moderne, von Computern unterstützte Ausbildungseinheiten abstützen. Originalanlagen werden zur Ausbildung nur noch dort verfügbar sein, wo dieses notwendig oder preiswerter ist.

ZUSAMMENFASSUNG

Mit den Ubooten der Klasse 212A wird die Ubootflottille der Deutschen Marine ab dem Jahr 2003 über ein technisch revolutionäres Fahrzeug verfügen, das in vielen Teilberei-

chen Neuerungen von hohem technischen Standard aufweist. Diese konventionellen Boote werden, durch ihre technischen Fähigkeiten und den sich daraus ergebenden Eigenschaften, ihren Besatzungen erweiterte Möglichkeiten des Einsatzes eröffnen.

Geringe und ausgewogene Signaturen, lange Unabhängigkeit von der Außenluft, gute Manövriereigenschaften, ein modernes Betriebs- und Automatisierungskonzept mit Redundanzen, Degradationsabstufungen und hoher Zuverlässigkeit, weitreichende passive Sensoren zur Zielwertermittlung und Zielklassifizierung, hohe Waffenzuladung, ein leistungsfähiges Führungs- und Waffeneinsatzsystem und angemessene Möglichkeiten zum Regenerieren der Besatzung in Ruhezeiten kennzeichnen die neue konventionelle Ubootgeneration Klasse 212.

Den Befehlshabern und der verantwortlichen politischen Führung werden diese Uboote im neuen Aufgabenspektrum nationaler Interessenvertretung und internationaler Einsätze für viele Situationen angemessene Einsatzoptionen eröffnen.

AUSBLICK

Im Waffenbereich wird seit geraumer Zeit das Flugkörpersystem TRITON entwickelt, das vom getaucht fahrenden Uboot gegen Überwasser-, Luft- und Landziele eingesetzt werden kann. An der Entwicklung, die im Auftrag des Bundesamts für Wehrtechnik und Beschaffung (BWB) erfolgt, sind die deutschen Firmen LFK Lenkflugkörpersysteme GmbH und Howaldtswerke-Deutsche Werft AG sowie die norwegische Firma Kongsberg Defence & Aerospace beteiligt.

Der Flugkörper TRITON, von dem – unabhängig voneinander – vier Stück aus einem Torpedorohr ausgestoßen werden können, ist mit einer Infrarotkamera ausgerüstet und bleibt die gesamte Flugzeit über einen Lichtwellenleiter mit dem Uboot verbunden. Mit Hilfe dieser neuartigen Technologie ist es möglich, ihn punktgenau in das aufgefaßte Ziel zu lenken. Nach derzeitiger Planung soll das TRITON-System im Jahre 2006 verfügbar sein.

Brennstoffzellen erfahren derzeit eine stürmische Weiterentwicklung. Bei gleichem Raum- und Gewichtsbedarf nimmt ihre Leistungsfähigkeit mit großen Schrit-

ten und immer kürzeren Zeitabständen zu. Immer mehr Energieträger werden für die Anwendung in Brennstoffzellen erschlossen. Künftig wird es kaum ein Fortbewegungsmittel oder andere Bereiche des täglichen Lebens geben, die nicht ihren Bedarf an elektrischer Energie aus Brennstoffzellen decken werden. Die Entwicklungsarbeit für neue Ubootantriebe hat dazu beigetragen, diese Technik voranzutreiben. Derzeit hat sich dieser Entwicklungszweig einer erweiterten Aufgabe gestellt: der Entwicklung wirtschaftlicher und sicherer Reformeranlagen. Reformer sollen geeignete flüssige Brennstoffe in ihre gasförmigen energetischen Bestandteile zerlegen. Diese liefern wiederum über die Brennstoffzelle Strom und Wärme.

Wird die Reformertechnik einsatzfähig, werden künftige konventionelle Uboote mit Brennstoffzellen als Monoantrieb ausgerüstet werden können. Eine Zukunftsperspektive, die sich bereits heute abzeichnet.

Techniker bei der Arbeit in der OPZ
Technicians wiring the CIC

Aus Emden kommend, wird die fertige Achterschiffssektion in Kiel vorsichtig in die Endmontagehalle bugsiert (oben) und zusammen mit den von HDW bereits gebauten Vor- und Mitschiffssektionen zu dem ersten U 212A zusammengefügt (rechts)

The TNSW-built aftsection on its arrival in Kiel (above). Here it gets married to the HDW-fabricated bow and mid sections, creating the first Class 212A submarine (right)

Aufbau und Gliederung der Ubootflottille

DIE AUFSTELLUNG DER UBOOTFLOTTILLE

Als Seekriegsmittel für den verdeckten Einsatz, das aufgrund seiner Unsichtbarkeit und Schwerortbarkeit in der Lage ist, bis weit in ein Seegebiet gegnerischer Überlegenheit vorzudringen, ist das Uboot besonders geeignet. Überdies kann es Operationen eines Angreifers bereits im Ansatz stören, seine Angriffskapazität mindern und starke Kräfte binden.

Diese Feststellungen sind auch für die deutsche Ubootflottille gültig, die mit den besonderen Fähigkeiten ihres Waffensystems einen wesentlichen Bestandteil des deutschen Verteidigungsbeitrages innerhalb der westlichen Allianz bildet. Sie gehört zum Konzept der "ausgewogenen Flotte", ohne die eine wirkungsvolle Verteidigung nicht denkbar ist.

Der Zulauf der ersten Neubauten der Klasse 201 und die Aufstellung des

1. Ubootgeschwaders in Kiel erfolgte noch unter dem Typkommando der Amphibischen Streitkräfte. Die Ubootflottille wurde erst am 1. Dezember 1962 in Eckernförde von dem damaligen Kapitän zur See Rehder aufgestellt. Es war anfangs ein kleiner Stab, bestehend aus wenigen Offizieren und Por-

Erster USTO-Lehrgang unter Kommandeur KzS Janssen (Kdr ULG).
First submarine engineers training under Capt. Jannsen.

tepeeunteroffizieren, dem das im Aufbau befindliche 1. Ubootgeschwader mit den ersten drei Ubooten Klasse 201 und die Ubootlehrgruppe mit den Schulbooten *U Hai, U Hecht* und *U Wilhelm Bauer* unterstanden.

1964 bis 1965 wurde der erste Kommandeur des 1. Ubootgeschwaders, Fregattenkapitän Lange, mit der Wahrnehmung der Geschäfte als Kommandeur der Ubootflottille beauftragt.

Im April 1965 übernahm Kapitän zur See Gustav Adolf Janssen die Führung der Ubootflottille. Als ehemaliger Kommandant im Zweiten Weltkrieg, Kommandeur der Ubootlehrgruppe und Kommandant der Fregatte Köln war er ein Vorgesetzter mit viel Truppenerfahrung, der prägend auf Offiziere und Soldaten der jungen dritten deutschen Ubootwaffe einwirkte. Seine wohlmeinende und väterliche Art zu führen, seine

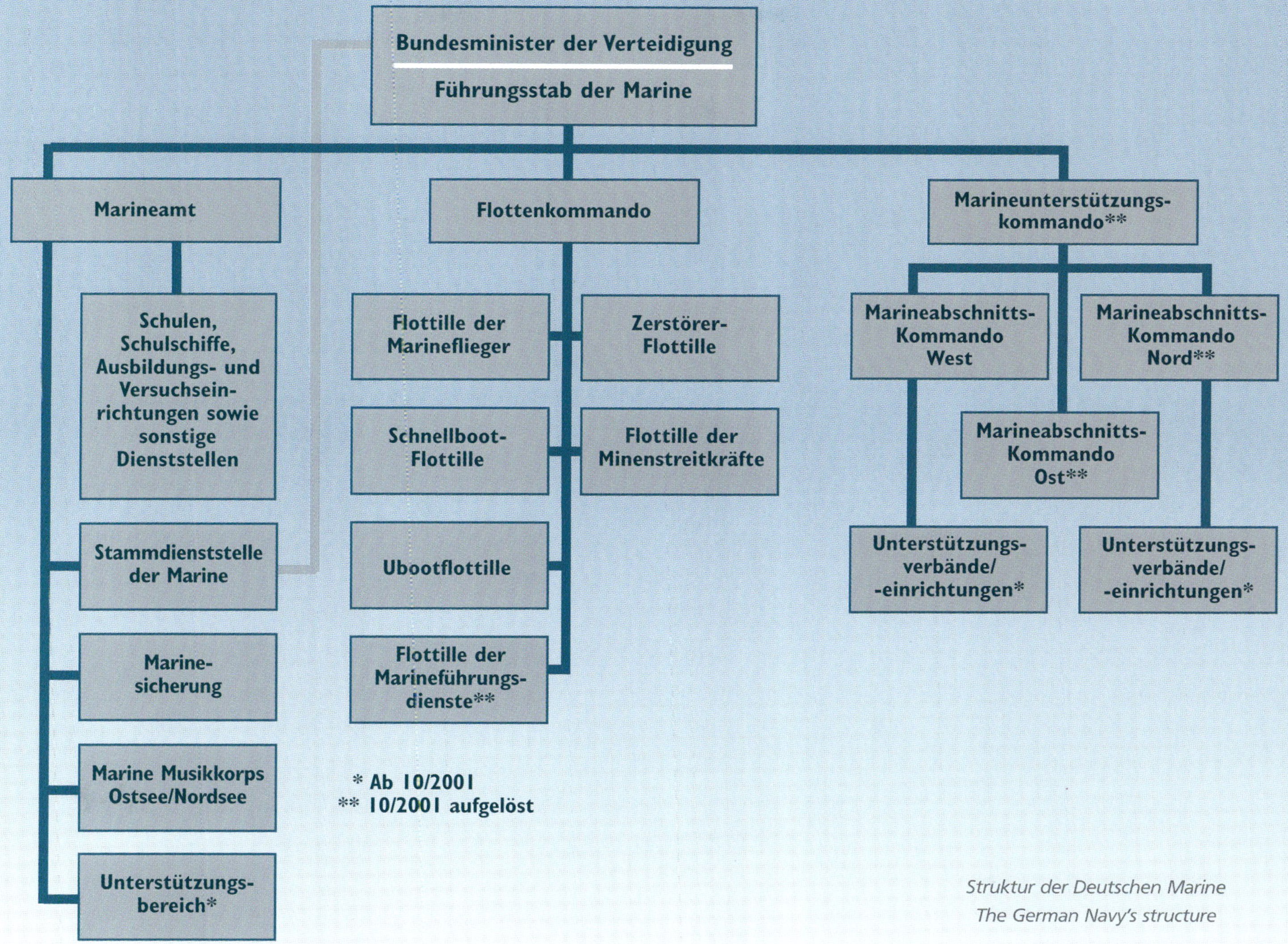

Bundesminister der Verteidigung

Führungsstab der Marine

Marineamt

- Schulen, Schulschiffe, Ausbildungs- und Versuchsein- richtungen sowie sonstige Dienststellen
- Stammdienststelle der Marine
- Marine- sicherung
- Marine Musikkorps Ostsee/Nordsee
- Unterstützungs- bereich*

Flottenkommando

- Flottille der Marineflieger
- Schnellboot- Flottille
- Ubootflottille
- Flottille der Marineführungs- dienste**
- Zerstörer- Flottille
- Flottille der Minenstreitkräfte

Marineunterstützungs- kommando**

- Marineabschnitts- Kommando West
- Marineabschnitts- Kommando Nord**
- Marineabschnitts- Kommando Ost**
- Unterstützungs- verbände/ -einrichtungen*
- Unterstützungs- verbände/ -einrichtungen*

* Ab 10/2001
** 10/2001 aufgelöst

Struktur der Deutschen Marine
The German Navy's structure

stete Sorge um das Wohl seiner Soldaten und sein Geschick, Notwendiges durchzusetzen, haben sich in allen Bereichen der jungen dritten deutschen Ubootwaffe ausgewirkt. Unter seiner Führung galt es, die Stahlmisere mit der Rißkorrosion an den ersten neuen Ubooten zu überwinden und die erheblichen Anfangsschwierigkeiten mit neuen Geräten und Waffen zu bewältigen. Kapitän zur See Janssen verstand es, Motivation für die Sache, innere Überzeugung bei gedämpftem Optimismus und sichere Beurteilung der technischen Entwicklungsmöglichkeiten jedem einzelnen Mann an Bord oder in der Ausbildung zu vermitteln.

1970 leitete Kapitän zur See Baldus mit der Übernahme des Kommandos die Konsolidierungsphase der Ubootflottille ein. Unter seinem Kommando wurde das Waffensystem Klasse 206 eingeführt. Die Schwierigkeiten des Ausbaus der Flottille von 12 auf 24 Uboote, der zugehörige Aufwuchs an uboottauglichen Besatzungen, die Umstellung auf eine völlig neue Ausbildung, die Schaffung von taktischen Richtlinien und die Integration der Uboote in die Flotte sind nur einige Meilensteine seiner Kommandozeit.

Die Aufstellung des 3. Ubootgeschwaders in Eckernförde, die erweiterte Ausbildung für das neue Waffensystem mit dem Ausbildungsgerät WaffensystemUboote (AWU) mußten ebenso gelöst werden wie der Übergang vom bloßen Ubootfahren zum taktisch-operativ richtigen Einsatz.

Kapitän zur See Baldus war, wie sein Vorgänger, Ubootkommandant im Kriege auf einem VIIC-Boot und erfahrener Truppenoffizier auch aus seinen persönlichen Verwendungen in der Bundesmarine. Als Erster Offizier überführte er einen der ersten "Leihzerstörer", der Fletcherklasse, aus den USA und war anschließend Kommandant von Zerstörer *Z 6*.

Als A 3-Stabsoffizier und Leiter der Operationsabteilung im Flottenkommando sowie als Referatsleiter im Führungsstab der Marine hatte er Erfahrungen gesammelt, die er geschickt zum Wohle der Ubootflottille umzusetzen wußte. Mit viel Elan und natürlicher Selbstverständlichkeit erkannte er mögliche Wege in Technik, Taktik und Ausbildung. Seine Erfahrungen setzte er in gute Führung um, sein Wissen um die Überwasser- und Unterwassersee-

kriegsführung in sinnvolle, praxisbezogene taktische Ausbildung. Mit väterlichem Großmut, gepaart mit maßvoller Strenge, führte Kapitän zur See Baldus 10 Jahre und 9 Monate die Ubootflottille. Er prägte den verantwortungsbewußten jungen Ubootkommandanten ebenso wie die kameradschaftlichen Unteroffiziere und die selbstbewußten, aber bescheidenen Offiziere. Sein Motto war: "Ubootfahren kann man nicht nach Vorschriften, sondern nur nach situationsbedingten Entscheidungen auf der Basis guter Ausbildung."

1980 verließ mit Kapitän zur See Baldus einer der letzten kriegsgedienten Offiziere die Ubootflottille.

Ein besonderer Einschnitt nach so vielen Jahren seiner Führung und eine Umstellung auf die Situation, daß künftig Entscheidungen für Ausbildung, Taktik und Führung nicht mehr vor dem Hintergrund von Kriegserfahrungen, sondern allein aus den Erfahrungen einer Friedensmarine gefunden werden konnten.

In den nachfolgenden Jahren standen Ausbildung an Simulatoren zur sicheren Beherrschung der neuen System-Anla-

gen, Torpedoschießausbildung mit rechner-gestützter Auswertung an Land und in See und Übungen im Rahmen von NATO-Manövern im Mittelpunkt der Ausbildung. Für die angehenden Kommandanten wurde ein "Kommandantenlehrgang" mit Ausbildung an Land und in See eingeführt, so daß die Ubootausbildung auch hier eine deutliche Erweiterung erfuhr und die Ubootflottille unabhängig wurde von den bis dahin beschickten Lehrgängen der Royal Navy.

Für die Ubootlehrgruppe wurde der bisherige Ausbildungsauftrag, mit Individualausbildung und Rettungsausbildung, 1984 um die Einsatzausbildung erweitert. Damit hatte diese Lehrgruppe auch einen einsatzbezogenen Auftrag und war eindeutig als einzige Schule der Marine der Flotte zuzuordnen. Ständige Auseinandersetzungen mit dem Marineamt, das generell für Ausbildung und Lehrgänge in der Marine zuständig ist, waren damit endgültig beendet. Gleichzeitig begann in den frühen 80er Jahren die Planung für die Verlegung der Ubootlehrgruppe von Neustadt nach Eckernförde, um am Standort eines der beiden Ubootgeschwader das Ausbildungszen-

trum Uboote zu errichten. Hiermit sollten Wegstrecken und Kosten eingespart und durch direkte Kommunikation und gegenseitigen Erfahrungsaustausch von Besatzungen und Ausbildungspersonal die Ausbildung intensiviert und effektiver gestaltet werden. Darüber hinaus forderte die in diesen Jahren vermehrt durchgeführte Ausbildung für ausländische Marinen, deren Boote in Deutschland gebaut wurden, größere personelle und materielle Ausbildungskapazitäten. Der Auftrag der Ubootflottille hatte durch diesen zusätzlichen und interessanten Ausbildungszweig eine eigene Dimension bekommen.

Die im Bau befindlichen Ausbildungsanlagen für die kampfwertgesteigerten Boote der Klasse 206A waren bereits für Eckernförde vorgesehen, und das Raumangebot dort ließ gegenüber der Anlage in Neustadt eine deutliche Ausweitung zu, so daß ein Zusammenlegen und die Übernahme der Ausbildungsanlage 206 der Marine-Waffenschule im Rahmen der Gesamtplanung eines Ausbildungszentrums Uboote (AZU) durchaus sinnvoll war.

Die Zusammenarbeit mit verbünde-

ten Marinen in Taktik, Operation und Ausbildung wurde auf breiter Basis intensiviert. Zu den alten Verbindungen mit der dänischen und norwegischen Marine traten Kontakte nach England, USA, Frankreich, Italien, Spanien und Holland hinzu, und in zahlreich beschickten NATO-Manövern wurden wertvolle Erfahrungen gesammelt. Durch viele neue Impulse konnten Ausbildungsstand, operativer Einsatz und Kenntnisse in taktischen Verfahren deutlich gesteigert werden.

Im 25ten Jahr ihres Bestehens lag die Ubootflottille weiterhin mit "Voraus 240" auf dem richtigen Kurs und hatte bereits Achtung und Anerkennung vieler befreundeter, vielleicht auch gegnerischer, Marinen erfahren.

Zu dieser Zeit bestand die Ubootflottille aus zwei Geschwadern, dem 1. UG in Kiel und dem 3. UG in Eckernförde, mit insgesamt 24 Ubooten und zwei Tendern. Zusätzlich war Schlepper *Fehmarn* für die Ubootflottille abgestellt, der vorwiegend als Begleit- und Zielschiff eingesetzt wurde. Dem 1. UG waren die verbliebenen sechs Boote der Klasse 205 und sechs neue Boote

der Klasse 206 unterstellt. Das 3. UG bestand aus 12 Booten der Klasse 206. Alle Uboote stammten aus der Feder des Ingenieurkontors Lübeck (Professor Gabler) und waren, mit Ausnahme der auf der Flenderwerft gebauten Tender Lech und Lahn, bei den Howaldtswerken-Deutsche Werft bzw. Thyssen Nordseewerken gebaut worden. Ihre Daten:

Klasse 205

419 Tonnen Wasserverdrängung

43,9 m Länge

4,6 m Durchmesser

22 Mann Besatzung

8 Bugtorpedorohre

16 Leicht-Gewicht-Torpedos DM3

Klasse 206

456 Tonnen Wasserverdrängung

48,6 m Länge

4,6 m Durchmesser

23 Mann Besatzung

8 Bugtorpedorohre

8 drahtgelenkte Schwergewicht-Torpedos DM2A1

Der wesentliche Unterschied zwischen der Bootsklasse 205 und der neuen Klasse 206 lag in der verbesserten Feuer-

leitanlage und der damit gegebenen Möglichkeit, selbstsuchende drahtgelenkte Torpedos einsetzen zu können. Die Erfassung von Über- und Unterwasserzielen wurde durch die Ausrüstung mit moderneren Sonar-Anlagen, passiver Entfernungsmeßanlage und neuen Standsehrohren verbessert. Beide Klassen sind aus amagnetischem Stahl gebaut, so daß eine Gefährdung durch Minen oder eine Erfassung durch Magnetfeld-Meßanlagen fast unmöglich ist. Ein leistungsstarker Elektromotor, der über eine Welle mit fünfflügeligem, später siebenflügeligem Propeller wirkt, dient als Antriebsquelle. Als Energiespeicher haben sich robuste dreiteilige Bleibatterien bewährt, die eine Spitzengeschwindigkeit von ca. 17 Knoten für eine Stunde garantieren und von zwei Diesel-Generatoren periodisch geladen werden können. Eine direkte Kopplung der Dieselgeneratoren auf die Welle, wie auf den Tauchbooten bis 1945, gibt es nicht mehr. Nur auf "Heimatkurs" in Überwasserfahrt werden auch unerlaubt, gerne die als Puffer geschalteten Batterien herausgenommen, um so mit zusätzlichen 10 Umdrehungen den Heimathafen etwas

früher zu erreichen.

Die Umrüstung von 12 Booten der Klasse 206 zur Klasse 206A in der zweiten Hälfte der 80er Jahre war eine erneute Herausforderung für die Ubootflottille. Wieder einmal prägten Umorganisationen den Alltag der Flottille, ohne daß hierbei die Einsatzaufgaben vernachlässigt werden durften. Integrieren der 206A-Boote in das 3.UG, Umgestaltung der Ausbildung und Anpassung auf die neuen Waffenleitanlagen und die verbesserten Torpedos sowie die Verlegung der Ubootlehrgruppe waren zu bewältigen. Die Motivation aller Besatzungen, auch der 205er- und 206er-Boote, mußte durch herausfordernde Aufgaben gestützt werden, denn nicht nur die umgerüsteten Boote konnten ihren Mann stehen. So galt es in dieser Zeit der gemischt besetzten Geschwader mit 205er, 206er, 206A, Ziel- und Versuchsboote, die Besatzungen, insbesondere die heranwachsenden Offiziere und Abschnittsleiter, so zu steuern, daß möglichst alle Waffensysteme gekannt wurden, um Umbesetzungen zwischen den Booten und Geschwadern sicherstellen zu können. Diese Vertretungen von

Boot zu Boot, ohne die, bei dem ständigen Mangel an Ubootpersonal, der Einsatz von fahrklaren Booten nicht immer sichergestellt werden kann, zogen sich wie ein roter Faden durch die Jahre der Ubootflottille. Noch heute kann auf "eingeschifftes Personal" nicht verzichtet werden. Denn eine vollzählige Besatzung mit den erforderlichen gesundheitlichen Voraussetzungen der Uboottauglichkeit und abgeschlossener Ubootausbildung muß von jedem Mann an Bord gefordert werden.

Hier gibt es keine Freiwachen, keine Mitläufer und keine Drückeberger. Ubootfahren ist immer eine Sache der ganzen Besatzung. So müssen hohe Anforderungen an die Ausbildung gestellt werden, die gewährleistet, daß jeder einzelne an Bord von der ersten Stunde an auf seinem Posten voll einsetzbar ist. Hierfür ist eine ausreichende Verpflichtungszeit eine der Voraussetzungen für die Ausbildung an Land und den Einsatz in einer Besatzung an Bord. Folglich sind aus-

schließlich Offiziere und Unteroffiziere mit einer Verpflichtung als Berufs- oder Zeitsoldat an Bord der Uboote eingesetzt. Mannschaftsdienstgrade, zumeist als Funker an Bord, bilden die Ausnahme.

Dem Kommandanten, im Dienstgrad Kapitänleutnant oder Korvettenkapitän, unterstehen die Hauptabschnittsleiter schiffstechnischer Offizier (STO), Bootsoperationsoffizier (BOPO) und Bootswaffenoffizier (BWO) sowie auf den Booten 206A der Bootselektronikoffizier (BEO).

Der Hauptabschnitt Schiffstechnik, vom STO geführt, umfaßt die Abschnitte Motoren, Zentrale und Elektronik, letzterer auf 206A vom BEO geführt. Zum Hauptabschnitt Operation, unter Leitung des BOPO, gehören Navigation, Ortungsbereich, Fernmeldeabschnitt sowie der seemännische Abschnitt. Zusätzlich obliegt ihm die Aufsicht über den Innendienst. Er fungiert als Vertreter des Kommandanten, auch ist er der "behandelnde Arzt" bei leichten

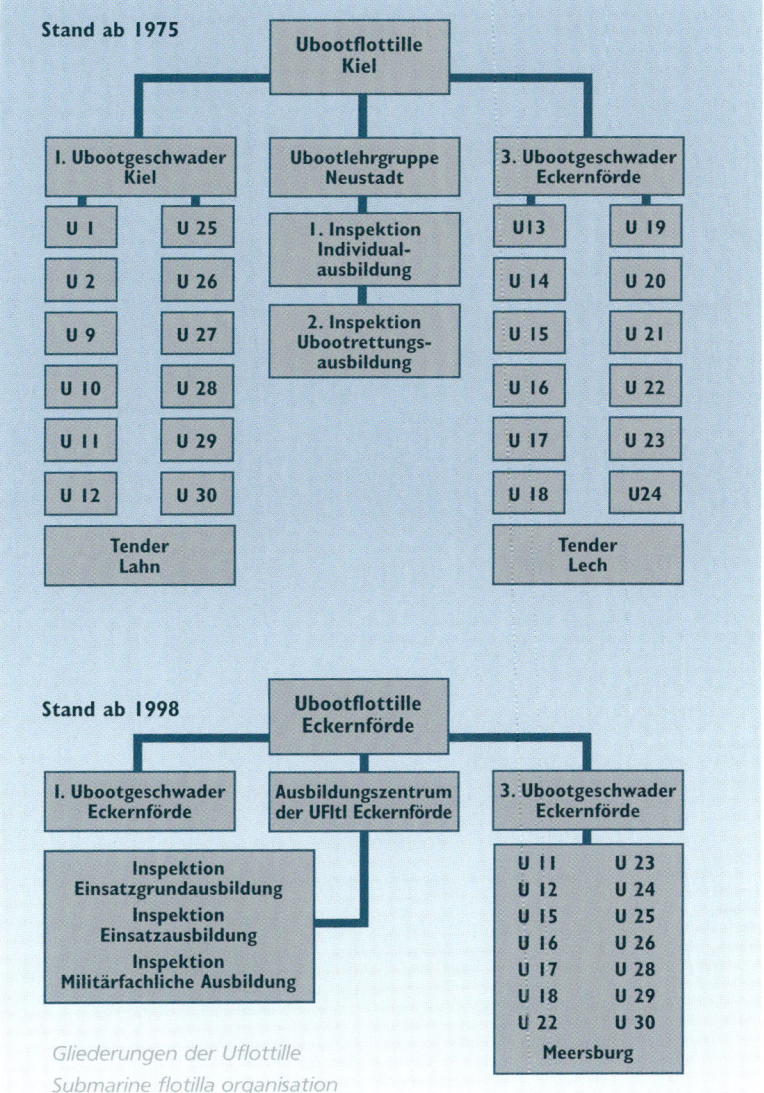

Gliederungen der Uflottille
Submarine flotilla organisation

Erkrankungen in See und ist der 1 WO.

Dem Bootswaffenoffizier untersteht der Waffenabschnitt und gleichzeitig ist er zuständig für die Bewirtschaftung von Kantinenwaren. Er fährt an Bord als 2 WO. Erwähnenswert bleibt als fast selbständiger Abschnitt die Kombüse. Der einzige Koch an Bord, der nach Auffassung der Besatzung neben dem Kommandanten die wichtigste Funktion ausübt, ist Dauerwächter, verfügt über eine eigene Koje, schläft also nicht in der Wechselkoje, und sorgt mit täglich fünf Mahlzeiten für gute Stimmung der Besatzung.

Mit den seit 1990 veränderten politischen Rahmenbedingungen haben sich auch Auftrag und Operationsgebiet der Ubootflottille geändert.

Die verfügbaren 14 Uboote, nach Außerdienststellung der 205er-Boote (außer *U 11* und *U 12*) und 6 Boote Klasse 206, haben eine hohe Einsatzbereitschaft, und ihr Jahresübungsplan orientiert sich am erweiterten Auftrag und dem "Einsatzpaket" der Ubootflottille. Dabei werden die Boote über ihr früheres Einsatzgebiet Nord-

und Ostsee hinaus auch in Gewässern des Atlantiks sowie seit 1993 mit zunehmender Intensität regelmäßig im Mittelmeer eingesetzt. Selbst gemeinsame Übungen mit der US Navy in der Karibik standen wiederholt auf dem Programm und wurden mit gutem Erfolg absolviert.

Für die Krise besteht der Auftrag der Ubootflottille in einer beschleunigten Herstellung der vollen Einsatzfähigkeit und der Wahrnehmung von Aufgaben im Rahmen des Krisenmanagements im erweiterten Einsatzgebiet.

In Fällen, in denen eine offenkundige militärische Präsenz nicht erwünscht ist oder wo ein Einsatz von Überwasserstreitkräften oder Seeraumüberwachungsflugzeugen nicht möglich ist, sind die Uboote besonders geeignet, Beiträge zur Aufklärung, Lagefeststellung und Verifikation zu leisten.

Im Konfliktfall gilt der Auftrag dem Schutz von Seeverbindungen und eigenen bzw. Küsten der Verbündeten durch Seegebietssicherung. Dabei wird in Abriegelungsoperationen gegnerischen Überwasserstreitkräften und Ubooten das Eindrin-

gen in bestimmte Seegebiete wie auch das Vordringen zu den eigenen Seetransporten und Küsten verwehrt.

Darüber hinaus sind die Uboote, in der Krise wie im Konfliktfall, jederzeit als Aufklärungsmittel oder für Spezialoperationen einsetzbar.

1998 verlegte die Ubootflottille mit dem 1. UG von Kiel nach Eckernförde und bildete dort mit dem integrierten 1. UG, 3. UG und dem AZU (2000 umbenannt in Ausbildungszentrum Ubootflottille) den Typstützpunkt Uboote.

- 12 Uboote Klasse 206A,
- 2 Uboote Klasse 205 (*U11* zum Zweihüllenboot zur Unterwasserzieldarstellung umgebaut, *U12* als Erprobungsträger für moderne Sonargeräte) und
- Unterstützungseinheit *Meersburg*,
- das AZU mit dem taktischen Trainer 206A und
- der Schiffstechnischen Landanlage (STLA).

Die neue NATO-Strategie und daraus erfolgte Veränderungen der Einsatzbedingungen für die deutschen Uboote zwang

Das Uboot-Druckdock: Sicherheit für die Besatzungen / The submarine pressure dock is a guarantee of safety for submariners

erneut dazu, über den Waffeneinsatz in flachen Gewässern nachzudenken.

Nicht nur der auf große Entfernung ausgeführte und taktisch richtige Torpedoangriff auf einen Verband oder Einzelfahrer, sondern auch der exakt geschossene Torpedo aus geringster Wassertiefe hat für die Uboote der Deutschen Marine weiterhin große Bedeutung. Folgerichtig findet die Torpedoschießausbildung neben dem freien taktischen Operieren in der offenen See und in Tiefwasserbereichen auch wieder vermehrt in Küstennähe und auf flachem Wasser statt. Die deutschen Boote der Ubootflottille bleiben "Spezialisten" für enge und flache Küstengewässer. Sie sind jedoch auch jeder Herausforderung in anderen Seegebieten gewachsen.

Die vorläufig letzte Veränderung, bevor der Flottille die neuen Boote der Klasse 212 zulaufen, ist die Erweiterung um die Aufklärungskomponente mit den Einheiten *Alster*, *Oker* und *Oste*. Ab 1.Oktober 2001 werden diese in Kiel stationierten Einheiten zusammen mit dem Aufgabenbereich Acoustic Intelligence (ACINT) der Ubootflottille in Eckernförde unterstellt. Diese Boote die-

nen gemeinsam mit der
- Marineunterwasserortungsstelle (MUWOST) in Marienleuchte/Fehmarn und dem
- Hydroakustischen Analysezentrum (HAM) der Erfassung von Unterwasserdaten.

Nach Auflösung der Flottille der Marineführungsdienste sind damit Erfassung, Auswertung und Nutzung von Unterwasserdaten in der Ubootflottille zusammengefaßt.

Eine sinnvolle Erweiterung des Aufgabenspektrums, die die Bedeutung der Flottille unterstreicht.

DAS 1. UBOOTGESCHWADER

Die Geburtsstunde des 1. Ubootgeschwaders der seinerzeit noch jungen Deutschen Marine schlug am 20. März 1962, als Korvettenkapitän Baumann bei noch winterlichen Wetterverhältnissen das erste Boot der Klasse 201 traditionsgemäß als *U 1* in Dienst stellte.

Es war das erste kleine, speziell für den Einsatz in Ost- und Nordsee konzipierte Boot mit:

395/430 t	Wasserverdrängung,
42 m	Länge,
4,6 m	Breite,
21	Mann Besatzungsstärke,
8	Bugtorpedorohren mit Doppelbeladung der 16 Torpedos MK 37 mod 3[1] und
17,5 kn	Unterwassergeschwindigkeit.

Weitere Indienststellungen folgten. *U 2* im Mai 1962 und *U 3* im Juli 1962 als *U Kobben*.

Mit Begeisterung und voller Tatendrang gingen die ersten Besatzungen an Bord der neuen Boote und waren bereit, die See zu erobern. Zunächst mußte aber ein umfangreiches Erprobungsprogramm absolviert werden. Alles war neu. Nicht nur die Boote und ihre Ausrüstung, sondern auch das Manövrierverhalten bei Über- und Unterwasserfahrt, der Einsatz der zu dieser Zeit modernen Feuerleitanlage M 8/1, der Torpedo MK 37. Ja selbst die nur mit Segeltuch verkleidete Brücke ohne Kompaß, ohne

[1] *Die MK 37-Torpedos waren in den USA gekaufte, programmgesteuerte, selbstsuchende Torpedos, die in Deutschland zu einer Flachwasserversion adaptiert wurden.*

Peildiopter und ohne das von *U Hai* und *U Hecht* her gewohnte Sprachrohr bedurften der Gewöhnung. Neu und besonders für die alten "Fahrensleute" sehr ungewohnt war das schlechte Manövrierverhalten bei Überwasserfahrt. Drehkreise wie ein 50.000-t-Schiff. Jedes Manöver ein Erlebnis. Das Ablegen von der Pier ohne Schlepperhilfe war nicht möglich. Hinten abtauen – alle Leinen Los und ein – Zurückziehen mit eigener Kraft – vorne die Schleppverbindung herstellen – und bei zurück 50 Umdrehungen vom Schlepper drehen lassen. Für das Anlegemanöver reichte ein langer, gerader Anlaufkurs, wenn kein Schlepper zur Verfügung stand. Gut hingegen war die Sicht von der kleinen Brücke nach "achteraus". Der im oberen Teil nur 0,90 m breite Turm umkleidete die wenigen Ausfahrgeräte, so daß die Sicht kaum behindert war.

Unter Deck waren die Verbesserungen gegenüber den alten Booten deutlich und überzeugend. Die Kombüse war ein nach drei Seiten geschlossener Raum mit Backofen, Dampftopf und 150-l-Kühlschrank. Wogegen die Bodenfläche mit 1 m x 1 m allerdings nur sehr sparsam aus-

gefallen war. Die für 21 Mann Besatzung vorhandenen 10 Kojen reichten aus, um der Freiwache die nötige Ruhe zu bieten. Dafür war das einzige Toilettenbecken offensichtlich nicht für Männer gedacht. Erst ein kleiner, vorne angeschweißter Kasten im Rahmen einer "Nachrüstmaßnahme" konnte Abhilfe bringen.

Dennoch waren die Besatzungen motiviert und bereit, jede "Unebenheit" hinzunehmen. Die modernen elektronischen Geräte, der stufenlos schaltbare Fahrstand, das neu entwickelte brillante Sehrohr, die Raumaufteilung mit einer "Messe" für Portepeeunteroffiziere und Offiziere, der Bugraum mit der imposanten Anzahl von acht Torpedorohren und die verschließbare Toilette, alles war besser als auf den Booten, die wir bis dahin kennengelernt hatten.

In Begleitung des alten Minenräumbootes *Merkur* wurden, unter der Leitung des Schiffsübernahmekommandos, Erprobungen und Versuche gefahren, auch wenn die Boote noch nicht über ein Rettungsmittel verfügten. Der im vorderen Turmbereich unter der Brücke installierte Rettungsgerätebehälter wurde zwar ständig gewar-

tet, aber die dazugehörige Rettungsinsel erst später geliefert.

Einen deutlichen Rückschlag brachte die Stahlmisere. Haarrisse durch Interkristalline- und Spannungsrißkorrosion im Bootskörper dämpften den Tatendrang und stimmten nachdenklich.

Der Stahl aus Österreich war offensichtlich den Beanspruchungen nicht gewachsen. Im Bereich der Schweißnähte bildeten sich feine Haarrisse, und die Tauchzellenverkleidung, vorn und hinten an den Endböden des Druckkörpers angesetzt, wurde undicht. Ein ständiges Nachblasen der Tauchzellen bei Überwasserfahrt wurde erforderlich. Der Restauftrieb konnte selbst im Hafenbetrieb klein werden, so daß eine ständige Kontrolle notwendig war.

Zusätzliche, in die Tauchzellen eingebaute Versteifungen minderten die Vibrationen im Vorschiffsbereich. Die Risse wurden mit dem Zweikomponentenkleber "Isocol" und einer Kunststoffolie abgedichtet, so daß die Boote zunächst fahrklar blieben, jedoch nur bedingt einsetzbar waren. Um das Manövrierverhalten zu verbessern, wurden die vorderen Tiefenruder wechsel-

Zurück im Hafen: das Geschwader mit Tender *Lahn*

In port: A submarine squadron with its tendership the Lahn

seitig als Manövrierhilfe eingesetzt, was jedoch nur eine mäßige Verbesserung brachte. Die ersten Erprobungsergebnisse zeigten schnell, daß der Bootstyp 201 nachgebessert werden mußte.

Die inzwischen von der WEU zugestandene Tonnage von 450 t ließ eine Weiterentwicklung zur Klasse 205 zu. Diese Boote hatten eine um 1,5 m verlängerte Zentrale, waren mit einer Weitsonaranlage (WSU) ausgerüstet und hatten eine "richtige" Brückenverkleidung. Die Brückenbesatzungen waren jetzt einigermaßen gegen die See geschützt, und zur Überwasserfahrt stand eine druckfeste Kompaßtochter sowie eine fest installierte Gegensprechanlage zur Verfügung. Der im vorderen Turmbereich nicht sofort auf

allen Booten eingebaute Sonarschwinger der WSU-Anlage gab der Besatzung die Möglichkeit, diesen Bereich bei Überwasserfahrt als "Rauchsalon" zu nutzen. Der im achteren Teil des Turmes angelegte Wintergarten war ein willkommener Aufenthaltsort bei Revierfahrt.

Die Seitenruder wurden weiter aus der Mitte herausgesetzt, um eine bessere Anströmung zu gewährleisten, der Ruderlagewinkel und die Ruderblätter vergrößert. Insgesamt wirkten die Boote mit dem deutlich größeren Turm sehr massig und unbeweglich. Im Vergleich zu den ersten Booten waren diese aber deutlich besser zu manövrieren, blieben aber schwerfällig.

Als erstes Boot der Klasse 205 setzte *U 4* am 19. November 1962 Flagge und Wimpel. Am 4. Juli 1963 folgten *U 5* und *U 6*, im März 1964 *U 7* und *U 8*. *U 7*

allerdings nach einer Bauverzögerung von einem Jahr, nachdem beim Röntgen der Schweißnähte mehr als 700 "Blasen" festgestellt wurden. Diese waren ausgeschliffen und nachgeschweißt worden. *U 2* wurde 1966, als ferritischer Neubau, wieder in Dienst gestellt.

Die bis 1967 folgende Pause im Zulauf der neuen Boote war technisch begründet. Auch die ersten Uboote der Klasse 205 zeigten Rißbildungen. Erst die Boote *U 9* und *U 10*, mittlerweile aus amagnetischem Stahl der dritten Generation gebaut und 1967 in Betrieb genommen, zeigten diese Schäden nicht mehr. *U 11* kam 1968 in Fahrt und *U 12* setzte am 14. Januar 1969 als letztes Boot dieser Serie Flagge und Wimpel.

Damit war das 1. Ubootgeschwader komplett. Wieder galt es Einfahrprogramme zu absolvieren und Erprobungen durchzuführen. Seegangserprobungen, akustische und magnetische Vermessungen, Diesel- und Generatorerprobungen, Torpedobeladeübungen, Einzelübungen mit Überwasserschiffen und Ujagdflugzeugen.

Um sicher zu sein, daß nach den

Erfahrungen mit dem amagnetischen Stahl der ersten Boote nun ohne Einschränkungen alle Bootskörper und Druckkörperdurchführungen den geforderten Beanspruchungen genügten, wurden Druckerprobungen im Tiefwasser der norwegischen Fjorde durchgeführt. Zweimal im Jahr wurde jedes der Boote im Oslo-Fjord getestet. Die Boote wurden Hand über Hand von den Besatzungen mit Grundgewichten geballastet und, nachdem die Besatzung von Bord gegangen war, am Schwimmkran Magnus hängend auf die Testtauchtiefe hinuntergelassen.

Höhepunkte in der jungen Geschichte des 1. Ubootgeschwaders waren die ersten Auslandsausbildungsreisen in Begleitung der Tender. Diese waren als *Lahn* und *Lech* 1964 in Dienst gestellt worden und begleiteten die Uboote als Sicherheitsschiff bei Erprobungen und Einzelausbildung. Dem Geschwaderstab dienten sie als Führungsschiff des Verbandes und versorgten die Uboote mit Verbrauchsmaterial. Anfangs wurden kurze Fahrten in die unmittelbar angrenzenden ausländischen Gewässer unternommen, die aber mit zunehmender Erfahrung ausgeweitet wur-

den, bis an die von der NATO erlaubten Grenzen des Operationsgebietes.

Nach Südwesten durften die Ausbildungsreisen bis nach Lorient und im Norden bis zu den Shetland-Inseln ausgedehnt werden. Gemessen an den Einsätzen der späteren Jahre im Mittelmeer, der Ägäis und sogar der Karibik sehen diese Unternehmungen eher bescheiden aus. Dennoch, unter den damaligen Verhältnissen brachten diese Ausbildungsabschnitte wertvolle Erfahrungen. Auch Torpedoschießübungen und Operationen wurden mit befreundeten Marinen auf diesen Reisen durchgeführt.

Nach dem Untergang von *U Hai* im September 1966 und der Außerdienststellung der Schulboote *U Hecht* und *U 3* konnten ab 1968 die Boote *U 4* bis *U 8* wegen erneut festgestellter Rißbildung im Bereich der Tauchzellen nur noch als Ausbildungsboote eingesetzt werden. Sie unterlagen einer Tauchtiefenbeschränkung und waren deshalb operativ nur bedingt nutzbar. 1969 verlegten diese Boote fest zur Ubootlehrgruppe nach Neustadt.

1966 wurde Tender *Lech* vorübergehend außer Dienst gestellt und in die Reser-

veflottille eingegliedert. Das Sicherheitsboot *Merkur*, das in den unruhigen Anfangs- und Erprobungsjahren die Uboote unermüdlich begleitet hatte, wurde außer Dienst gestellt.

Das 1. Ubootgeschwader bestand jetzt aus den sechs quasi neuen Booten *U 1* und *U 2* aus ferritischem Stahl und *U 9, U 10, U 11* und *U 12* aus amagnetischem Stahl. Zusätzlich gehörte der Tender *Lahn* zum 1. Geschwader. Das 1. Ubootgeschwader wurde 1969 der NATO asigniert.

Eine vorübergehende Reduzierung des Geschwaders trat am 2. April 1971 ein, als *U 12* östlich von Fehmarn mit dem DDR-Frachter *Fritz Reuter* kollidierte und anschließend für fast 1,5 Jahre zur Reparatur in die Werft mußte.

Bei Überwasserfahrt war *U 12*, nach einem Ruderversager beim Umschalten von Steuerautomatik auf Handruder (Horn), im Winkel von 90° überlaufen worden. Das Boot wurde unter Wasser gedrückt und kam hinter dem Frachter wieder an die Wasserober-

fläche. Bei falscher Reaktion der Ubootbesatzung oder beim Bersten des Druckkörpers wäre das Boot gesunken. An Bord des Ubootes wurde jedoch richtig reagiert und schnell und umsichtig gehandelt. Noch bevor der Frachter das Uboot erfaßte, konnte das Turmluk geschlossen werden. Der Wachoffizier und Ausguck sprangen über Bord. Das sichere und umsichtige Handeln der Besatzung und das widerstandsfähige und zähe Material hatten Schlimmeres verhütet. Der Druckkörper war über eine Höhe von fast vier Metern, eine Breite von drei

Metern und eine Tiefe von eineinhalb Metern eingebeult. Die Fundamente von Motoren und Aggregaten hatten sich verschoben. Das Boot tauchte jedoch auf, ohne daß Wasser in das Boot eingedrungen war.

Diese Kollision war eine bittere Erfahrung, die deutlich machte, wie klein die Uboote als Teilnehmer am Seeverkehr sind und wie wenig man sich ausschließlich auf die Automation verlassen sollte. Andererseits bewies diese Kollision, daß der amagnetische Stahl, der später auch für die Klassen 206 verwendet wurde, von herausragender Festigkeit und großer Zähigkeit ist. Das Vertrauen in die amagnetische Stahlbauweise erfuhr eine deutliche Stärkung und unterstützte das Bewußtsein der Besatzungen, auf sicheren und standfesten Booten eingesetzt zu werden. Das überlegte schnelle und richtige Handeln der Besatzung stellte deutlich unter Beweis, daß auch die Ubootausbildung für diese Boote abgerundet, richtig und sicher ist.

Die Einsätze des neuen Waffensystems "Uboot" wurde

1:1-Modell der U 206er-Bugsektion mit Torpedorohren / U 206 bow mock-up

Fünf Uboote Klasse 206 kurz vor der Fertigstellung bei HDW / Five Class 206 submarines shortly before delivery at HDW

durch die Teilnahmen an nationalen und internationalen Übungen und Manövern schnell zur Selbstverständlichkeit. Bei Einsätzen in der Ostsee, im Skagerrak, in der Nordsee oder bei Übungen in außerheimischen Gewässern bewährten sich die Boote. In der nördlichen Nordsee bis hin in den Nordatlantik, in der Biskaya und dem Mittelmeer hatten sich die Boote in kurzer Zeit bewährt, konnten einen guten Ruf aufbauen und über Jahrzehnte halten. Insbesondere das Operieren und Üben in der freien offenen See kann bei Ausbildungsreisen genutzt werden und den Ausbildungsstand entscheidend verbessern.

Ob vor Kristiansand oder vor Aberdeen, vor Lervik auf den Shetland-Inseln oder vor Bergen, ob vor Lorient oder in anderen Seegebieten, die Boote haben zusammen mit den Tendern und den begleitenden Seeschleppern Übungen und Torpedoschießabschnitte durchgeführt und reichlich Erfahrungen gesammelt.

Nicht nur zum Ausbau der eigenen Erfahrungen, auch als Zieldarstellung für die Überwassereinheiten standen unsere Uboote zur Verfügung. Bei Übungen mit

Zerstörern und Fregatten, mit Hubschraubern und Ujagdflugzeugen, als Einzelfahrer oder eingebunden in einen Verband konnten die Boote ihre Fähigkeiten unter Beweis stellen. Es dauerte folglich nicht lange, bis die Bedeutung der "Unterwasserkomponente" für die Flotte unbestritten war. Hierzu hatte bereits die Bilanz von 1971 beigetragen. In diesem Jahr wurden mit sechs Ubooten, Tender *Lahn* und dem Sicherheitsfahrzeug *Spiekeroog* insgesamt 833 Seetage geleistet. Die Uboote brachten es auf 578 Tage, in denen 5050 Tauchstunden zu verbuchen waren. Tender und Boote waren an 313 Tagen sehr aktive Manöverteilnehmer, mit mehr als 45.400 Seemeilen Fahrstrecke. Auf der Ausbildungsseite standen 150 "blinde" und 50 "nasse" Torpedoschüsse zu Buch. Ein herausragender Ausbildungserfolg, der den Ubooten und ihren Besatzungen viel Anerkennung einbrachte.

Ab dem 14. Juli 1974 wurde die Geschwadergeschichte des 1. Ubootgeschwaders unter einem neuen Vorzeichen fortgeschrieben. Das 1. Ubootgeschwader stellte *U 25,* ein Boot der Klasse 206, in Dienst. Es folgten in kurzen Abständen die

Boote *U 27* – 10/74; *U 29* – 11/74; *U 28* – 12/74 und als letzte Boote dieser Serie *U 26* und *U 30* am 13. März 1975.

Insgesamt waren damit 6 neue Boote der Klasse 206 zu den 6 verbliebenen Booten der Klasse 205 hinzugetreten. Eine wesentliche Stärkung der Kampfkraft des Geschwaders war erreicht worden. Zu der Zeit ahnte niemand in der Ubootwaffe, daß bis zur geplanten Indienststellung eines neuen Bootstyps, der Klasse 212 im Jahr 2003, die 206er für 30 lange Jahre die letzten Neubauten für die Ubootflottille sein würden.

In den Jahren 1987 bis 1993 wurden das 1. und 3. Ubootgeschwader kräftig umstrukturiert. Im Zuge der "Kampfwert erhaltenden Maßnahmen" wurden 5 Boote des 1.UG nach ihrer Umrüstung zur Klasse 206A zum 3. UG verlegt und 5 nicht umgerüstete Boote des 3. UG dem 1. UG unterstellt.

Das 1. Geschwader verfügte zwar anfangs noch nominell über 12 Boote, von denen jedoch sehr bald die ersten 205er gekadert wurden. D.h., daß die Planstellen für die Besatzungen der nicht fahrklaren Boote vorerst erhalten blieben. Beginnend

Im dichten Nebel verläßt U 28 Eckernförde / Thick fog cloaks U 28 as she leaves the submarine base

mit *U 1* im Jahr 1991, gefolgt von *U 2* im Jahr 1992, *U 10* und *U 9* im Jahr 1993 wurden die Boote der Klasse 205 außer Dienst gestellt. Es verblieben im Geschwader nur *U 11* als Ziel-Uboot und *U 12* als Versuchsboot und sechs nicht umgerüstete 206er-Boote.

Mit der Verlegung des 1. UG nach Eckernförde und seiner Integration in die Ubootflottille wurden auch die letzten sechs nicht nachgerüsteten 206er-Boote außer Dienst gestellt. 1996 *U 20*, 1997 die Boote *U 13* und *U 14*, 1998 *U 19*, *U 21* und *U 27*. Damit bestand das ehemalige 1.UG nur noch aus *U 11* und *U 12*.

Die neue Struktur, mit einem Unterstellungswechsel von *U 25*, *U 26*, *U 28*, *U 30* und der *Meersburg* vom 3. UG zum 1. UG., erfolgte im Jahr 2000. Damit waren beide Geschwader unter dem Dach der U-Flottille ausgewogen besetzt und gleichermaßen operativ einsetzbar. Die Einsätze der Boote hatten sich genauso verändert wie die Unterstellungsverhältnisse.

Nach der politischen Wende 1990 folgten sehr schnell Einsätze im Mittelmeer und in der Ägäis. Waren 1971 noch Torpedo-schießübungen im Skagerrak und vor den Shetlands spektakulär, so werden inzwischen Schießabschnitte im Mittelmeer und der Karibik mit guten Erfolgen durchgeführt. Gleichzeitig haben sich die Einsatzzeiten von ehemals wenigen Wochen mittlerweile auf mehrere Monate ausgeweitet.

Das 1. Ubootgeschwader ist auch im Jahr 2001 voll einsatzbereit und wird noch viele Jahre seinen Auftrag erfüllen können.

DAS 3. UBOOTGESCHWADER

Am 1. April 1972 wurde unter Korvettenkapitän Kramp das 3. Ubootgeschwader aufgestellt und konnte bereits am 19. April 1972 die Boote *U 13* und *U 14* in Dienst stellen. Diese waren die ersten Uboote der Klasse 206, in die große Erwartungen gesetzt wurden und die sich weit über das geforderte Maß hinaus bewähren sollten. In schneller Folge wurden in den nächsten beiden Jahren die insgesamt 12 Boote von der Marine übernommen. *U 16*, *U 19* und *U 17* – 11/73; *U 18* – 12/73; *U 20* – 5/74; *U 15* und *U 22* – 7/74; *U 21* – 8/74; *U 24* – 10/74; *U 23* – 5/75. Tender *Lech* wurde aus der Reserveflottille in 2/75 reaktiviert und dem 3. Ubootge-schwader unterstellt. Die schnelle Baufolge und Ablieferung war eine beachtliche Leistung der beiden Bauwerften Howaldtswerke-Deutsche Werft und Thyssen Nordsee-werke in Emden.

Zwar konnte, wegen der auf beide Werften verteilten Bauaufträge und einiger Verzögerungen in der Fertigung, nicht immer die numerische Reihenfolge eingehalten werden, aber der Freude über die neuen Boote tat dieses keinen Abbruch. Als Sicherheitsboot und zusätzliches Begleitschiff wurde der Schlepper *Norderney* zum Geschwader abgeordnet und begleitete die Uboote bei Erprobungen, Einzelausbildung und Torpedoschießabschnitten.

Die militärischen Besatzungen waren erst in der Pflicht, nachdem Werftbesatzungen auf jedem Boot eine etwa sechsmonatige Einfahrtszeit absolviert hatten. Von den Besatzungen galt es nach der Indienststellung, aus guter Technik und nach guter Ausbildung jetzt leistungsfähige und zuverlässige Waffensysteme zu machen. Zunächst standen, wie immer bei Neubauten, eine Reihe von waffentechnischen Erprobungen und Versuchen an, die

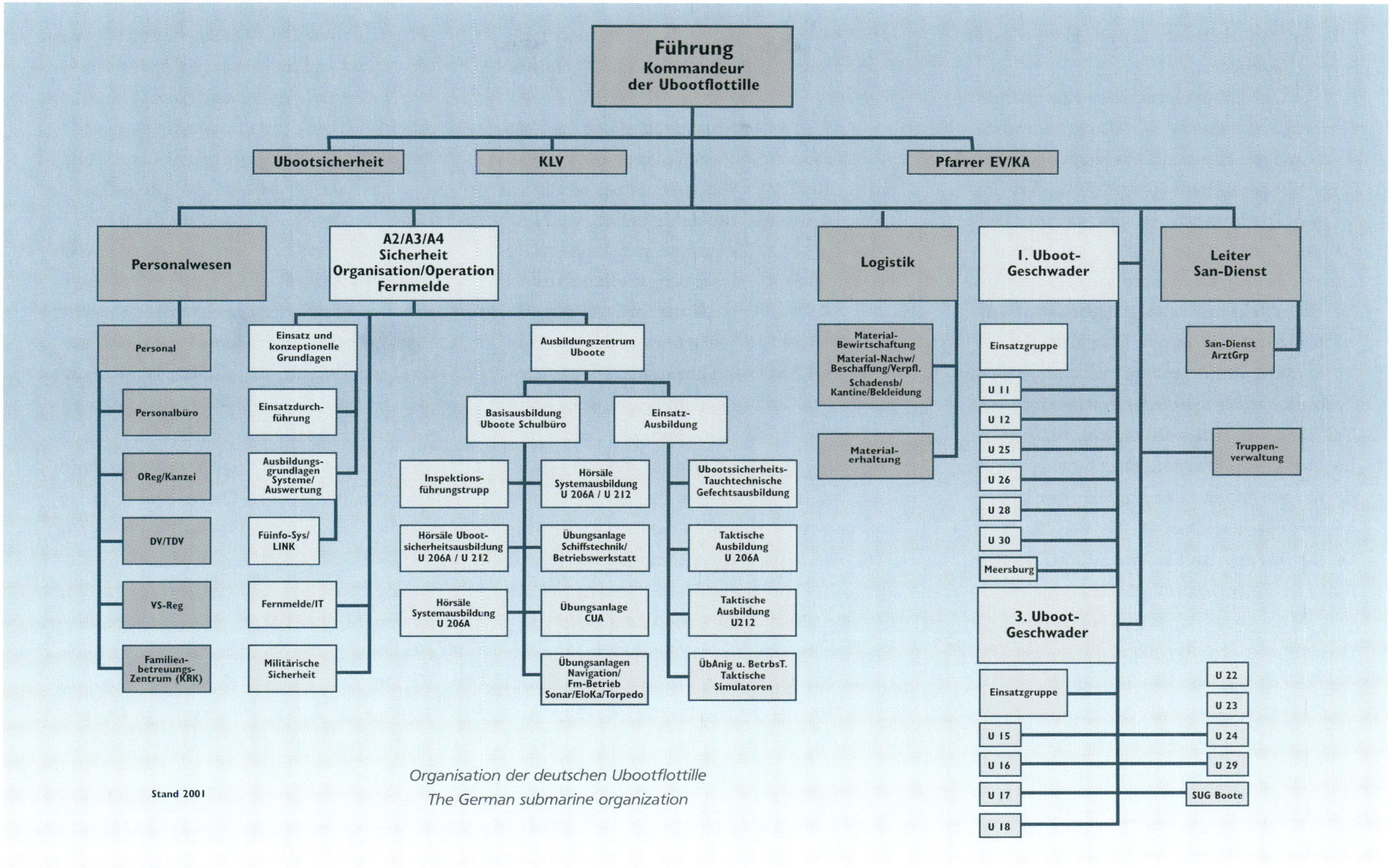

Führung
Kommandeur der Ubootflottille

- Ubootsicherheit
- KLV
- Pfarrer EV/KA

Personalwesen

- Personal
  - Personalbüro
  - OReg/Kanzei
  - DV/TDV
  - VS-Reg
  - Familien-betreuungs-Zentrum (KRK)

A2/A3/A4 Sicherheit Organisation/Operation Fernmelde

- Einsatz und konzeptionelle Grundlagen
  - Einsatzdurch-führung
  - Ausbildungs-grundlagen Systeme/ Auswertung
  - Füinfo-Sys/ LINK
  - Fernmelde/IT
  - Militärische Sicherheit

- Ausbildungszentrum Uboote
  - Basisausbildung Uboote Schulbüro
    - Inspektions-führungstrupp
    - Hörsäle Uboot-sicherheitsausbildung U 206A / U 212
    - Hörsäle Systemausbildung U 206A
  - Einsatz-Ausbildung
    - Hörsäle Systemausbildung U 206A / U 212
    - Übungsanlage Schiffstechnik/ Betriebswerkstatt
    - Übungsanlage CUA
    - Übungsanlagen Navigation/ Fm-Betrieb Sonar/EloKa/Torpedo
    - Ubootssicherheits-Tauchtechnische Gefechtsausbildung
    - Taktische Ausbildung U 206A
    - Taktische Ausbildung U212
    - ÜbAnig u. BetrbsT. Taktische Simulatoren

Logistik

- Material-Bewirtschaftung
- Material-Nachw/ Beschaffung/Verpfl.
- Schadensb/ Kantine/Bekleidung
- Material-erhaltung

I. Uboot-Geschwader

- Einsatzgruppe
  - U 11
  - U 12
  - U 25
  - U 26
  - U 28
  - U 30
  - Meersburg

3. Uboot-Geschwader

- Einsatzgruppe
  - U 15
  - U 16
  - U 17
  - U 18
  - U 22
  - U 23
  - U 24
  - U 29
  - SUG Boote

Leiter San-Dienst

- San-Dienst ArztGrp
- Truppen-verwaltung

Stand 2001

Organisation der deutschen Ubootflottille
The German submarine organization

mit den zivilen Besatzungen nicht gefahren werden konnten.

Unter der Leitung des Kommandos für Truppenversuche der Marine wurden die Boote auf Herz und Nieren geprüft, um ihre Truppenverwendungsfähigkeit nachzuweisen. Die Besatzungen waren von dem neuen Waffensystem begeistert, und die ersten Torpedoschießabschnitte zeigten bisher nicht gekannte gute Ergebnisse. Dennoch gab es manches zu "polieren".

Die umfangreiche und komplizierte Technik konnte nur dann in wirkungsvolle Taktik umgesetzt werden, wenn alle Systeme beherrscht wurden. Hier bewährten sich die umfassenden Lehrgänge an der Ubootlehrgruppe, die intensive Geräteschulung bei den Firmen und die gründliche Ausbildung in Einsatzgrundsätzen und Verfahren. Dennoch gab es Rückschläge und Enttäuschungen durch noch nicht ausgereifte Technik oder noch nicht abgerundete Ausbildung. Aber dieses durfte niemanden verwundern. Schließlich waren innerhalb von drei Jahren 12 Uboote in Dienst gestellt worden, für die auch 12 Besatzungen zusammengestellt und ausgebildet werden

mußten. Jeder Mann gab sein Bestes, aber Erfahrungen müssen nun einmal "erfahren" werden.

Um so enttäuschender war die Feststellung des Erprobungspersonals, daß die Boote der Klasse 206 in Teilbereichen "nicht truppenverwendungsfähig" seien, weil insbesondere das Waffensystem zu hohe Anforderungen an die Besatzung stellen würde.

Diese Feststellung forderte die Besatzungen geradezu heraus. Mit großem Eifer, viel Ernst und herausragendem Einsatzwillen setzten sie ihr Training an Land und an Bord fort, um schon sehr bald zu beweisen, daß das Waffensystem 206 sie nicht überforderte. Technische Schwachstellen waren inzwischen beseitigt, und die Teilnahmen an internationalen Manövern, Torpedoschießabschnitten "Grüner Aal" des Geschwaders und der Flottille sowie sicher und erfolgreich durchgeführte Einzeloperationen bewiesen, daß die Besatzungen mit ihren Ubooten Klasse 206 umzugehen verstanden.

Die Feuerleitanlage M8/8 mit der Drei-drei-Lösung sowie die drahtgelenkten Torpedos wurden beherrscht, und die Treffer-

ergebnisse bei den Schießabschnitten zeigten von mal zu mal bessere Ergebnisse.

Dank neuer Ausbildungsgänge, intensivierter Übungen am Trainer, an Land und an Bord konnte der Ausbildungsstand erheblich gesteigert werden. Die Landsimulationsanlage (LSA) und das Angriffsgerät Waffensystem Uboot (AWU) hatten die Einzel- und Teamausbildung einen großen Schritt nach vorne gebracht. Der Vorlauf im Trainer an Land konnte zwar nicht die Seeausbildung ersetzen, war jedoch eine vorzügliche Vorbereitung und reduzierte die Seefahrtstage.

Die vorwiegend im freien Seeraum durchgeführten Torpedoschießabschnitte zeigten deutlich bessere Trefferergebnisse, nachdem die Besatzungen eine intensive Teamausbildung am Trainer durchlaufen hatten. Mit der Torpedoklarmachstation vor Ort auf der Hubinsel *Barbara*, später an Land in Containern, sowie der unmittelbaren Torpedoschußauswertung waren und sind sie noch heute mit ihrem Lehreffekt kaum zu überbieten.

Wertvolle Hilfe leisteten die Torpedospezialisten vom Kommando für Trup-

penversuche der Marine, von der Erprobungsstelle 71 und den Munitionsdepots Jägersberg und Wilhelmshaven. Mit ihrer Hilfe konnte jeder Torpedoschuß quasi vor Ort ausgewertet werden, so daß bereits am Morgen nach der Schießnacht die Ergebnisse vorlagen. So war es möglich, den Kommandanten und den Ubootbesatzungen anhand von Fakten und Daten den exakten Torpedolauf des Nachtschießens zu präsentieren und vermeidbare Fehler aufzuzeigen.

Diese Unabhängigkeit mit Übungen im freien Seeraum, mit der Möglichkeit einer freien operativen Entfaltung und des taktisch wirkungsvollsten Torpedoeinsatzes hat sich über viele Jahre bewährt und braucht noch heute keinen internationalen Vergleich zu scheuen.

Mit der Umrüstung der Uboote Klasse 206 zur Klasse 206A änderten sich im 3. Ubootgeschwader nicht nur die Bootsnummern. Auch Ausbildung und Einsatzverfahren mußten dem neuen System angepaßt werden.

Wurden bei der Klasse 206

noch Einzelwerte für den Torpedoschuß manuell zusammengetragen, so ist bei den Alpha-Booten das integrierte Waffensystem in der Lage, die Werte vom Sensor über die Analyse und Lagebilderstellung bis zum Effektor zu leiten. Kürzere Reaktionszeiten durch hochwertige Technik waren Vorgaben, denen die Ausbildung an Land und an Bord sich anpassen mußte.

Zusätzlich änderten sich ab 1990 die Aufgaben des Geschwaders und änderten sich die Einsatzgebiete. Das Hauptoperationsgebiet, bisher auf Nord- und Ostsee begrenzt, wurde erweitert durch Einsätze im

U 28 / F 123 Schleswig-Holstein

Mittelmeer und der Ägäis. Neue Seegebiete mit neuen Aufgaben; eine große Herausforderung. Eine Herausforderung, die von den Besatzungen nach kurzer Gewöhnung an die verlängerten Einsatzzeiten angenommen wurde und heute wie selbstverständlich im Rahmen von NATO-Übungen und anderer Verpflichtungen erledigt wird.

Nach Verlegung der Ubootflottille nach Eckernförde und Integration des 3. Ubootgeschwaders hat sich lediglich die Organisationsform des Geschwaders geändert. Die Aufgaben der Boote sind geblieben, Schwerpunkte haben sich verlagert und Einsatzgrenzen wurden aufgehoben. Die Boote des 3. Ubootgeschwaders haben gegenwärtig, im Jahre 2001, einen guten Klarstand. Sie sind für die ausgewählten Einsatzgebiete hinreichend ausgerüstet und haben einen hohen Ausbildungsstand. Die 206A-Boote werden noch über viele Jahre ihre Aufgaben im Rahmen des Flottenauftrages erfüllen können.

DIE UBOOTLEHRGRUPPE

Die Ubootlehrgruppe, später Ausbildungszentrum Uboote oder in der letzten Version Ausbildungszentrum Ubootflottille, ist die "Schule der Ubootfahrer" und die einzige typgebundene Ausbildungseinrichtung im Bereich der Flotte. Hier erhalten Soldaten aller Ausbildungsrichtungen und aller Dienstgrade ihre Ubootgrundausbildung, bevor sie an Bord ihren Dienstposten übernehmen.

Der Aufstellungsbefehl für eine neue deutsche Ubootwaffe war 1955 ergangen und eröffnete die Möglichkeit, aber auch die Notwendigkeit zur Ausbildung von Ubootpersonal. Am 1. August 1959 wurde in Neustadt/Holstein unter dem damaligen Fregattenkapitän Reche die Ubootlehrgruppe als Ausbildungseinrichtung für Ubootfahrer aufgestellt. Sie unterstand, ebenso wie die ersten Uboote, dem Kommando der Amphibischen Streitkräfte unter dem Kommando des Kapitän zur See Otto Kretschmer.

S 3-Stabsoffizier der Ubootlehrgruppe, zuständig für Organisation und Ausbildung, wurde der erste Kommandant von *U Hecht*, Korvettenkapitän Hass. Für das Gebiet der Schiffstechnik war Kapitänleutnant Totzek verantwortlich.

U Hai und *U Hecht* waren nach ihrer Bergung und Instandsetzung 1957 wieder in Dienst gestellt worden und standen nach Zulauf für Erprobungen und Versuche beim Schiffsübernahmekommando und anschließend für die Ausbildung in Neustadt zur Verfügung. Kommandanten waren jetzt die bisherigen 1. Offiziere, Kapitänleutnant Bringewatt (*U Hecht*) und Kapitänleutnant Emsmann (*U Hai*).

Der erste "Ubootgrundlehrgang" für Wachoffiziere (Dauer fünf Monate) begann am 1. August 1960. Seine Teilnehmer waren die Leutnante zur See Eberhard Bohlig, Dieter Ehlert, Hannes Ewerth, Ernst-Dietrich Jung, Siegfried Kramp, B. Lehmeier, Jürgen Mauch, Ulf Neitzel, Walter Jablonsky, Wilhelm Rehse, Götz von Steynitz, Jörg Ullmann sowie Manfred und Wolfgang Werther.

Die Kasernenanlage in Neustadt war der Marine vom Bundesgrenzschutz zurückgegeben worden, mußte jedoch nach der Nutzung durch zivile Familien und Bundesgrenzschutz instand gesetzt werden.

Folglich mußten die Lehrgangsteilnehmer in den zum Teil noch zivil bewohnten Häusern am Sportplatz untergebracht werden. Ein buntes Gemisch von zivilen Familien (natürlich auch mit Töchtern) und jungen angehenden Ubootfahrern bildete für die ersten Ausbildungsmonate eine gute Gemeinschaft. Ebenso wie die Kasernenunterkünfte waren auch die Lehrräume, Lehrmaterialien und Vorschriften anfangs nur Provisorien. Zwar hatten die erfahrenen Ubootoffiziere und Portepeeunteroffiziere sehr schnell erste Modelle, Skizzenbücher und alte Vorschriften zusammengetragen, aber ein durchorganisierter Unterricht mit gegliedertem Lehrstoff und erfahrenem Lehrstab mußte erst langsam wachsen. So war es nicht erstaunlich, daß der mit der Wahrnehmung der Geschäfte als zweiter Kommandeur beauftragte Fregattenkapitän Rohweder dem immer wieder vorgetragenen Wunsch der Lehrgangsteilnehmer, "Revierkunde" betreiben zu müssen, sehr offen gegenüberstand und diesem Anliegen ausgiebig stattgab.

U Hai und *U Hecht* wurden zwar ständig für die Ausbildung mit einer Über-

besetzung durch Lehrgangsteilnehmer gefahren, aber für die "Revierkunde" mit den Segelbooten 6,5er *Gödecke Michel* und Folkeboot *Pirol* blieb reichlich Zeit. Jede Gelegenheit, jede teilweise zwangsläufig freie Lehrgangsminute, Stunde, Tag oder gar Woche wurde genutzt, um das künftige Einsatzgebiet Ostsee schon einmal vom Segelboot her kennenzulernen. Dadurch waren U-Schüler und Lehrpersonal beruhigt und zufrieden, was zumindest bis zum Einbruch der Kälteperiode währte.

Aber letztlich waren es die mit großer Begeisterung begrüßten Seefahrten mit den Ubooten, in Begleitung des Seeschleppers *Passat*, die für den notwendigen praktischen Teil der Ausbildung sorgten.

Obgleich die Enge an Bord der kleinen Boote ohnehin sehr groß war, mußte versucht werden, möglichst viele Schüler einzuschiffen. Dieses hatte zur Folge, daß für die Nächte "auf Grund" der Platz zum Schlafen nicht ausreichte und für mindestens zwei WO-Schüler weder auf noch unter der Back, noch zwischen den Torpedorohren oder in der Proviantlast ein Platz gefunden werden konnte, sich auszu-

strecken. Der Begeisterung tat dieses keinen Abbruch. Selbst die Unterbringung im Kabelgat der *Passat* im Hafenbetrieb bei Ausbildungsfahrten wurde in Kauf genommen. Auch wenn dieses durchaus nicht unseren allgemeinen Vorstellungen entsprach. Die Ausbildungsoffiziere verstanden es, uns immer aufs neue zu motivieren und uns auf die zulaufenden "geräumigen" Neubauten zu verweisen. Sie sollten recht behalten, zumindest was das *neu* der Boote betraf. Der Ubootlehrgruppe blieb nur wenig Zeit zum Aufbau, denn Lehrprogramme, Lehrinhalte und die gesamte Organisation mußte wegen der ersten zulaufenden Neubauten, die bereits für 1962 angekündigt waren, schnell in die Lage versetzt werden, vollständige Besatzungen auszubilden.

Unter dem dritten Kommandeur, Fregattenkapitän Gustav-Adolph Janssen, wurde die Seeausbildung deutlich intensiviert. An Bord wurden die Besatzungen und die Schüler öfter ausgetauscht, um mehr Soldaten in der Praxis ausbilden zu können. Für unsere "Revierkunde" zeigte er, obgleich auch Segler, weniger Verständnis.

Im März 1962 waren schließlich *U 1*

und *U 2* mit vollständigen Besatzungen zu besetzen. Dennoch wurden neben der Schülerausbildung auch bereits die ersten Torpedoschießabschnitte – seinerzeit noch mit G7e-Torpedos und Eingabe des Lagewinkels in den Vorhaltrechner – mit durchaus brauchbaren Ergebnissen durchgeführt. Daß als Zielschiffe hierfür die Torpedofangboote eingesetzt wurden und diese "Unternehmungen" nur in der Eckernförder Bucht durchgeführt werden konnten, stimmte keinen so richtig nachdenklich. Die Ubootwaffe stand am Anfang eines Wiederaufbaus, und jeder Fortschritt wurde freudig begrüßt.

Erste Manöver mit den Leih-Zerstörern der Fletcher-Klasse fanden im Skagerrak und um Bornholm statt, ohne daß schon nennenswerte taktische Erfahrungen vorlagen. Im Bereich der Technik konnten sich die Kommandanten dafür auf erfahrene Portepéeunteroffiziere verlassen. So konnte eine gebrochene Stößelstange des Dieselmotors in Frederikshavn ersetzt werden, weil ein Schmied nach Anweisung des Motorenmeisters den Ersatz aus einer Gartenzaunstrebe schmieden konnte. Die Manöverteil-

nahme mußte zwar unterbrochen, aber nicht abgebrochen werden.

An ein sicheres taktisches Fahren war in den Anfangsjahren noch nicht zu denken, dennoch halfen die ersten Teilnahmen an den Desex-Manövern zumindest Erfahrung zu sammeln.

Der Ausbildung an der Ubootlehrgruppe lag zugrunde, daß die angehenden Ubootfahrer so auf ihre Aufgaben an Bord vorzubereiten waren, daß man sie übergangslos als selbständiges und verantwortliches Besatzungsmitglied an Bord einsetzen konnte. Ein guter theoretischer Vorlauf mit praktischen Ergänzungen an Land und an Bord kristallisierte sich immer deutlicher als die beste Lösung heraus. Die neuen Boote der Klassen 201, 205 und 206 waren zu klein, als daß zusätzlich Schüler für die Ausbildung parallel zum täglichen Fahrbetrieb hätten eingeschifft werden können. Die Ausbildung mußte an Land mit ergänzendem Seebetrieb abgeschlossen werden. So wurden die Ausbildungsanlagen mehr und mehr ausgebaut, bis eine abgerundete Ausbildung an Land durchgeführt werden konnte. Die Boote *U Hai* und *U Hecht* wur-

den durch Uboot *U 3*, Klasse 201, das von der norwegischen Marine zurückgegeben wurde, ergänzt und so die Ausbildung auf eine solide bordunterstützte Basis gestellt.

Am 14. September 1966 sank bei einer Ausbildungsfahrt von Neustadt nach Aberdeen *U Hai* auf der Doggerbank. In Begleitung von *U Hecht, U 3*, Tender *Lech* und dem Schlepper *Spiekeroog* war das Boot in Überwasserfahrt bei schwerer See mit seiner 20köpfigen Besatzung untergegangen. Nur ein Mann konnte gerettet werden.

Wenige Wochen vor dieser Ausbildungsfahrt waren *U Hai* und *U Hecht* wegen Einbau eines neuen Dieselmotors in der Werft um eine Mittesektion von 1,5 m verlängert worden und auch der Schnorchelmast verändert. In Überwasserfahrt konnte bei nicht voll ausgefahrenem Schnorchel während schweren Wetters Wasser über die Lippendichtung in die Bilge gelangen. Ein Umstand, der nicht sicherheitsrelevant ist, wenn man um diesen Umstand weiß und entsprechende Kontrollen durchführt. An Bord *U Hai* wurde das eindringende Wasser offensichtlich nicht bemerkt. Durch das nach hinten laufende

Bilgenwasser wurde das Boot achterlastig. Da bei dem schlechten Wetter und der groben See, durch die sich selbständig entlüftenden Tauchzellen und das tiefer im Wasser liegende Boot der geringe Restauftrieb sich weiter verringerte, lief das Uboot über das nicht geschlossene Turmluk und das Sprachrohr voll und sank abends gegen 18.00 h. Der einzige Überlebende, der Smut des Bootes, wurde am darauffolgenden Morgen um etwa 06.00 h von einem Fischer geborgen. Zu dem Unglück führten neben den technischen Neuerungen menschliche Unzulänglichkeit und eine Verkettung unglücklicher Umstände. Ein Unglück, das alle Ubootfahrer bewegte und weltweit große Anteilnahme auslöste.

Am Ubootehrenmal in Möltenort, der Gedenkstätte für alle in See gebliebenen Ubootfahrer, erinnert seit 1999 eine Bronzetafel an dieses Unglück.

Obgleich bei der sehr eingehenden Untersuchung keine Vorwürfe gegen Personen erhoben wurden und keine Ausbildungsdefizite erkannt werden konnten, ist dennoch die Ubootausbildung an der ULG und in den Geschwadern überdacht und schließ-

lich um die "Tauchtechnische Gefechtsausbildung" (TTG) erweitert worden. TTG ist eine Ausbildung für die gesamte Besatzung, die zum Ziel hat, daß an Bord auch in außergewöhnlichen Situationen wie bei Wassereinbruch, Feuer im Schiff und bei technischen Ausfällen das Boot über und unter Wasser sicher beherrscht wird. Diese von einer Ausbildungsgruppe unter der Regie der Ubootflottille durchgeführte Ausbildung von etwa drei Wochen Dauer wird mit der ganzen Besatzung ausschließlich an Bord des eigenen Bootes durchgeführt. Eine Woche Vorbereitung im Hafen und etwa zwei Wochen Training in See versetzen die Besatzungen in die Lage, auch in extremsten Situationen ihr Boot im Griff zu behalten.

Im Verlauf der letzten drei Jahrzehnte wurde bei mehreren Unfällen und "Beinahe-Unfällen" an Bord bewiesen, daß unsere Ubootbesatzungen aufgrund der einheitlichen Ausbildung ihre Boote nicht nur taktisch, sondern auch seemännisch und technisch voll beherrschen.

1967 wurden *U 3* und 1968 *U Hecht* außer Dienst gestellt. Die Bordausbildung wurde ab 1969 mit dem Zulauf der Boote

U 5, U 6, U 7 und *U 8* ganz auf die Boote der Klasse 205 umgestellt. Diese ULG-Boote konnten wegen ihrer Tauchtiefenbeschränkung nicht mehr operativ eingesetzt werden, waren für die Ausbildung jedoch eine willkommene Hilfe.

Als die Schulboote 1974 wegen der immer stärker in Erscheinung tretenden Rißbildungen außer Dienst gestellt werden mußten, wurde auf reine Schulboote für die Ubootlehrgruppe verzichtet. Die Lehrinhalte mußten ohnehin auf die jetzt zulaufenden Boote der Klasse 206 umgestellt werden. Darüber hinaus setzte sich die Auffassung durch, daß nur zeitweise für die Ausbildung abgestellte, voll operativ einsatzfähige Boote der Geschwader die Praxis in Technik und Taktik besser vermitteln konnten.

Quartalsweise wurden jetzt Boote aus den Geschwadern zur ULG abgestellt. Damit konnte vermieden werden, daß bei den Bootsbesatzungen eine "Schulmüdigkeit" eintrat. Tatsächlich profitierten auch Besatzungen und Schüler voneinander.

1977 wurde in Neustadt der 33,5-m-Tieftauchtopf für die Rettungsausbildung, unter dem ersten Leiter Korvettenkapitän

Bertz, in Dienst gestellt.

Damit war die Ubootausbildung in sich abgerundet und in Neustadt zusammengefaßt. Die bis dahin in England und Norwegen durchgeführte Rettungsausbildung konnte nun selbst vorgenommen werden. Neustadt wurde durch die Ubootausbildung und die Ausbildung an der Lehrgruppe Schiffssicherung zum Zentrum der Rettungsausbildung für die ganze Marine. Waren der Tieftauchtopf und seine über 20 Ausbilder anfangs nur für die Ausbildung der deutschen und ausländischen Ubootfahrer zuständig, wurde nach Verlegung der Ubootlehrgruppe von Neustadt nach Eckernförde der Tieftauchtopf aus der Ubootflottille ausgegliedert und fortan für die gesamte Taucherausbildung der Marine an der Lehrgruppe Schiffssicherung genutzt.

Aus dem zylindrischen Tauchtopf mit einer nachgebildeten Ubootsektion im Bodenbereich kann das Aussteigen wie aus einem gesunkenen Uboot geübt werden. Innerhalb von zwei Wochen durchlaufen Ubootschüler diese Ausbildung. Erst erfolgt das Gewöhnen an das Tauchen an sich,

Ausgerüstet für die "Atemtankstelle" ANA / Equipped and in line for the emergency air supply

dann müssen die Ängste beim Ausstieg aus geringen Tiefen überwunden werden, wobei ständig Schwimmtaucher als Ausbilder im Wasser sind, die rechtzeitig korrigierend eingreifen oder Hilfestellung geben. Den Abschluß dieses Ausbildungsabschnittes bildet der "Freie Ausstieg" aus 30 m Tiefe. Durch routinierte Ausbilder langsam an die große Tiefe herangeführt, erfüllt jeden Absolventen am Ziel ein gewisser Stolz.

Zur Ubootrettungsausbildung gehört es, daß alle an Bord befindlichen Rettungsmittel wie im Schlaf beherrscht werden.
- ANA (Atemluftnotanlage),
- Ubootrettungskragen (URK 80),
- Überlebensanzug,
- Anblaseeinrichtung und
- Notanblaseeinrichtung. (Der Tauchretter als Atem- und Auftriebsgerät gehört der Vergangenheit an.)

Eine besondere Bedeutung hat die Ausbildung an der an Bord fest installierten Atemluftnotanlage. Mit vielen Steckanschlüssen ist sie über die ganze Bootslänge verteilt, die alle wie eine "Atemtankstelle" funktionieren. Mit dem persönlich zugeteil-

ten Beatmungsapparat können sich die Besatzungsmitglieder an fast jeder beliebigen Stelle an Bord an ein Ventil der ANA anschließen und atmen. So ist jeder an Bord nahezu frei in seinem Bewegungsverhalten und bestimmt selbst seinen Atemrhythmus.

Schließlich stehen auch Schwimmwesten und Rettungsinseln zur Verfügung, die ebenfalls in der Taucherübungshalle, aber auch in der Praxis vorgeführt und erprobt werden.

1979 mit der Inbetriebnahme der funktionsfähigen Ubootantriebsanlage und 1983 dem rechnergesteuerten Tiefensteuersimulator erhielt die ULG zwei wichtige Ausbildungsanlagen. Allerdings mußten diese an die sich ändernden Techniken an Bord angepaßt und modernisiert werden. Nur so konnten Ausbilder und Schüler auf dem Stand der Technik ausgebildet werden. Die deutsche Ubootausbildung erreichte im Laufe der Jahre ein allgemein anerkannt hohes Niveau, was dazu führte, daß nicht nur die Schüler, sondern auch Personal für die deutsche Industrie und Ubootpersonal von 12 befreundeten Nationen unter der Federführung der Ubootflottille ausgebildet wurde.

Durch die Aufgabe der einheitlichen "Einsatzausbildung" für ganze Bootsbesatzungen erfuhr die ULG 1982 eine weitere Aufwertung. Die ULG-Kommandeure wurden mit in die Planung und Durchführung von Manövern und Torpedoschießabschnitten eingebunden, das Lehrpersonal mußte wieder öfter an Bord einsteigen, und insgesamt konnte eine vereinheitlichte Besatzungsausbildung erreicht werden.

Eine andere Erweiterung des Ausbildungsauftrages war 1983 die Einführung des Kommandantenlehrganges, mit dessen jährlicher Durchführung die Ubootlehrgruppe beauftragt wurde.

An der ULG werden Soldaten aller Dienstgrade, vom Gefreiten bis zum Offizier, ausgebildet. Sie hat sich in den letzten 35 Jahren ein hohes Maß an internationalem Ansehen erworben.

Auf dem Lehrprogramm der ULG standen bis 1988
- Einsatzgrundausbildung für Offiziere,
- Einsatzgrundausbildung für schiffstechnische Offiziere (STO Uboot),
- Einsatzgrundausbildung für Unteroffiziere,

- Ausbildung an Ubootrettungssystemen,
- Ausbildung im Tieftauchtopf BA-Verfahren (BA-Buoyant Ascent = freier Ausstieg aus großer Tiefe mit Hilfe eines Auftriebmittels),
- Sonderlehrgänge für ausländische Ubootfahrer als Ausbildungshilfe für befreundete Marinen, die auf deutschen Werften Uboote bauen ließen,
- Einsatzausbildung der Ubootbesatzungen bis zum Erreichen der vollen Einsatzfähigkeit,
- Lehrgang für Bootsoperationsoffiziere,
- Kommandantenlehrgang.

Voraussetzung für die Teilnahme an dieser Ausbildung der ULG sind eine abgeschlossene Unteroffizier- bzw. Offizierausbildung und bestandene Uboottauglichkeitsuntersuchung.

Im Mittelpunkt der Ausbildung steht das Bemühen, das umfangreiche notwendige theoretische Wissen auf die Soldaten so zu übertragen, daß sie ohne wei-

tere Fahrpraxis ihren für sie bestimmten Dienstposten an Bord verzugslos übernehmen können.

Um dem praktischen Anteil an der Ausbildung gerecht zu werden, verfügt die Ubootlehrgruppe über zahlreiche funktionsfähige Anschauungsmodelle. Dazu gehören eine komplette Antriebsanlage mit den zugehörigen Batterien, Dieselmotoren und Schnorchelanlage, E-Antriebsmotor und Schalttafel. Darüber hinaus werden ein Kunststoffmodell der Klasse 206 im Maß-

Tiefensteuersimulator / The depth-keeping training simulator

stab 1:5 und zahlreiche betriebsfähige Einrichtungen für die Ausbildung genutzt.

An Land kann nicht nur der praktische Fahrbetrieb geübt werden, sondern auch sicheres Beherrschen der Bereiche Wartung, Instandsetzung und Reparatur.

Wer im Tiefensteuersimulator "auf Grund" läuft, braucht kein Havarieverfahren zu befürchten. Hier macht Übung den Meister, ohne daß ein Wassereinbruch das Training beendet.

Am Ende der Ubootausbildung wird eine Prüfung abgelegt und damit die spezifische Ausbildung für den angehenden Ubootfahrer erst einmal abgeschlossen. Eine weiterführende Ausbildung kann später im Rahmen der Bootsmannsausbildung, der Ausbildung für Bootsoperationsoffiziere oder der Ausbildung zum Kommandanten erfolgen. Nur wer an der Ubootgrundausbildung erfolgreich teilgenommen hat, wird an Bord versetzt und erhält, nach mindestens sechsmonatiger Besatzungszugehörigkeit und

Bewährung als Soldat an Bord, das begehrte "Tätigkeitsabzeichen für Ubootpersonal". Dieses erstmals 1972 verliehene "Ubootfahrerabzeichen" kennzeichnet ihn als Ubootfahrer und qualifizierten Spezialisten.

Von August 1959 bis 1986 hatten rund 5000 Unteroffiziere und 1 000 Offiziere eine Ausbildung an der Ubootlehrgruppe durchlaufen. Im Jahr 1986 begann der Aufbau des Ausbildungszentrum Uboote (AZU) in Eckernförde.

Nach kontroversen Diskussionen hatte 1984 der Führungsstab der Marine dem Ausbau Eckernförde zu einem Typstützpunkt für Uboote zugestimmt.

Als Zielsetzung sollte nach Abbau und Auflösung der Ubootlehrgruppe in Neustadt ein Ubootstützpunkt entstehen, in dem von der Einsatzgrundausbildung über die Einsatzausbildung und Kommandantenlehrgang bis hin zur taktischen Ausbildung am Ausbildungsgerät Waffensystem Uboot (AWU) und Einsatzkoordination des Geschwaders alles in einem Stützpunkt, unter der Führung der Ubootflottille, zusammengefaßt sein.

Obgleich es gegen die Auflösung der traditionsreichen Ubootlehrgruppe in Neustadt große Vorbehalte gab und auch politische Widerstände zu überwinden waren, mußte nicht zuletzt aus Gründen der Rationalität diesem Vorhaben zugestimmt werden. 1988 schloß die Ubootlehrgruppe in Neustadt ihre Pforten.

Das AWU 206 der Marinewaffenschule wurde dem Ausbildungszentrum Uboote unterstellt, und auch die Waffen- und Geräteausbildung für zukünftige Ubootfahrer wurde aus der Marinewaffenschule ausgegliedert.

1998 verlegte schließlich auch die Ubootflottille mit der Systemunterstützungsgruppe von Kiel nach Eckernförde. Jetzt waren Ubootausbildung und Einsatzführung in einer Hand und an einem Ort.

Ubootflottille, Ubootgeschwader und die gesamte Ubootausbildung waren in einem Typstützpunkt zusammengefaßt. Das garantiert schnelle und sichere Führung, kurze Wege und Reaktionszeiten. Eine bessere Koordination von Ausbildung und Einsatzführung und geringerer Personalaufwand sind die Folge.

Um die besten Absolventen der Ausbildung, früher an der Ubootlehrgruppe, heute an dem Ausbildungszentrum Ubootflottille, zu würdigen, wurde 1984 vom Präsidenten des Verbandes deutscher Ubootfahrer ein Bestpreis gestiftet. Dieser Zinnteller wird jedes Jahr an den jahresbesten Lehrgangsabsolventen verliehen und ist verbunden mit der Einladung zur Teilnahme am internationalen Ubootfahrertreffen.

1984	Obermaat Seidel	U 20
1985	Bootsmann Gebauer	U 20
1986	Obermaat Schulte-Mattler	U 20
1987	Leutnant zur See Roose	. . . . .
1988	Maat Zeller	U 10
1989	Obergefreiter Jung	U 23
1990	Obermaat Reichert	U 1
1991	Oberleutnant zur See Michel	U 25
1992	Oberleutnant zur See Faust	U 25
1993	Hauptgefreiter Meixner	U 21
1994	Gefreiter Pieper	U 16
1995	Hauptgefreiter Ondreka	U 26
1996	Maat Dettmann	U 22
1997	Oberbootsmann Rother	U 26
1998	Bootsmann Titze	U 23
1999	Oberleutnant z. See Frevert	U 24
2000	Oberleutnant z. See Böhm	U 12

Hervorragende seemännische Leistung: Päckchen dreht als "Vierschraubenschiff" / Perfect seamanship: A four prop raft manoeuvre

DER COFFEEPOT, LEISTUNGSPREIS DER UBOOTFLOTTILLE.

Gestiftet von Herrn Enno Scherwing als Wanderpreis
für die Besatzung mit der besten Gesamtleistung des Jahres.

1982	U 28	Kapitänleutnant Scharf
1983	U 16	Korvettenkapitän Hett
1984	U 30	Korvettenkapitän Brüggemann
1985	U 20	Korvettenkapitän Wallner
1986	U 12	Korvettenkapitän Gode
1987	U 22	Kapitänleutnant Krause
1988	U 9	Kapitänleutnant Panknier
1989	U 23	Korvettenkapitän Brosch
1990	U 2	Kapitänleutnant Laux
1991	U 14	Korvettenkapitän Setzer
1992	U 29	Korvettenkapitän Schult
1993	U 22	Kapitänleutnant Schmidt
1994	U 26	Kapitänleutnant Brasen
1995	U 12	Kapitänleutnant Verheyen
1996	U 13	Kapitänleutnant Lübben
1997	U 18	Oberleutnant z. See Thiede
1998	U 26	Korvettenkapitän Zaouer
1999	Meersburg	Korvettenkapitän Ramocha
2000	U 23	Kapitänleutnant Schütz

. . . die Besten werden mit dem Coffeepot ausgezeichnet / . . . award for the best: The Coffepot

AMTLICHER BERICHT ÜBER DAS U-HAI-UNGLÜCK

A) Seetüchtigkeit des Ubootstyps 240 (*Hai und Hecht*)

1. Die Boote des Typs 240 sind kenter-sicher und jedem Wetter gewachsen.

2. Hinsichtlich der Sicherung der Schwimmfähigkeit in der friedensmäßigen Überwasserfahrt ist das verhältnismäßig geringe relative Reservedeplacement kennzeichnend.
   Sofern alle vorhandenen technischen Anlagen intakt sind und der Lage entsprechend benutzt werden, ist es trotzdem nicht denkbar, daß ein Boot vom Typ 240 aus der Überwasserfahrt in Verlust gerät.

B) Ursache des Untergangs U Hai

1. Es wird angenommen, daß die festgestellte Undichtigkeit der Tauchzellenlüftung 1 erst eine Folge, jedoch keine Ursache des Untergangs von *U Hai* ist.

2. Das Abblasen des Überdrucks der Tauchzellen als Folge des Seegangs in Verbindung mit einer Teilflutung der Tauchzelle 2 durch undichte Ventile verringerte den Restauftrieb des Bootes.

3. Es wurden keine weiteren Mängel an den technischen Anlagen festgestellt, ein Wassereinbruch über ein Leck scheidet als Unfallursache aus.

4. Die Katastrophe wurde vermutlich dadurch eingeleitet, daß über den in halber Turmhöhe liegenden Luftabnahmestutzen des eingefahrenen Schnorchels

U Hai *mit neuem Turm 1961 / U Hai* with a new conning tower

ziemlich unbemerkt so viel Wasser in die Maschinenraumbilge eintreten konnte, daß der Restauftrieb des Bootes noch weiter vermindert wurde und eine Achterlastigkeit eintrat. Wäre der tauchklare Zustand hergestellt worden, dann wäre auch der Restauftrieb erhalten geblieben. Die ungewohnte Vermehrung des Tiefgangs sowie die ungewohnte Achterlastigkeit bei Überwasserfahrten konnten in Verbindung mit dem Wassereintritt über Luftabnahmestutzen vermutlich den Eindruck entstehen lassen, daß ein Wassereinbruch durch ein Leck erfolgte.

5. Weitere Wassermengen konnten, begünstigt durch das Arbeiten des Bootes im Seegang und die längere Überflutung aufgrund des eingetretenen geringen Freibords, sowohl über das Ventil des vermutlich erst im letzten Augenblick geschlossenen Luftabnahmestutzens als auch über das Turmluk ins Boot gelangen.

6. Da offensichtlich ein Leck als

Ursache des Wassereintritts angenommen wurde, sind auch jetzt keine Maßnahmen mehr zur Sicherung des Restauftriebs ergriffen worden.

Dadurch kam das Turmluk bei bereits eingetretener starker Achterlastigkeit zu Wasser, und das Boot ist durch die offen gebliebenen Absperrungen des Einsteigeschachtes (Turmluk, Zentralluk, Sprachrohr) vollgelaufen.

Die Sachverständigen werden ihren Abschlußbericht der Staatsanwaltschaft nach Fertigstellung der umfangreichen Anlagen vorlegen.

Mit Rücksicht auf die noch laufenden staatsanwaltlichen Ermittlungen kann das BMVtdg zum gegenwärtigen Zeitpunkt zu dem vorliegenden Bericht keine weitere Stellungnahme abgeben. Zum allgemeinen Verständnis des vorliegenden Berichts werden die darin enthaltenen uboostechnischen Fachausdrücke nachstehend erläutert:

Zu a I. Mit Typ 240 werden die beiden in den Jahren 1944/45 als Typ XXIII erbauten Uboote *Hai* und *Hecht* nach

ihrer 1962 erfolgten Modernisierung und Vergrößerung bezeichnet.

Zu a 2. Relatives Reservedeplacement: Das Reservedeplacement bei einem Uboot ist das Tauchzellenvolumen, das bei Überwasserfahrt mit komprimierter Luft gefüllt ist. Diese Luft entweicht zum Tauchen durch das Öffnen der sog. Tauchzellenentlüftungen. Dadurch werden die Tauchzellen von unten her durch die Flutschlitze mit Wasser gefüllt. Das Verhältnis des Tauchzellenvolumens zum Volumen des Bootes (Deplacement) nennt man das relative Reservedeplacement.

Zu b I. Tauchzellen: Der Typ 240 hat

U-Hai-*Gedenkstein* / U Hai *memorial*

drei Tauchzellen. Tauchzelle eins hinten, Tauchzelle zwei in der Mitte, Tauchzelle drei vorn.

Zu b 2. Abblasen des Überdrucks der Tauchzellen und Restauftrieb: Bei schwerem Seegang bewegt sich das Boot so stark, daß die Flutschlitze der Tauchzellen zeitweise an die Oberfläche kommen. Die komprimierte Luft kann dann teilweise entweichen. In diesem Falle verringert sich durch den Luftverlust in der Tauchzelle der Restauftrieb.

Zu b 4. Luftabnahmestutzen: Der Mast befindet sich bei normaler Schwimmlage 1,5 m über der Wasserlinie innerhalb der Turmverkleidung. Über ihn kann bei Überwasserfahrt Frischluft in den Dieselmotorenraum zugeführt werden. Seine wesentliche Funktion ist die Verbindung zum ausgefahrenen Schnorchelmast bei Unterwasserfahrt. Wird bei Unterwasserfahrt Frischluft benötigt, so wird sie über den Schnorchel angesaugt. Tauchklar ist ein Uboot, wenn alle Druckkörperdurchbrechungen (Ventile, Schieber, Luken pp.) geschlossen sind.

DIE TENDER

Schwimmendes "Mutterschiff", Begleiter, Versorger, Zielschiff und Führungseinheit für die Uboote waren die Tender *Lahn* und *Lech* und ist heute das Begleitschiff *Meersburg*. Die Tender der Klasse Tender 403 wurden bei der Flender-Werft in Lübeck zwischen 1961 und 1964 gebaut. Sie waren 98,6 m lang. Bei einer Wasserverdrängung von 2633 t liefen sie 20 Knoten. Ihre Besatzung bestand aus 114 Soldaten.

Die Tender als "Mädchen für alles" zeichneten sich insbesondere durch ihre Vielseitigkeit aus: Sie nahmen den Geschwaderstab und je nach Lage einige Ubootbesatzungen auf, versorgten die Uboote mit wichtigen Verbrauchsgütern und Ersatzteilen, waren für die Abgabe von Sauerstoff, Druckluft oder Mischgas und für Rettungsgeräte an die Uboote eingerichtet. Sie konnten Torpedos übernehmen und lagern sowie auch wieder an die Uboote abgeben und kümmerten sich um die sanitätsdienstliche Betreuung aller Einheiten des Geschwaders. Auch als Torpedobergeschiffe haben sich die Geschwaderbegleiter bis heute ausgezeichnet bewährt. Sie

sichern den Torpedo nach dem Schuß und bergen ihn durch Einsatz einer Schlauchbootbesatzung, die speziell auf diese Aufgabe vorbereitet und gut trainiert sein muß.

Die Torpedobergemannschaft trägt Neoprenanzüge, so daß sie sich auch bei winterlichen Temperaturen und im kalten Wasser frei bewegen kann, ohne Kälteschäden befürchten zu müssen. Sie ist zu ihrer eigenen Sicherheit mit Leuchtkappen und Schwimmwesten ausgerüstet, damit jeder Mann durch Scheinwerfereinsatz gut sichtbar wird und das Schlauchboot zu kontrollieren ist. Nie waren die "Schlauchbootfahrer" ängstlich, nie zeigten sie Unsicherheiten, selbst in den dunkelsten Nächten. Auf die Männer im Schlauchboot ist immer Ver-

Torpedofischen (oben/above) Meersburg *(rechts/right)*

laß, auch wenn es gilt, bei rauher See und kaltem Winterwetter Torpedos zu bergen oder einen Personentransfer zwischen den Einheiten durchzuführen.

Mit dieser Unterstützung können die Uboote die Weite des Seeraumes für ihre Ausbildung nutzen, können nach operativ-taktischen Grundsätzen ihre Übungen und Torpedoangriffe fahren und sind sich während der Ausbildung jederzeit der Unterstützung gewiß, wenn sie dann erforderlich ist.

Die Tender als Ziel-, Torpedoberge- und Klarmachschiffe schufen die Voraussetzungen für einen konzentrierten Ausbildungsbetrieb, in dessen Rahmen es möglich

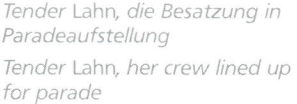

wurde, mit jedem Boot mehrere Übungstorpedos pro Jahr, seegebietsunabhängig, zu schießen. Selbst bei Wellenhöhen bis zu 2,5 m, den sogenannten "Grenzlagen", konnten Torpedos zu jeder Zeit sicher geborgen werden. Natürlich gab und gibt es manche Diskussion, wann die "Grenzlage" noch gegeben und wann schon überschritten ist, oder wann es noch verantwortbar ist, die Schlauchbootfahrer zur Bergung rauszuschicken. Da konnte oft auch der eingeschiffte Meteorologe nicht mehr helfen. Die Verantwortung liegt beim Verbandsführer und Schießleiter. "Grenzlage erreicht, Angriff abbrechen", sagt der eine und "Bergen noch möglich, diesen Aal schießen wir noch", wirft der andere ein. Es gibt kein Patentrezept, und von der erhöhten Tenderbrücke wirkt der Seegang oft viel ruhiger als aus der Sicht der Schlauchbootfahrer. Die

Tender Lahn, *die Besatzung in Paradeaufstellung*
Tender Lahn, *her crew lined up for parade*

sagen im Zweifelsfall immer: "Noch geht's."

Da die Tenderkommandanten meist selber ehemals Ubootkommandanten waren, wissen sie am besten, wo den Männern auf den kleinen Booten der Schuh drückt und wie, wann und wo sie helfen können. Ein Vertrauensverhältnis, getragen von Kameradschaft und gegenseitigem Verständnis, prägt seit vielen, vielen Jahren das gute gegenseitige Verständnis.

Im Zuge erforderlicher Maßnahmen zur Kostenersparnis und Reduzierung des Flottenumfangs wurden Tender *Lech* 1989 und Tender *Lahn* 1991, nach fast 30 Jahren Nutzung in der Ubootflottille, außer Dienst gestellt.

Als Ersatz wurde der Versorger *Meersburg* von der Versorgungsflottille kommend der Ubootflottille unterstellt und hat die Aufgaben der Begleitung und Unterstützung der Ausbildung übernommen.

Durch Nachrüstung mit einem Torpedobergekran, mit Seegangsfolgeeinrichtung, wird er diesen Aufgaben voll gerecht. Er ist heute das große Mutterschiff, an dem die "Kleinen" gerne längsseits gehen, um sich versorgen und betreuen zu lassen.

Ausbildung

Unter Uboot-Ausbildung wird verstanden, was der Vorbereitung des einzelnen Soldaten, der Schulung einer geschlossenen Besatzung oder Teilen davon zum sicheren Fahren und dem erfolgversprechenden Waffeneinsatz dient.

Als *U Hai* und *U Hecht* vor den ersten Erprobungen und Versuchen 1957 mit ihrer "Einzelausbildung" begannen, beinhaltete dieser Ausbildungsabschnitt bereits alle Einzelstufen der späteren Ubootausbildung, und er basierte auf den Erfahrungen der Kommandanten der letzten Kriegsjahre.

Die Ubootlehrgruppe war als Ubootschule noch nicht aufgestellt, Vorschriften lagen nicht vor. Der Anschluß an die NATO-Partner mußte erst gewonnen werden.

Trotz des Neubeginns nach einer zwölfjährigen Pause bedeutete die Aufnahme des Fahrbetriebes für die kriegserfahrenen Kommandanten und leitenden Ingenieure keine Schwierigkeit.

Alte Praxis wurde, zusammen mit neuen Ideen und Vorschriften, dem Auftrag angepaßt, und nach kürzester Zeit waren die kleinen Bordgemeinschaften wieder leistungsfähige Besatzungen.

Die wenigen noch "unbefahrenen" Besatzungsmitglieder wurden schnell angelernt und wie selbstverständlich in das Team der "alten Hasen" integriert.

Die Technik der Boote war den Kommandanten, Offizieren und Portepeeunteroffizieren noch vertraut. Der Fahrbetrieb konnte ohne Schwierigkeiten aufgenommen werden. Die veränderten Vorgaben für das Einsatzgebiet, den möglichen Gegner, das operative Verhalten und die Zusammenarbeit mit den NATO-Partnern mußten erst langsam in neue Ausbildungsanweisungen, taktische Richtlinien und Einsatzbefehle eingearbeitet werden und konnte nur schrittweise Berücksichtigung finden. Das Operationsgebiet war abgegrenzt, neueste Erkenntnisse der ozeanographischen Forschung lagen vor, Vorschriften des Bündnisses für die Bereiche Sicherheit und Taktik mußten gelernt werden, und erstmalig konnte und mußte man Technik, Taktik und Ausbildung an den Möglichkeiten eines potentiellen Gegners orientieren.

Die zukünftigen Operationsgebiete hießen Ostsee, Ostseezugänge und Nordsee. Ein begrenztes Einsatzgebiet mit überwiegend flachem Wasser (zwischen 25 m und 50 m), das selbst für diese kleinen Boote und ihre Besatzungen eine Herausforderung bedeutete. Nach ersten Einsätzen in der Kieler Bucht und in der westlichen Ostsee wurden die Ausbildungsfahrten bald in die Gebiete um Bornholm und in das Skagerrak ausgedehnt.

Beim Überwassermarsch mußten Stationen gehalten werden. Formationsänderungen zur Übung brachten manchem Wachoffizier die Rüge "Station" ein, aber schließlich wollte alles Neue gelernt sein. Das Formationsfahren, ein Relikt aus der Zeit der ersten Tauchboote vor dem Zweiten Weltkrieg, hat sich tatsächlich bis in die 70er Jahre gehalten.

Es dauerte also seine Zeit, bis die Uboote wieder als die typischen Einzelfahrer, auf sich gestellt, operieren sollten und ihren, für jedes Boot spezifischen Einsatzbefehl für das ihnen allein zugewiesene Operationsgebiet erhielten.

So zügig auch die Ausbildung anlief und so schnell sich der Aufbau erster Ausbildungseinrichtungen gestaltete, so schleppend begannen die Übungen für den Waffeneinsatz mit modernen Torpedos. In der Enge des Seegebietes westliche Ostsee durfte ein erstes Torpedoschießen nur unter großen Sicherheitsvorkehrungen schließlich 1961 durchgeführt werden. Wie zu erwarten, waren wir nicht alleine. Unsere "Freunde" der Volksmarine standen mit ihren Beobachtungsschiffen bereits an der Grenze der Hoheitsgewässer und verfolgten aufmerksam das Geschehen, um festzustellen, was sich bei den westlichen Kameraden Neues tat.

Der erste Schießverband, bestehend aus *U Hai* und *U Hecht*, dem Torpedoklarmachschiff *Memmert*, zwei Torpedofangbooten und dem Schlepper *Passat* als Zielschiff, hatte in Kiel an der Scheermole festgemacht. Aus Frankreich zurückgekaufte G7E-Torpedos wurden, über einen Beladeponton mit eigener Trimm- und Lenzanlage, in mühevoller Handarbeit in die beiden Rohre der Uboote geladen. Die Torpedofangboote als zusätzliche Zielschiffe und die *Passat* zur Führung und Sicherung des Verbandes führten im Sommer 1961 mit *U Hai* und *U Hecht* auf dem Stoller Grund in der Kieler Bucht ein erstes Torpedoschießen durch. Aus damaliger Sicht ein durchaus erfolgreiches Unternehmen, denn die Ansprüche waren noch nicht zu hoch gestellt.

Ob nach Vorhalttabelle und Sehrohr oder über den noch "kriegsgedienten" Vorhaltrechner mit "Lage laufend", die ersten Schüsse lagen nicht schlecht, und fast alle geschossenen Torpedos konnten wieder geborgen werden. Eine Auswertung des Schießablaufes oder eine Bewertung des taktischen Verhaltens fand bei diesem ersten Schießen noch nicht statt. Die ersten Schritte für eine spätere systematische Ausbildung waren aber getan.

Unser Zutrauen zu den Booten, zu unserem eigenen Können und zur Wirksamkeit der neuen Ubootwaffe war gewachsen, und es verschaffte uns die Genugtuung, daß trotz der östlichen Beobachter eine taktische Ausbildung vor der "Haustür" möglich war.

Die Neubauten der Klasse 201 ließen noch auf sich warten. *U Hecht*, *U Hai* und *U Wilhelm Bauer* waren planmäßig mit Offizieren besetzt. So kam es, daß ein Teil der ersten "frischgebackenen Wachoffiziere" ohne Boot auf der Pier stand und keine richtigen Aufgaben hatte.

Um die Zeit zu nutzen, um Erfahrungen zu sammeln und um von unseren verbündeten Marinen zu lernen, wurden deshalb einige Offiziere auf ausländische Uboote kommandiert. Das "on the job training" in Großbritannien, Frankreich, USA und der Türkei dauerte zwischen drei

Monaten bis zu einem halben Jahr und gab uns die Möglichkeit, Taktiken, Operationen, moderne Technik und neueste Waffensysteme kennenzulernen.

Was für die Überwasserfahrer unserer Marine schon selbstverständliche Praxis war, wurde nun auch für die Ubootwaffe eingeleitet. Die Verbindung zu den NATO-Partnern wurde aufgenommen.

Leider konnten in der ersten Zeit nur wenige der gesammelten Erfahrungen in eigene Ausbildungsanweisungen, Vorschriften und Handbücher umgesetzt werden, denn jeder der zurückkehrenden Offiziere brachte gastlandtypische Erfahrungen mit, und zur Koordination fehlte in der Aufbauphase Personal und Sachverstand.

Die Umsetzung der Erfahrungen in Vorschriften, waffentechnische Entwicklungen und daraus herzuleitende Ausbildung bedurfte Zeit.

In den befreundeten Marinen waren nach 1945 weder die Technik der Uboote noch Waffenentwicklung oder Ausbildung stehengeblieben. So war es für uns besonders wichtig, nicht nur auf der Basis eigener Erfahrungen, sondern unter Nutzung aller Ausbildungsangebote des Auslandes den Anschluß zu gewinnen. Also wurden zahlreiche Lehrgänge und Ausbildungsabschnitte beschickt und jeder Kontakt zu anderen Ubootmarinen gesucht.

Parallel dazu mußten aber auch eigene Einsatzverfahren und Taktiken entwickelt werden, die die Besonderheiten unserer kleinen Uboote unter Nutzung der spezifischen Gegebenheiten des eigenen Einsatzgebietes berücksichtigten.

Mit Zulauf der neuen Boote, ab 1962, ergaben sich jedoch technische Anfangsschwierigkeiten, so daß in den ersten Jahren der Waffeneinsatz hinter Erprobungen, Versuchen und Einfahrprogrammen sowie der weiterhin erforderlichen Ubootgrundausbildung zurückstehen mußte. Zwar konnten die Erwartungen an die Leistungsfähigkeit der neuen Boote der Klassen 201 und 205 bei Teilnahme an nationalen Manövern in Ost- und Nordsee schon bald bestätigt werden, aber bis erste taktische Erfahrungen in die Ausbildung umgesetzt werden konnten und in regelmäßige Torpedoschießabschnitte einmündeten, sollten noch einige Jahre vergehen.

1966 wurde von den Booten der Klasse 205 mit dem in die Bundesmarine eingeführten amerikanischen Torpedos MK-37 der erste Schießabschnitt vor Olpenitz durchgeführt. Eine Bestätigung der bis dahin nur theoretisch bekannten oder in Manövern simuliert gefahrenen Angriffsmöglichkeiten und Trefferchancen der Uboote mit den selbstsuchenden programmgesteuerten Torpedos.

Erst 1969 wurde ein weiterer Schießabschnitt durchgeführt. Kommandeure, Kommandanten und Ausbildungsoffiziere hatten inzwischen vielfältige Erfahrungen aus zahlreichen Manövern auf nationaler und NATO-Ebene gesammelt, so daß diese Unternehmung schon deutlich professioneller durchgeführt wurde.

Ab 1970 wurden die Schießabschnitte in den freien Seeraum verlegt und damit Übungsmöglichkeiten auch in tiefem Wasser geschaffen, die ein taktisch ungebundenes und somit uboottypisches Verhalten zuließen. Hierfür mußte, neben der Möglichkeit, die Torpedos zu finden und bei jedem Wetter zu bergen, auch ein Verfahren für die Auswertung der Schüsse sowie

für die Bewertung der Ubootbewegungen gefunden werden.

Das Auffinden der Torpedos bei Nacht mittels einer eingebauten Kopflampe war relativ problemlos. Dagegen wurde das Schießen bei Tage erst möglich, nachdem der damalige Geschwadertorpedomeister, Hauptbootsmann Zeh, mit viel Geschick und Durchsetzungsvermögen auch gegen die Geschwaderführung ein Tagsichtgerät mit Farbmarkierer entwickelt hatte.

Zwar ging bei den nicht immer genehmigten Versuchen auch mal ein Torpedo verloren, aber die Einführung des Tagsichtgerätes "Z" hat schließlich gute Dienste geleistet und wichtige Ausbildungsschritte erst ermöglicht. In enger Zusammenarbeit mit dem "Erprobungsleiter Torpedo" des Kommandos für Truppenversuche und dem "Fachleiter Ujagd" der Marinewaffenschule gelang es 1970, ein Verfahren zu entwickeln, um ubooteigene und Zielschiffdaten an einen landgestützten Rechner zu übermitteln. Jetzt erst waren wir in der Lage, Torpedomöglichkeiten und Treffwahrscheinlichkeiten den tatsächlichen Schußdaten gegenüberzustellen. Mit diesem Ver-

fahren, welches später an Bord der Tender auch zeichnerisch gelöst wurde, konnte mit oder ohne nassen Schuß jeder Übungsverlauf schon nach wenigen Stunden bewertet werden. Jetzt schien die Ausbildung abgerundet, so daß der Schritt zur Ausbildung für das Waffensystem 206 ab 1975 eine reine Routineangelegenheit zu werden drohte. Die Praxis sah anders aus.

Der Übergang zum Schießen mit den drahtgelenkten Torpedos DM2A 1 und DM1 setzte neue Maßstäbe. Im ersten Übungsschritt wurde deutlich, daß erst Teamausbildung zusammen mit der Beherrschung des Waffensystems zum Erfolg führt. Die neuen Torpedos werden nicht mehr aus Entfernungen zwischen 500, 1000 oder 2000 m eingesetzt, sondern gegen Ziele, die in zig Kilometer Entfernung stehen.

Den Torpedo "sicher ins Ziel bringen" heißt bei modernen Waffensystemen, daß der Torpedoangriff nicht mit dem Abschuß beendet ist und dann tatenlos auf das Trefferergebnis gewartet werden muß, sondern daß jetzt mit dem Abschuß erst die eigentliche Arbeit des Torpedolenkteams beginnt. Jetzt ist der Torpedooffizier gefor-

dert, der den "Aal" an die "Strippe" zu nehmen hat und ihn in das Ziel lenken muß.

Durch diese Entwicklung sind nicht mehr der Kommandant und der 1. Wachoffizier allein die Torpedoschützen, sondern es ist das ganze Team in der Operationszentrale, an der Feuerleitanlage, an der Gruppenhorchanlage und am Sonar, am passiven Entfernungsmeßgerät und an den verschiedenen Plots. Alle sind gefordert, den Torpedoschuß sicher ins Ziel zu bringen.

Hierfür sind gründliche Kenntnisse über Lenkverfahren und die Möglichkeiten der Torpedos ebenso wichtig, wie die Auswertung der akustischen Rückmeldung des Torpedosonars und dessen Umsetzung in neue Ziel- und Lenkdaten. Nur so kann der Torpedo richtig in das Ziel gebracht werden, nur so können ungewollte oder Scheinziele umfahren oder untersteuert werden.

Auf ein Ziel im freien Seeraum zu operieren heißt es aufzufassen, zu erkennen, zu klassifizieren und zu identifizieren. Der Abschuß und das Lenken des Torpedos während des Laufes wie das taktisch richtige Verhalten des Bootes nach dem Schuß lassen den Übungsanlauf erst zum Erfolg

Ausbildungsgänge für Ubootpersonal Stand 4-94

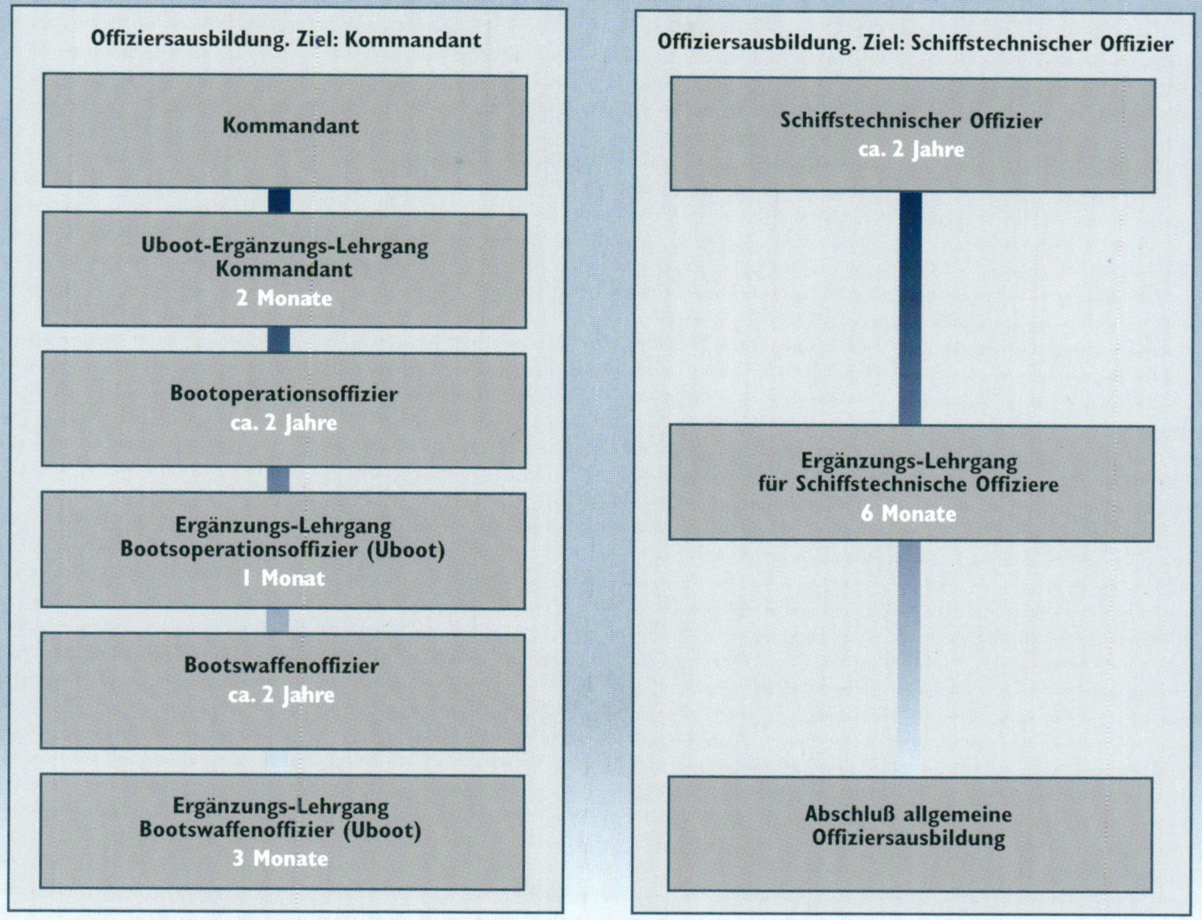

Offiziersausbildung. Ziel: Kommandant

Kommandant

**Uboot-Ergänzungs-Lehrgang
Kommandant
2 Monate**

**Bootoperationsoffizier
ca. 2 Jahre**

**Ergänzungs-Lehrgang
Bootsoperationsoffizier (Uboot)
1 Monat**

**Bootswaffenoffizier
ca. 2 Jahre**

**Ergänzungs-Lehrgang
Bootswaffenoffizier (Uboot)
3 Monate**

Offiziersausbildung. Ziel: Schiffstechnischer Offizier

**Schiffstechnischer Offizier
ca. 2 Jahre**

**Ergänzungs-Lehrgang
für Schiffstechnische Offiziere
6 Monate**

**Abschluß allgemeine
Offiziersausbildung**

Ausbildungsgänge für Ubootoffiziere/Submariner officer training programmes

werden. Das Bergen der Torpedos bei jedem Wetter, das Auswerten der Schüsse im Hafen, das Wiederklarmachen der Torpedos und viele Hilfen im Hintergrund sind erforderlich, um einen Schießabschnitt "Grüner Aal" zum angestrebten Ausbildungserfolg werden zu lassen. Nicht der Kommandant führt sein Torpedoschießen durch, es ist das ganze Team, das den Erfolg garantiert.

Für die Ausbildung der Ubootteams wurde 1977 eine Ergänzung zur Landsimulationsanlage für die Individualausbildung in Eckernförde in Betrieb genommen: das "Ausbildungsgerät Waffensystem Uboot" (AWU). Hier kann das Torpedoschießen realitätsnah und systematisch geübt werden, bis der für den "nassen Schuß" erforderliche Ausbildungsstand erreicht ist. Ein Ausbildungsschritt, der sonst nur durch eine hohe Anzahl an Seetagen der Uboote und Zielschiffe ersetzt werden könnte. Die Seefahrt allerdings ersetzt auch die beste Simulationsanlage nicht. So ist die Ausbildung erst

In der OPZ 206A: Vorher wird trocken geübt
Before operating the 206A CIC, land training is necessary (left)

mit einem Torpedoschießabschnitt in See beendet. Hier müssen Kommandant und Besatzung beweisen, daß sie Boot, Sensoren und Waffensystem beherrschen. Die Bewertung nach jedem Schuß anhand von ausgewerteten filmtechnischen Aufzeichnungen mit metergenauen Angaben und sekundenbezogenen Abläufen lassen Erfolg oder auch Mißerfolg deutlich werden.

Das "Einsatzausbildungsprogramm der Ubootflottille" (EAP) ist erst mit diesem Abschnitt abgeschlossen.

AWU 206 A

Mit der Ausbildungsausstattung Waffensystem Uboote Klasse 206 A wurden die Unterstützungseinrichtungen für die Ubootausbildung 1989 auf den modernsten Stand der Technik angehoben. Schon der Vorläufer "AWU 206" war eine Ausbildungshilfe auf dem "Trockenen", die einem geschlossenen Uboot-OPZ-Team die Möglichkeit gab, einen Angriffsablauf, einschließlich der gesamten Datenermittlung bis hin zum Lenken des geschossenen Torpedos, zu simulieren.

Der Simulator 206 A besteht im

wesentlichen aus der Operationszentrale (OPZ), die in ihren Abmessungen und der Geräteausstattung dem Original an Bord entspricht, einem Auditorium, in dem die Übungen in einzelnen Schritten oder in der Gesamtheit mit dem Team nachgearbeitet werden können, und aus einem Rechnerraum, der alle Funktionen der Anlagen steuert, aufzeichnet und wiedergeben kann. "Sonar I an alle: Neues Geräusch in drei–eins–vier. Designation elf –alpha. Sonar II von Lage: analysiere elf alpha", dröhnt die Stimme des IWO durch die rotlichtbeleuchtete Operationszentrale von *U 22*. "Zwei Wellen, drei Blatt, vierhundert Umdrehungen, vermutlich kleines Kriegsschiff", antwortet umgehend der Maat vom Sonar II. Sofort wird das Sehrohr ausgefahren. Der Kommandant präzisiert: "In Peilung elf alpha kleines Kriegsschiff: Bug rechts – Lage zwanzig – Entfernung ..." Ein fürchterlicher Knall läßt die Männer zusammenfahren, jegliche Aktivität ist unterbrochen. Doch das Bersten des Bootes, der Wassereinbruch bleibt aus.

Statt dessen ertönt eine Stimme aus dem Lautsprecher: "Danke, die Übung ist

beendet, wir unterbrechen. Kommen Sie bitte in das Auditorium." Die Stimme kommt vom Kontrolloffizier.

So beschreibt Stephan Rehder den typischen Übungsablauf im AWU 206 A in seinem Bericht in "Blaue Jungs".

Die Kontrolloffiziere klären anschließend schnell die Lage auf. Das Ziel wurde rechtzeitig aufgefaßt, die akustischen Signale richtig gedeutet und damit das Ziel richtig identifiziert.

Aber, und jetzt setzt die sachliche und in der Aufzeichnung minutiös nachweisbare Kritik ein: "Sie haben sich nur auf den einen Kontakt konzentriert und versäumt, vor dem Ausfahren des Sehrohres mit der Radarwarnantenne den See- und Luftraum aufzuklären."

"So haben Sie den in Ihrer Nähe stehenden gegnerischen Hubschrauber nicht bemerkt, der im weiteren Verlauf der Übung einen Torpedo gegen Sie einsetzte."

Ein typischer Übungsverlauf, wie er für ein zu schulendes OPZ- Team in der taktischen Ausbildung im Ausbildungszentrum Uboote immer wieder durchgespielt wird.

Das AWU 206 A kann mit seiner rea-litätsgetreuen Simulation in die Original-geräte des Führungs- und Waffeneinsatz-systems über Geräuschgeneratoren Signale einspeisen, so daß alle Sensoren für die Lageerarbeitung wie im Seebetrieb funktionieren und auch in allen Betriebsarten nutzbar sind.

Parallel hierzu kann der gesamte Übungsverlauf mit Monitoren und Anzeigen aller eingesetzten Geräte im Kontrollraum überwacht und aufgezeichnet werden, und er wird während der Übung über eine Groß-bilddarstellung kontrolliert.

Für das "Playback" können später alle Daten für einen beliebigen Zeitraum abgerufen werden. Die Gegnerdarstellung berücksichtigt alle Eigenschaften der möglichen Ziele mit deren Sensoren, Waffen, Geräuschabstrahlung und Aussehen bis hin zu speziellen Sonar- und Radarabstrahlungen, wie auch Farb- oder Formgebung der Schiffe. Daß alle Seegebiete mit Küsten-strukturen und Seezeichen ebenso einge-spielt werden können wie Beleuchtungs-verhältnisse durch Tag-, Nacht- oder Wet-tereinflüsse, sei nur der Vollständigkeit hal-ber erwähnt.

Teilweise im 24-Stunden-Rhythmus genutzt, ist das AWU 206 A eine wertvolle Ergänzung zur theoretischen Ausbildung und eine vorzügliche Vorbereitung für den Einsatz in See. Ersetzen kann das AWU die Seefahrt allerdings nicht!

Denn ausgeschlossen bleiben alle Risiken und seemännisch unvorherseh-baren Einflüsse. Sicherlich ist das AWU 206 zusammen mit den anderen Übungsanlagen als Ergänzung der Ausbildung von un-schätzbarem Wert, das die Risiken in See minimiert, Leistungen optimiert und bei verbesserter und komplizierter werdender Technik das Training in See in vertretbaren Grenzen hält.

Es läßt sich darüber hinaus aus den über 20jährigen Erfahrungen mit den Anla-gen AWU 206 und seit 1989 auch 206 A fest-stellen, daß der Ausbildungsstand der Ubootbesatzungen fast bis zur optimalen technischen Nutzung der Führungs- und Waffeneinsatzsysteme angehoben werden konnte.

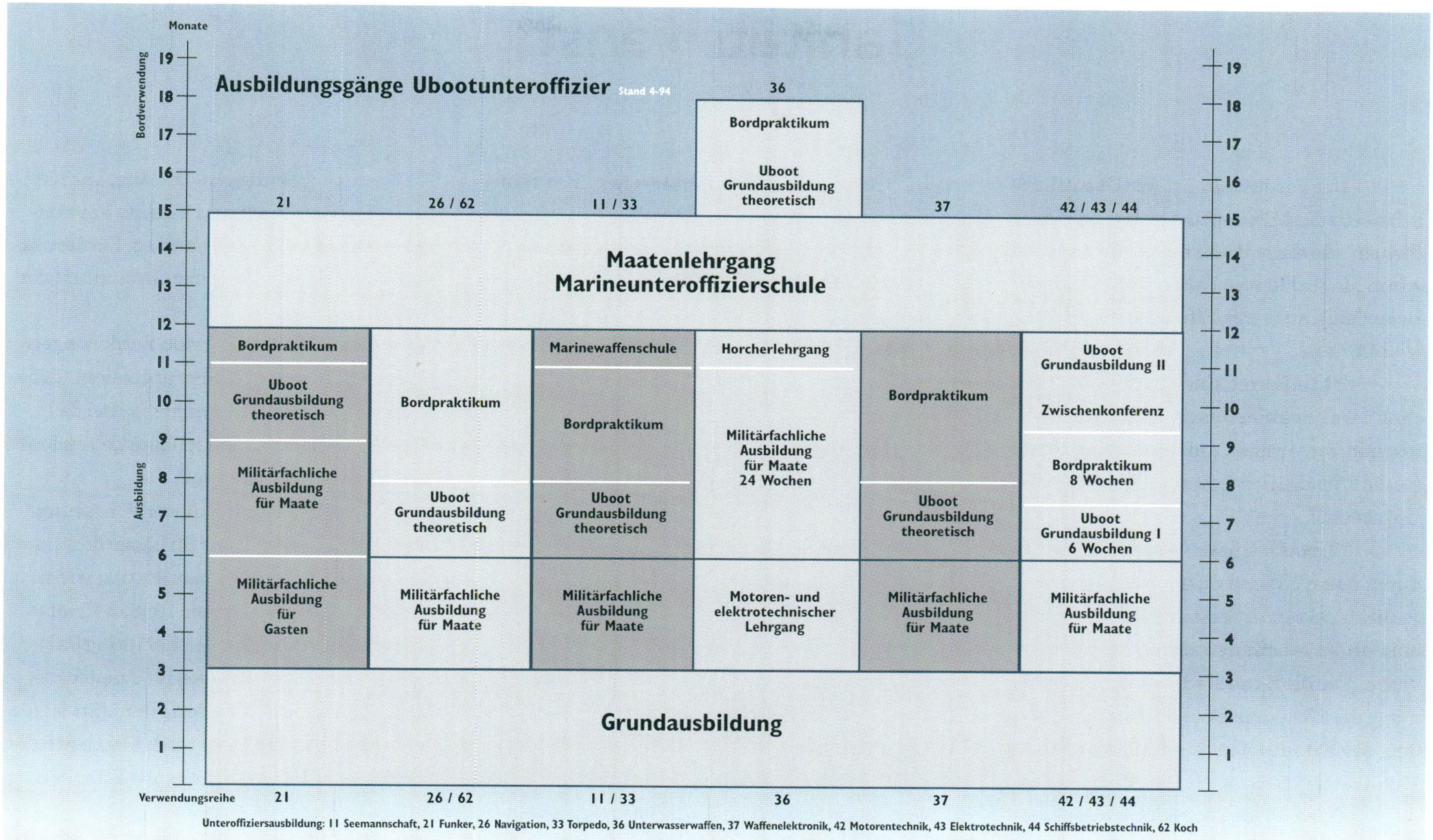

Ausbildungsgänge Ubootunteroffizier Stand 4-94

Monate

Bordverwendung — Ausbildung

Monate						
	21	**26 / 62**	**11 / 33**	**36**	**37**	**42 / 43 / 44**

Maatenlehrgang Marineunteroffizierschule

Grundausbildung

Verwendungsreihe: 21 — 26 / 62 — 11 / 33 — 36 — 37 — 42 / 43 / 44

Chart boxes:

- **36**: Bordpraktikum; Uboot Grundausbildung theoretisch
- **21**: Bordpraktikum; Uboot Grundausbildung theoretisch; Militärfachliche Ausbildung für Maate; Militärfachliche Ausbildung für Gasten
- **26 / 62**: Bordpraktikum; Uboot Grundausbildung theoretisch; Militärfachliche Ausbildung für Maate
- **11 / 33**: Marinewaffenschule; Bordpraktikum; Uboot Grundausbildung theoretisch; Militärfachliche Ausbildung für Maate
- **36**: Horcherlehrgang; Militärfachliche Ausbildung für Maate 24 Wochen; Motoren- und elektrotechnischer Lehrgang
- **37**: Bordpraktikum; Uboot Grundausbildung theoretisch; Militärfachliche Ausbildung für Maate
- **42 / 43 / 44**: Uboot Grundausbildung II; Zwischenkonferenz; Bordpraktikum 8 Wochen; Uboot Grundausbildung I 6 Wochen; Militärfachliche Ausbildung für Maate

Unteroffiziersausbildung: 11 Seemannschaft, 21 Funker, 26 Navigation, 33 Torpedo, 36 Unterwasserwaffen, 37 Waffenelektronik, 42 Motorentechnik, 43 Elektrotechnik, 44 Schiffsbetriebstechnik, 62 Koch

Ausbildungsgänge für Ubootunteroffizier / Petty officer training programmes

Sanitätsdienst

Der Sanitätsdienst der Ubootflottille betreut die Männer und sicher bald auch Frauen, die diese Waffe mit all ihren technischen Möglichkeiten beherrschen und im Bedarfsfall auch mit Effizienz einzusetzen wissen.

Ubootfahrer sind ein eigenes "Völkchen", welches einer ganz speziellen medizinischen Versorgung, am besten charakterisiert durch die Bezeichnung "Ubootmedizin", bedarf.

"Ubootmedizin" ist gekennzeichnet durch einen äußerst engen Kontakt des Sanitätspersonals, besonders der Sanitätsoffiziere Ärzte mit den zu betreuenden Soldaten. Für die Sanitätsdienstliche Versorgung der Uboote in See stellt sich im Frieden, der Krise und im Krieg praktisch kein Unterschied dar.

Der Auftrag des Sanitätsdienstes der Ubootflottille wie auch der anderen Flottillen der Marine erwächst aus dem vom Inspekteur der Marine erlassenen "Konzept für den Marinesanitätsdienst".

"Der Marinesanitätsdienst umfaßt die Gesamtheit des Sanitätspersonals sowie der sanitätsdienstlichen Mittel und Verfahren in der TSK Marine, die auf den Gebieten

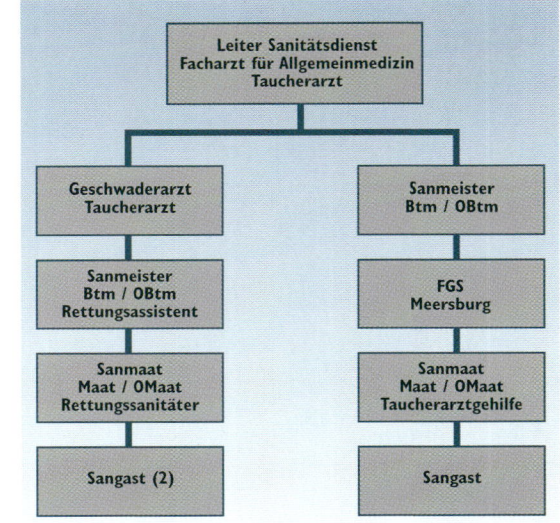

Sanitätsdienst Organisation
Medical organization

Planung, Forschung, Ausbildung, Vorbereitung, Bereitstellung und Einsatz Verwendung finden und der Erhaltung, Förderung und Wiederherstellung der Gesundheit der Soldaten dienen."

Eine der wichtigsten Forderungen dieses Auftrages ist die Sanitätsdienstliche Versorgung der Besatzungen, wobei das Ergebnis einem in Deutschland geltenden Standard entsprechen soll.

Die Umsetzung dieser Forderung spiegelt sich auch in der Struktur des Sanitätsdienstes der Ubootflottille wider. Diese Struktur im Januar 1998 in Kraft gesetzt, gewährleistet die Erfüllung des oben genannten Auftrages im Friedensbetrieb. Die Sanitätsabteilung der Ufltl ist die kleinste der Flotte. Aber auch kleine Strukturelemente können eine große Effizienz haben.

Die Forderungen der Truppe decken sich aber nicht immer mit den personellen

Möglichkeiten. Diese sind eher beschränkt, so daß häufig auf die Unterstützung des Marinestandortsanitätszentrums im Stützpunkt zurückgegriffen werden muß. Allerdings fehlt dort die ubootmedizinische Expertise. So bindet die derzeitige Struktur den Leiter Sanitätsdienst in der Durchführungsebene mit Sprechstundentätigkeit, Tauglichkeitsuntersuchungen und Sanitätsausbildung, so daß er nur begrenzt zur Grundlagenarbeit zur Verfügung steht. Ubootmedizinische Tätigkeiten sind:

- Truppenärztliche Sprechstunde,
- Uboot- und tauchermedizinische Betreuung,
- Ausbildung in Erweiterter Selbst- und Kameradenhilfe,
- Bordhygiene, Ernährungshygiene, Küchenhygiene,
- Arbeitsmedizin.

TRUPPENÄRZTLICHE SPRECHSTUNDE

In der Truppenärztlichen Sprechstunde werden die Soldaten der Flottille medizinisch betreut. Diese Sprechstundentätigkeit unterscheidet sich prinzipiell nicht von der Arbeit eines niedergelassenen Arztes, denn auch die Ärzte der Ubootflottille verstehen sich als Hausärzte der Soldaten. Die Sprechstunden sind durch Krankheitsbilder geprägt, die vorwiegend bei jungen Menschen auftreten. Dies sind im speziellen Beschwerden des Stütz- und Bewegungsapparates, akute Erkrankungen der Atemwege, aber auch Krankheiten des gesamten allgemeinmedizinischen Spektrums.

UBOOTMEDIZINISCHE UND TAUCHERMEDIZINISCHE BETREUUNG

Einen weiteren sehr wichtigen Platz nimmt die uboot- und tauchermedizinische Betreuung ein. Jeder der ca. 450 Ubootfahrer der Flottille muß sich einer Untersuchung auf "Taucher- und Kampfschwimmer-Verwen-

Taucher- und Kampfschwimmer-Verwendungsfähigkeit
Diver / combat diver suitability checks

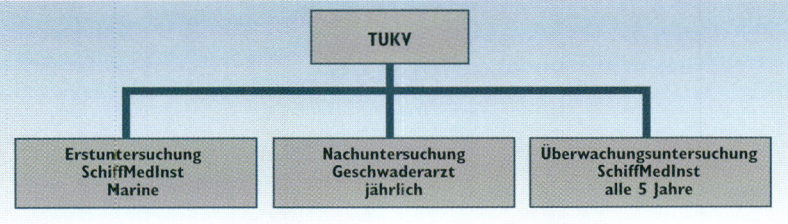

dungsfähigkeit", der sogenannten TUKV, unterziehen. Der Umfang dieser jährlichen Untersuchung ist genau festgelegt und hat den Charakter eines "General Check". Hierfür erfolgt die Erstuntersuchung des zukünftigen Ubootfahrers jeweils am Schifffahrtmedizinischen Institut der Marine (SMIM) in Kiel-Kronshagen, nachdem zuvor ein Truppenarzt mit einer Zusatzqualifikation Tauchmedizin die grundsätzliche Eignung des Soldaten festgestellt hat.

Bei der Erstuntersuchung am SMIM wird zusätzlich die Eignung zur Teilnahme an der Ubootrettungsausbildung, dem Notaufstiegtraining (Bouyant Ascent = BA), überprüft. Seit 1997 wird eine erneute Überprüfung der Ubootfahrerverwendungsfähigkeit beim SMIM nicht mehr alle zwei Jahre, sondern nur noch alle fünf Jahre durchgeführt. Die zwischenzeitlich erforderliche jährliche Nachuntersuchung führt die Sanitätsabteilung der Ubootflottille in eigener Regie durch.

Aus dieser Verwendungsfähigkeit ergibt sich auch die besondere ubootmedizinische Betreuung.

Diese hat einen arbeitsmedizinischen Inhalt und ermöglicht das rechtzeitige Erkennen morbider und besonders prämorbider Zustände. Dadurch ist die Einleitung gezielter Diagnostik und Therapie mit dem Ziel der Wiederherstellung der vollen Einsatzfähigkeit der Ubootfahrer möglich. Im Gegensatz zum allgemeinen Trend der Senkung der Konsultationshäufigkeit strebt die Sanitätsabteilung der Ubootflottille einen möglichst engen Kontakt mit den Ubootfahrern an, weil der medizinischen Versorgung auf Ubooten in See besonders enge Grenzen gesetzt sind.

Begünstigt durch das enge Arzt/Patient-Verhältnis, wird der Bordeinsatz chronisch erkrankter Soldaten vermieden. So wird das Risiko einer Erkrankung in See und den daraus resultierenden möglichen Einschränkungen für die Auftragserfüllung minimiert.

Das Leben an Bord eines Ubootes, geprägt durch extreme räumliche Enge, Pferchungseffekt, ständigen Körperkontakt mit Kameraden, vollständigen Verlust der Privatsphäre und permanentes Kunstlicht, erzeugt Assoziationen über das

gehäufte Auftreten bestimmter Erkrankungen. So treten beispielsweise Infektionskrankheiten und immer wieder psychische Erkrankungen als Streßreaktionen auf.

Allerdings werden diese psychischen Streßreaktionen, die besonders während der ersten Seetage vorkommen, fast ausschließlich durch kameradschaftliche Hilfe in der Besatzung aufgefangen und erfordern nur in den seltensten Fällen das Eingreifen des Arztes. Ohnehin ist dieser in der Regel nicht an Bord eingeschifft. Entscheidend für das relativ seltene Auftreten dieser Streßreaktionen ist die überwiegende Freiwilligkeit der Besatzungen und die damit verbundene hohe Motivation der Ubootfahrer.

Ubootfahrer neigen eher zur Dissimulation, wodurch die medizinische Betreuung nicht einfacher wird.

Trotz der umfangreichen Vorsorge an Land erkranken Soldaten auch in See. Als Einzelfahrer, die häufig fernab jeglicher externer Hilfemöglichkeit operieren, ist eine schnelle Hilfe oft nicht möglich, so daß die Besatzungen auch in medizinischen Fragen meist auf sich allein gestellt sind.

ERWEITERTE AUSBILDUNG IN SELBST- UND KAMERADENHILFE

Aus der Kombination der Einsatzbedingungen und den großen Entfernungen zur externen Unterstützung resultieren erhebliche Differenzen zu Grundsatzdokumenten für die medizinische Versorgung der Soldaten. Die in der "Fachlichen Leitlinie für die Sanitätsdienstliche Versorgung von Soldaten" und dem "Sanitätskonzept der Marine" festgelegten zeitlichen Obergrenzen für den Einsatz der Sanitätsdienstlichen Versorgung lassen sich auf die spezielle Versorgung der Ubootbesatzungen nicht anwenden.

Die notfallmedizinischen Erstmaßnahmen und Stabilisierung der Verletzten möglichst innerhalb der geforderten 30 Minuten nach dem Notfall bzw. die chirurgische oder klinische Erstversorgung innerhalb von maximal zwei bis drei Stunden kann für betroffene Besatzungsmitglieder von Ubooten nur in Ausnahmefällen realisiert werden. So sind betroffene Soldaten vorwiegend auf "Lebensrettende Sofortmaßnahmen" durch ausgebildete Ersthelfer angewiesen. Aus diesem Grund hat die

Sanitätsausbildung in der UFltl für die Sicherheit der Besatzungen eine Schlüsselstellung in der Ausbildung der Bootseinsatzoffiziere und Elektronikoffiziere. Die Offiziere der Boote, aber auch alle Besatzungsmitglieder werden deshalb regelmäßig durch das Sanitätspersonal der Flottille in "Erweiterter Selbst- und Kameradenhilfe" aus- und fortgebildet.

Diese Ausbildung hat in der Flottille einen hohen Stellenwert. Traditionell sind die Bootseinsatzoffiziere, insbesondere der BEO II, der jüngste der jeweiligen beiden Wachoffiziere, für die Sanitätsdienstliche Versorgung an Bord und für das bordeigene Sanitätsmaterial verantwortlich. Wegen ihrer längeren Stehzeit an Bord werden die Elektronikoffiziere der 206 A-Uboote seit 1998 bevorzugt ausgebildet, denn nur so können medizinische Kenntnisse durch regelmäßige Schulungen vertieft und für den Bordbetrieb genutzt werden.

Da das Verbringen eines Arztes auf in See stehende Uboote wegen schlechten

Abbergen eines Verletzten
Transporting an injured sailor

Wetters oft nicht möglich ist, kommt der Ausbildung von Laienhelfern eine besondere Bedeutung zu. Deren effektive medizinische Hilfeleistung in See setzt allerdings voraus, daß von ihnen Injektionstechnik, Anlegen von Infusionen und die einfache chirurgische Naht bei funkärztlicher Beratung beherrscht werden.

So wurden bereits mehrmals auf Ubooten in See von sanitätsdienstlich ausgebildeten Offizieren Infusionen angelegt und damit bei erkrankten Soldaten mit massivem Flüssigkeitsverlust und Kreislaufproblemen schwere gesundheitliche Schäden vermieden. Auch die Versorgung kleiner Wunden durch eine chirurgische Naht wurde von den Offizieren bereits des öfteren in guter Qualität durchgeführt. Durch solche gekonnte Erstversorgung führte die nachfolgende Behandlung im Hafen zur schnellen Gesundung.

Für die Ubootflottille hat sich diese Form der Sanitätsdienstlichen Versorgung bewährt und wird auch, entgegen dem allgemeinen Trend des Einsatzes von Rettungsassistenten, beibehalten werden.

Allerdings ist die Versorgung in See

abhängig von dem vorhandenen Sanitätsmaterial, denn dieses muß wegen Mangels an Stauplatz auf das unbedingt Notwendige beschränkt bleiben.

Deshalb sind alle Uboote mit einem einheitlichen "Sanitätsbaustein" ausgerüstet, dessen Zusammenstellung regelmäßig den neuesten medizinischen Erkenntnissen angepaßt wird. Eine Liste der vorhandenen Instrumente und Medikamente liegt im Rescue Coordination Center des Flottenkommandos in Glücksburg vor und ermöglicht so eine gezielte funkärztliche Beratung. Darüber hinaus steht der Besatzung zur Diagnosefindung und Symptombeschreibung der "Ärztliche Ratgeber für Einheiten der Flotte" zur Verfügung. Hier sind die häufigsten Symptome und Erkrankungen für den Laien verständlich beschrieben und können somit zur Diagnosefindung herangezogen werden. Unter Nutzung dieser Voraussetzungen, also

- gute Kenntnisse in der Erweiterten Selbst- und Kameradenhilfe,
- einheitlicher Sanitätsbaustein auf allen Ubooten,
- Nutzung des "Ärztlichen Ratgebers für

Einheiten der Flotte",
- Einholen funkärztlicher Beratung,

konnten die Besatzungen bisher auch komplizierte medizinische Zwischenfälle in See beherrschen.

BORDHYGIENE, ERNÄHRUNGSHYGIENE, KÜCHENHYGIENE, ARBEITSMEDIZIN

Ein weiteres Tätigkeitsfeld des Sanitätsdienstes liegt in der Überwachung bzw. Einflußnahme auf die Bord-, Ernährungs- und Küchenhygiene sowie der Bearbeitung von arbeitsmedizinischen Problemen. Insbesondere die hygienische Überwachung ist auf Ubooten von besonderer Bedeutung.

Durch die extremen Lebens- und Arbeitsbedingungen über lange Zeiträume hat die Verpflegung an Bord eine große Bedeutung und spielt für das Wohlbefinden der Besatzung und die Stimmung eine große Rolle. Hygiene, Kombüse- und Verpflegungswirtschaft bedürfen deshalb der besonderen Aufmerksamkeit und müssen auf diesen kleinen Booten ständig beobachtet werden.

Wenn in der Ubootflottille seit vielen Jahren keine Gruppenerkrankungen

Das Essen an Bord der Uboote unterliegt strengen Kontrollen. / Submariners' food quality is subject to strict checks

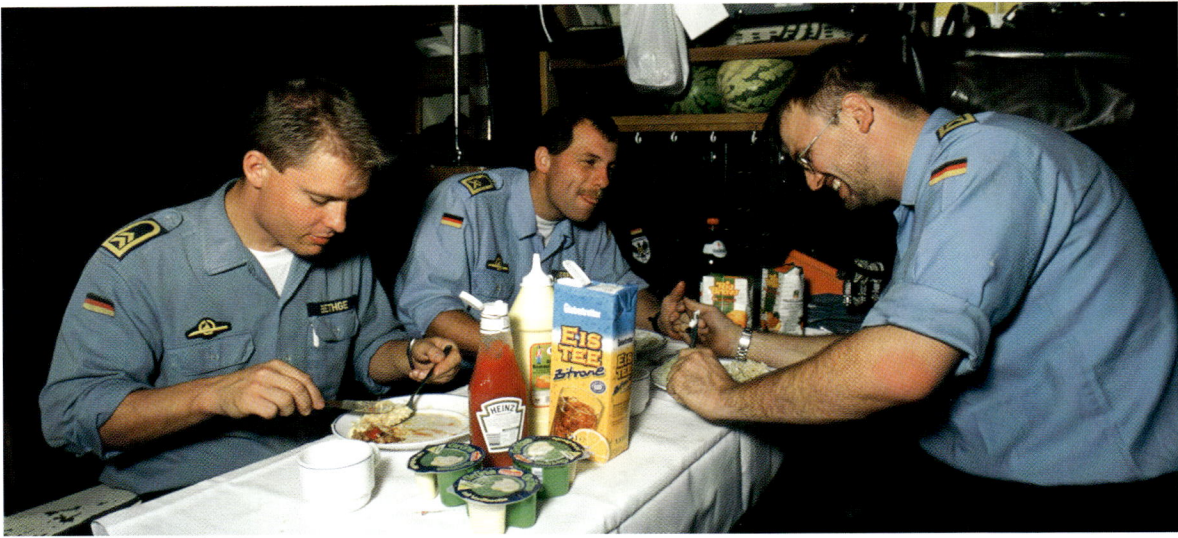

Gutes Essen ist eine Freude für die ganze Besatzung / Good food delights the whole crew

durch Mängel in der Küchenhygiene aufgetreten sind, so ist dieses Ergebnis ein Zeichen des Interesses der Bootsoffiziere für alle sanitätsdienstlichen Probleme.

Die regelmäßige bakteriologische und chemische Überwachung des Trinkwassers der Uboote wird durch den Sanitätsdienst in enger Zusammenarbeit mit den Bordkommandos konsequent durchgesetzt. Dieses ist auf Ubooten besonders wichtig, weil es in See keine Möglichkeiten gibt, die Qualität des Trinkwassers zu beeinflussen, es sei denn durch Abkochen.

Der Einfluß der Ärzte auf die Ernährungshygiene bleibt beschränkt. Auch wenn eine Mindestkalorienzufuhr pro Tag als richtungweisend vorgegeben ist, ist durch den besonderen Stellenwert der Mahlzeiten an Bord die Verpflegung meistens zu reichhaltig. Ubootfahrer neigen deshalb, im Zusammenhang mit der geringen Bewegung im Bordbetrieb, zur Fettleibigkeit. So kann schnell aus dem ernährungshygienischen ein arbeitsmedizinisches Problem werden. Deshalb nehmen die Sanitätsoffiziere, besonders vor langen Einsätzen, auf die Gestaltung der Speise-

pläne nach ernährungsphysiologischen Gesichtspunkten Einfluß, finden allerdings an bordeigener Tiefkühlkapazität und mangelndem Stauraum für Frischverpflegung schnell ihre Grenzen.

Ein weiterer Schwerpunkt der Arbeitsmedizin liegt in der Problematik "Sport an Bord". Hierzu wurde 1997, während einer Fahrt in die USA, an Bord von einem der beiden teilnehmenden Uboote, eine wissenschaftliche Untersuchung durchgeführt. Die Besatzung des zweiten Bootes diente als Vergleichspopulation. Das Ergebnis liegt als Dissertation vor und bestätigt die These, daß auch nur leichte körperliche Belastung, selbst unter den herrschenden extremen Arbeits- und Lebensbedingungen eines Uboots, den Erhalt einer körperlichen Grundleistungsfähigkeit ermöglicht.

Aus Sicht der Arbeitsmedizin machen besonders funktionelle Beschwerden des Stütz- und Bewegungsapparates bei den Besatzungen Probleme. Begünstigt durch die extreme Bewegungsarmut während der Seefahrt und den damit verbundenen Abfall der physischen Leistungs-

fähigkeit, kommt es besonders bei langen Einsätzen mit Seephasen von 3 Wochen und länger, bis zur Gesamtdauer von 3 bis 4 Monaten, zum Auftreten dieser Beschwerden. Auch wenn in diesen Einsatzzeiten angemessene Hafenphasen enthalten sind, wo Möglichkeiten zu physischen Belastungen gegeben sind, bleibt der Leistungsabfall eklatant.

Allerdings erlangen die Ubootfahrer während der Hafenliegezeit im Heimathafen durch intensive sportliche Betätigung und Bewegung jeglicher Art schnell wieder ihre volle physische Leistungsfähigkeit.

EINSCHIFFUNGEN

Das Sanitätspersonal der Ubootflottille kann in Abhängigkeit von dem Operationsgebiet des Verbandes und der Dauer des Einsatzes durch zusätzliche Ärzte, wie Chirurg, Anästhesist oder Zahnarzt, verstärkt werden. Dennoch ist durch Einschiffungen während der Seephasen insgesamt einer der beiden Sanitätsoffiziere jährlich für etwa 25 Wochen im Bordeinsatz. Diese Zeiten werden allerdings, neben der eigentlichen Aufgabe, der medizinischen Versor-

gung der Besatzungen, auch intensiv für die Sanitätsausbildung des Verbandes genutzt. So werden regelmäßig medizinische Übungen durchgeführt oder Notfälle an Bord der Uboote simuliert, bei denen das Bordpersonal über Funk Hilfe erhält.

ZUKÜNFTIGE AUFGABEN

Von den Strukturänderungen im Bereich der Ubootflottille war naturgemäß auch der Sanitätsdienst betroffen. So wird die Betreuung der zulaufenden Flottendienstboote, die medizinische Versorgung des HAM sowie die für 2004 vorgesehene Indienststellung des ersten Bootes der Klasse 212A neue Probleme und Aufgaben mit sich bringen. Z.B. müssen die Arbeitsbereiche "Leben in einem geschlossenen System", "Hygiene der Atemluft", "Schadstoffimmission", "psychologische Aspekte bei Langzeit-Unterwassereinsätzen" in den Aufgabenkatalog des Leiters Sanitätsdienst aufgenommen werden und erfordern neue Aktivitäten.

Der Sanitätsdienst der Ubootflottille bleibt, trotz der Neuorganisation des Sanitätsdienstes der Bundeswehr, als wichtiger Spezialbereich in der Marine erhalten.

Einsatzführung der Uboote

Bis 1989

Uboote sind ein wichtiger Teil der Flotte und verstärken deren Kampfkraft erheblich. Dieses wird deutlich in der Konzeption der Marine, dem hieraus hergeleiteten Auftrag für die Uboote und durch den Stellenwert, der diesen im Verteidigungskonzept zugemessen wird.

Der Auftrag gilt im Rahmen der relevanten NATO-Strategie, auf mögliche aggressive militärische Aktivitäten flexibel und angemessen reagieren zu können.

Hierzu mußte für das Operationsgebiet der Deutschen Marine, insbesondere der Ostsee, die an einem möglichen Gegner orientierte Anzahl von Ubooten verfügbar sein. Verteidigung bedeutet in diesem Zusammenhang für deutsche Ubooteinsätze in der Ostsee: Einsatz so weit östlich wie möglich, um einer sich anbahnenden Bedrohung frühzeitig begegnen zu können und

um Kräfte bereits frühzeitig in Seegebieten gegnerischer Überlegenheit zu binden.

Aber auch in den Seegebieten des Nordflankenraumes oder anderweitig zugewiesenen Operationsgebieten hat der Ubooteinsatz einen hohen Stellenwert. Hier soll der Einsatz so weit vorgeschoben wie nötig erfolgen, um einen Gegner in der Tiefe des Raumes bekämpfen zu können.

Für Einsatzplanung und Einsatzführung müssen allerdings, wie auch bei jedem anderen Waffensystem, die spezifischen Möglichkeiten und Grenzen des "Waffensystems Uboot" berücksichtigt werden.

Die Einsatzgrundsätze werden dabei bestimmt von den Parametern, die für das Waffensystem, das Einsatzgebiet und den Auftrag typisch sind. Die einsatzplanende Stelle muß sich deshalb

● am jeweiligen Auftrag,

● an den Einsatzmöglichkeiten und

-grenzen, d.h. an den Stärken und Schwächen des Waffensystems,

● an den Gegnermöglichkeiten und auch

● an den spezifischen Eigenarten des Einsatzgebietes orientieren.

Planungen müssen die Stärken des Ubootes berücksichtigen:

● optische, elektromagnetische und akustische "Unsichtbarkeit",

● lange Seeausdauer, auch in vom Gegner beherrschten Seegebieten,

● Seegebiets- und Wetterunabhängigkeit,

● Ausbildungsstand,

● Belastbarkeit der Besatzung,

● Enge des Seegebietes und

● Tiefenzonen.

Hierdurch kann ein Auftrag erweitert oder eingeschränkt werden. Das Uboot als "Einzelkämpfer", das gleichwohl durch die zentrale Führung im koordinierten Einsatz geführt werden kann, ist ein ebenso

wichtiges zu berücksichtigendes Kriterium wie die spezifische Ausrüstung des einzelnen Bootes mit Material und Personal.

In der Einsatzplanung sollten für den Hin- und Rückmarsch Raum- und Zeitfaktoren möglichst nicht festgelegt werden, um dem Kommandanten Möglichkeiten zu geben, "vor Ort" aus der Situation heraus über Vormarschgeschwindigkeit und -route entscheiden zu können. Die volle Stärke der Unsichtbarkeit und die Schwäche durch periodisches Schnorcheln können nur dann genutzt bzw. kompensiert werden, wenn dem Kommandanten in Marschroute und Zeitansatz Freiheiten eingeräumt werden. Die zentrale Führung bleibt hiervon unberührt.

Je besser allerdings das Uboot informiert ist und je weniger es gezwungen wird, außer dem periodischen Schnorcheln, an die Oberfläche zu müssen, desto sicherer und erfolgversprechender wird sein Einsatz sein können. Mit der Hauptbewaffnung, dem Torpedo, sowie mit einer Minenausrüstung als Ergänzung können die Uboote der Klassen 206 und 206 A erfolgversprechend in allen Bereichen des von der NATO zugewie-

Torpedobeladung in Eckernförde / Loading torpedoes in Eckernförde

senen Operationsgebietes eingesetzt werden. Dieses beinhaltet Einsätze in den ausgedehnten küstennahen Flachwassergebieten der Nord- und Ostsee ebenso wie in Tiefwasserbereichen der nördlichen Nordsee und des Nordatlantik. Als Seekriegsmittel im Verbund mit Überwasserstreitkräften, Flugzeugen oder im Zusammenwirken mit anderen Ubooten können sie gegen

● Handelsschiffe,
● Kriegsschiffe und
● Uboote

ebenso eingesetzt werden wie in

● Barrier Operations oder zu
● Sonderaufgaben und zur
● Aufklärung.

Bei sachgerechter, mit den Spezifikationen der Uboote vertrauter zentraler Führung hat sich in vielen Manövern auf nationaler und NATO-Ebene gezeigt, daß gebietsübergreifende Einsätze für Uboote mit höchster Effizienz möglich sind. Das "water space management" der NATO hat sich, wie die zentrale Führung des Luftverkehrs, über Jahrzehnte bewährt. Dennoch blieben Uboote Einzelfahrer mit fest umrissenen Aufträgen (The Lonely Wolf).

Ab 1990

Mit dem Ende des Zeitalters der Bipolarität haben sich Aufgaben und Führung völlig geändert. Zwar ist für die Uboote immer noch Landesverteidigung die Primäraufgabe, wobei die Uboote nach wie vor sehr selbständig in einer Area Operation eingesetzt werden, jedoch zentral von Land her, vom Flottenkommando geführt werden.

Mit ihren Fähigkeiten, lange in Seegebieten gegnerischer Überlegenheit unentdeckt operieren zu können, eröffnen sich Ubooten vielfältige Aufgaben für Krisen- und Kriegsoperationen. Die neuen Aufgabenprioritäten stellen sich folgendermaßen dar:

● Aufklären und Überwachen von Seegebieten, Häfen und Küstenbereichen,
● Unterstützen und Durchführen von Special Operations (Zusammenarbeit mit Kampfschwimmern und Kommandoeinheiten),
● Einbindung in eine Kampfgruppe, auch als vorgeschobener Unterwassersensor,
● Schutz von Überwassereinheiten ,
● Einsatz gegen Überwassereinheiten und Uboote,
● Einsatz zu Rettungsaufgaben im Kampfgebiet.

Hierfür müssen die Uboote, anders als in früheren Zeiten, in ständiger Verbindung zur Führung an Land oder in See stehen, damit eine sichere Koordination zu gewährleisten ist. Nur so kann ein zielgerichteter, erfolgversprechender Einsatz der deutschen Uboote im Rahmen der NATO, auch in europaweiten Operationsgebieten, sichergestellt werden.

Aus dem Uboot als typischem "Einzelkämpfer" ist nach der neuen Konzeption eher eine in einem Einsatzverband integrierte Einheit geworden. Ein breit gefächertes neues Einsatzspektrum, das in Ausbildung und Ausrüstung seinen Niederschlag finden muß. Die Boote der Klasse 206 A sind für diese Aufgaben nur bedingt geeignet. Die Boote der Klasse 212 A hingegen werden bereits für die neuen Aufgaben ausgerüstet und die Besatzungen hierfür ausgebildet werden.

Ab 2004 stehen dann modernste Uboote der Deutschen Marine unter neuen Vorzeichen für nationale und NATO-Aufgaben zur Verfügung.

Für den Kampfschwimmer ist das Torpedorohr oft Anfang und Ende des Einsatzes. / The combat diver's mission often starts and ends in the torpedo tube.

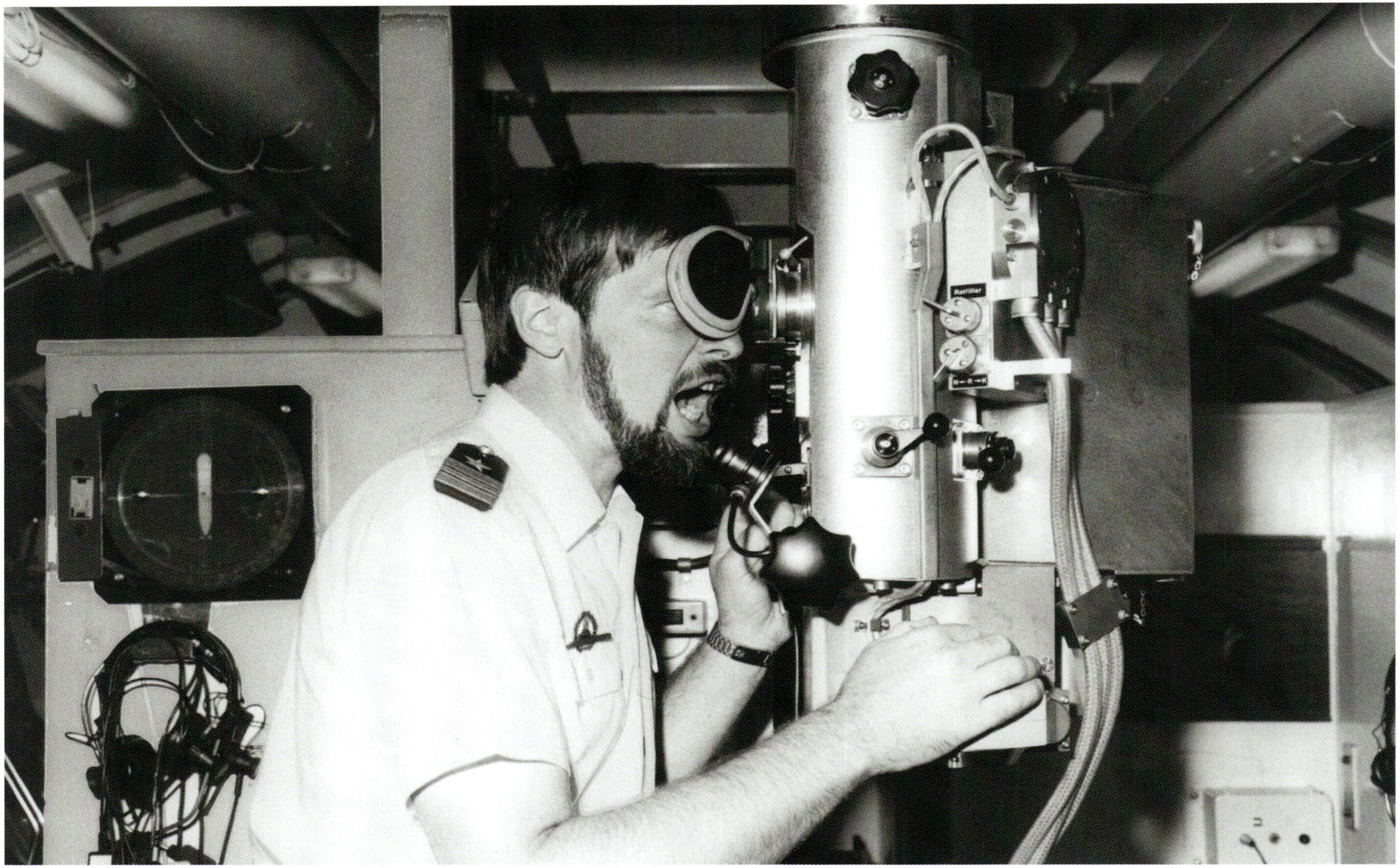

"Rohr 1 und 2 klarmachen zum Torpedoschuß!" / "Tube 1 and 2 ready to fire"

Auf Manöverstation

UBOOT KLASSE 205 IN SEE

Eine leichte Dunstglocke hängt über dem Hafen. Es ist 05.00 Uhr morgens, und es verspricht ein heißer Tag zu werden.

Noch scheint der Hafen zu schlafen. Nur ein paar in Lederpäckchen gekleidete Männer steigen durch das enge Turmluk an Bord ihres Ubootes, um seeklar zu machen.

Um 06.00 Uhr gleitet ein grauer Schatten lautlos aus dem Hafen.

An Bord herrscht jetzt ein reges, wenn auch nahezu unhörbares Treiben. Die Manöverkarten werden vorbereitet, nochmals studiert und besprochen, die Trimmrechnung erstellt, Luftflaschen auf 250 atü aufgefüllt, Diesel angestellt und die Batterieladung eingelegt. Die letzten Konserven werden nach festgelegtem Plan verstaut, und nicht zuletzt wird die Torpedowaffe zum hundertsten Mal einer eingehenden Prüfung unterzogen.

Meile um Meile macht das Boot unter der langsam steigenden Sonne gut. Davon merken allerdings an Bord nur wenige etwas, denn auf der Brücke stehen außer dem wachhabenden Offizier nur ein Ausguck und ein Befehlsübermittler.

Selbst der Obersteuermann, der die Sonne bei seinen Peilungen zur Standortbestimmung zeitweilig durch das Sehrohr sieht, merkt kaum etwas von dem immer wärmer werdenden Tag. Erst als der Zentralmaat die Luftfeuchtigkeit mit 88% mißt, wird klar, daß es draußen besonders warm ist und so mancher Schwitzwassertropfen in den Kragen fallen wird.

Der immer wieder mit Freude erwartete Befehl *"Klarmachen zum Tauchen!"* zerreißt die Ruhe im Boot.

Dieser von allen wiederholte Befehl löst bei jedem an Bord große Aktivität aus, denn es gilt, alle Stationen in kürzester Zeit tauchklar zu machen. Alle Außenbordverschlüsse werden geschlossen. Die Tauchzellenentlüftungen werden aufgeschlossen, das Dieselgeräusch erstirbt, nur die Batterieentlüftung läuft leise summend bis zur letzten Sekunde, um die gefährlichen Gase außenbords zu drücken. Von der Brücke werden Flagge und Wimpel, Rettungsring und Ferngläser nach unten gereicht. Schon schallt die Meldung des STO nach oben:

"Boot ist tauchklar!" Nach einem kurzen *"Ja"* des Kommandanten und dem Befehl *"Auf Tauchstation!"* bleibt nur noch der "Alte" auf der Brücke, um sich mit einem letzten Rundblick die Überwasserlage einzuprägen. Jetzt scheinen sich die Befehle und Rückmeldungen zu überschlagen, und doch sind sie klar und unmißverständlich in

einer vielfach geübten, ja tausendfach bewährten Reihenfolge.

"Turmluk wird geschlossen"

"Turmluk ist zu"

"Klar bei Entlüftung"

"Entlüftungen sind klar"

"Fluten"

"Auf Sehrohrtiefe gehen!"

Nachdem das Boot getaucht ist und die Entlüftungen wieder geschlossen sind, befiehlt der Kommandant: *"Boot einsteuern für voraus 100, ein Grad vorlastig – Sehrohrtiefe!"*

Jetzt erst läßt die Spannung nach. Der ganze Vorgang hat nur zwei Minuten gedauert. Das Boot ist getaucht. Am Sehrohr sitzen der Kommandant oder der I WO und suchen die Oberfläche nach dem gemeldeten gegnerischen Verband ab, ohne dabei den Luftraum aus dem Auge zu lassen.

Am Horchgerät sitzt der Sonarmaat und versucht, zwischen den Eigen- und Meeresgeräuschen ein Ziel aufzufassen.

Das Kommando *"Wegtreten von Tauchstation – es fährt die Steuerbordwache!"* – läßt den Routinebetrieb einkehren. Die Freiwache sucht sich einen bequemen Platz im Bugraum, bleibt jedoch immer sprungbereit, denn das Boot ist jetzt auf einer Patrouille im Manövereinsatz.

Es herrscht die Ruhe vor dem großen Sturm. Nur leise gesprochene Befehle des Kommandanten und STO lassen erkennen, daß jeder voll Spannung mit erhöhter Aufmerksamkeit auf das Zusammentreffen mit dem Gegner wartet.

Nach 15 Minuten läßt der Kommandant auf 30 m gehen, um bessere Horchbedingungen zu haben.

Kaum hat das Boot das ruhigere Wasser in 30 m Tiefe erreicht, kommt auch schon die erste Meldung des Gruppenhorchgeräts. *"Schraubengeräusch in 130°, sehr schwach!"*

Der Kommandant läßt den Kurs ändern auf "eins drei null", um die Peilbewegung des Gegners feststellen zu können.

Kein Zweifel, es handelt sich um Schraubengeräusche, die von Handels- und Kriegsschiffen herrühren.

"Auf Gefechtsstation!" kommt jetzt der Befehl, und wieder ist Bewegung im Boot. Schnell versucht jeder seine Station zu erreichen, was bei der Enge nicht einfach ist. Denn nur an wenigen Stellen ist der Gang so breit, daß sich zwei Mann ohne den Ruf "Durchwärts" passieren können. Aber diese Unruhe hat nicht einmal eine Minute gedauert, und alles ist wieder still. Jeder sitzt oder steht an seinem Platz in höchster Konzentration. Ein Angriff soll gefahren werden, und da müssen alle Handgriffe sitzen. Kein Ventil darf zuviel oder zu früh, aber auch keines zuwenig oder zu spät bedient werden. Jeder der 22 Mann starken Besatzung weiß, daß er sich auf seinen Nebenmann verlassen muß und auch verlassen kann. Nun dauert diese Anspannung schon eine Stunde, und immer noch schließt das Boot auf 30 m Tiefe mit Schleichfahrt an den Gegner heran. Es gilt, unentdeckt an den durch mehrere Kriegsschiffe gesicherten Konvoi heranzukommen und auf eine Entfernung von ca. 12.000 bis 15.000 Meter die Torpedos zu schießen. Nicht immer gelingt es dem Uboot, unentdeckt zu bleiben. Oft wird es vorher abgedrängt oder von dem Sonar der Überwasserschiffe erfaßt.

Dann wird der Jäger zum Gejagten, und damit ist die große Überlegenheit, der unbemerkte Anlauf, verspielt.

Noch sind wir jedoch unentdeckt, obgleich unser Boot nur wenige 1000 m von dem vorgesetzten Sicherungsschiff entfernt steht. Deutlich ist das Zirpen des Sonars zu hören. Ob wir schon erfaßt sind? Jetzt hört man auch im ganzen Boot die lauter werdenden Schraubengeräusche. Die Nerven sind zum Zerreißen gespannt. Wird der Zerstörer uns erfassen? Wird er uns genau überlaufen? Kommen wir noch an den Konvoi heran? Uns allen drängen sich diese Fragen auf.

Die mahlenden Schrauben sind jetzt genau über uns, und immer noch keine Detonation zum Zeichen einer simulierten Wasserbombe.

Geschafft! Die singenden Geräusche der Zerstörerschrauben verklingen, und ein Aufatmen geht durch die Besatzung. Doch schon hat der Funker im Horchgerät die Geräusche des am nächsten stehenden Konvoischiffes eingepeilt und gibt jetzt jede auch nur kleinste Änderung an Kartentisch und Plot. Der Kommandant reagiert sofort. Er dreht das Boot vor die Peilung und geht, nun frei von den Bewachern, zum Angriff.

"Auf Sehrohrtiefe gehen!" Schnell

wird das Boot achterlastig und steigt auf 11,8 m. Ein Blick von 10 bis 15 Sekunden durchs Sehrohr genügt dem Kommandanten, um das Bild abzurunden.

"Rohr I und II klarmachen zum Torpedoschuß!" Die inzwischen geführten Plots ergeben die geschätzte Fahrt und Entfernung. Diese Werte werden mit der Sehrohrbeobachtung verglichen und sollten stimmen.

"Fahrt stimmt, Kurs um 5° berichtigt", meldet der BoPo. *"Rohr I und II sind klar"* kommt die Meldung aus dem Bugraum. *"Rohr I und II über Mündungsklappe bewässern."* Der Kommandant informiert den II WO am Torpedorechner über das Ziel, *"Reichentfernung ja"*, meldet der TO und befiehlt die einzustellenden Werte. Dann geht alles sehr schnell.

"Auf null neun null gehen!"

"Rohr I und II sind über Mündungsklappe bewässert, Mündungsklappen sind auf!"

"Rohr I fertig!" Und Sekunden nach der Fertigmeldung: *"Rohr I los!"*

Im selben Moment wird aus dem Signalkörperrohr ein grüner Stern geschossen, zum Zeichen, daß ein Torpedoangriff simuliert wurde. Das Boot bleibt auf Kurs. Der zweite Torpedo gegen ein weiteres Ziel ist klar.

"Schnell auf 60 m gehen – voraus 200 Umdrehungen, null sieben null steuern!" Mit 15 kn Fahrt versucht das Boot, jetzt mit schmaler Silhouette, abzudrehen, um sich der drohenden Gefahr des Entdecktwerdens zu entziehen.

Aber schon sind sie da! Die schnellen, singenden Schraubengeräusche der Zerstörer. Mit über 20 sm pro Stunde laufen sie auf die Stelle zu, wo der grüne Stern gesichtet wurde und wo das Uboot vermutet wird. Das Uboot fällt in einer Spirale auf 100 m Tiefe und läuft, hinter der dadurch aufgewühlten Blasensäule, mit sieben Knoten Schleichfahrt wiederum in Richtung Konvoi.

Ein leiser Jubel geht durch das Boot. Das Täuschungsmanöver scheint geglückt. Die Schraubengeräusche der Jäger werden leiser. Anscheinend haben die Unterwasserortungsgeräte der Zerstörer das verwirbelte Wasser für das Uboot gehalten und dadurch ihr Ziel verloren. Wir haben jetzt eine Chan-

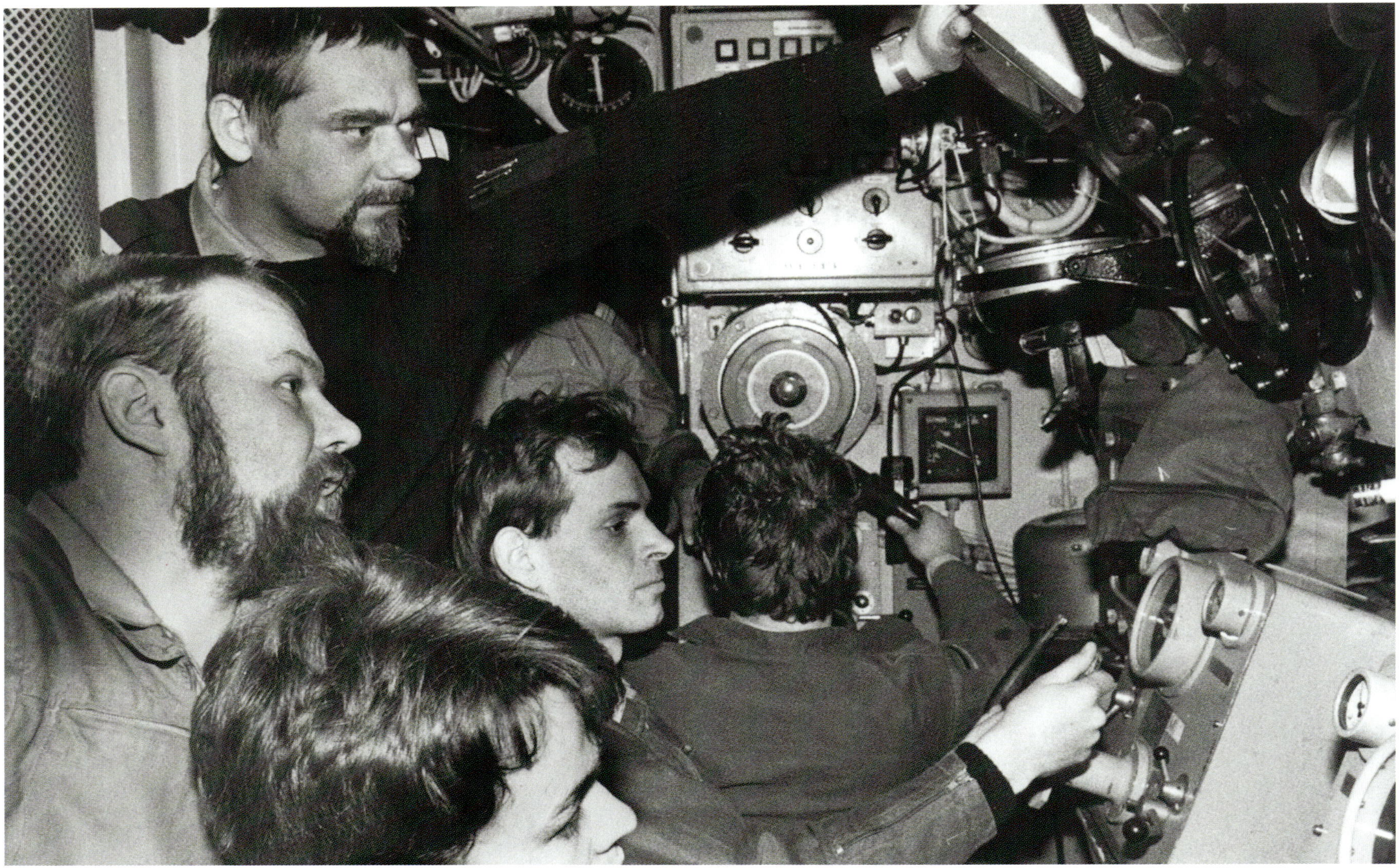

Klasse 205: Besatzung auf Gefechtsbereitschaft in der OPZ / Class 205 crew at battle stations in the CIC

ce, die schützende Geräuschglocke des Konvois zu erreichen. *"Wegtreten von Gefechtsstation!"* Der Kommandant weiß, daß er jetzt keinen zweiten Angriff fahren darf, nicht bevor die Sicherungsschiffe weit genug entfernt sind. Er gönnt seinen Männern die wenigen Augenblicke Ruhe, denn sobald sich eine Gelegenheit bietet, wird er versuchen, das nächste Schiff des Verbandes anzugreifen. Dazu braucht er seine ganze Crew, und zwar jeden mit voller Aufmerksamkeit und Konzentration.

Noch acht Angriffe fährt das Boot in den folgenden Tagen. Immer wieder gilt es, sich heranzuschleichen, zu schießen, sich zu verstecken, zu Gegenangriffen überzugehen und zu warten, zu suchen, zu warten. Dann erst ist der erste Abschnitt des Manövers beendet. *"Klarmachen zum Auftauchen!"* Wie eine Erlösung, eine Entwarnung klingt dieser von allen wiederholte Befehl. Doch leider ist die Freude nur von kurzer Dauer. Als das Boot von 70 m auf Sehrohrtiefe geht und langsam auftaucht, merken wir, daß das schöne Wetter vorbei ist. Schwer rollt das Boot in der bewegten See und holt bis zu 40° nach jeder Seite über. Die von schräg

achtern laufenden Wellen haben sich in den letzten zwei Tagen so aufgeschaukelt, daß sie das kleine Boot wie mit mächtiger Hand bewegen und schütteln.

Trotzdem kommt ein Mann nach dem anderen mit der "Frage ein Mann Brücke" nach oben. Unrasiert, schmutzig, verschwitzt und übernächtigt kommen sie in ihren Ubootpäckchen auf die kleine Brücke, um schnell eine Zigarette zu rauchen und dann auch schon wieder – nicht zuletzt auch der Nässe weichend – Platz zu machen für den nächsten.

Nacheinander wird eine Tasse Wasser zum Zähneputzen beim Smut empfangen, und schnell ist auch die Zeit zwischen den einzelnen Übungen wieder beendet, so daß es wieder heißt: *"Klarmachen zum Tauchen!"*

Zwei Wochen hat das Manöver inzwischen gedauert, als das Boot, lange nachdem die Zerstörer, Fregatten und Minensucher den Hafen bereits erreicht haben, noch immer dem Stützpunkt zustrebt. Schlingernd und rollend fährt es mit seiner relativ geringen Überwassergeschwindigkeit auf den minenfreien Wegen

in die Nacht hinein. Trotzdem ist Hochstimmung an Bord, denn es kann nur noch wenige Stunden dauern, bis der Hafen erreicht ist und mit ihm eine heiße Dusche, trockene Wäsche und eine weißbezogene Koje. Der Frischwasservorrat an Bord ist so gering, daß er nur zum Kochen reicht, der Spindraum so schmal bemessen, daß er kaum die nötigsten Utensilien zu bergen vermag.

Die 14 vorhandenen Kojen können nur abwechselnd benutzt werden, und an ein Ausziehen in den kurzen Manöverunterbrechungen ist gar nicht zu denken. Das Lederzeug, das gegen Kälte, Nässe und nicht zuletzt gegen Verletzungen schützt, haben wir wieder einmal zwei Wochen nicht vom Leib bekommen. Aber jetzt, wo in wenigen Stunden der Hafen erreicht sein wird, sind alle Anstrengungen, alle Entbehrungen vergessen.

Bedrückend und erleichternd ist die plötzliche Ruhe, als wir durch die Molenköpfe den Vorhafen erreichen. Mit einem lauten "Tuut" kündigen wir unser Kommen an. Wieder ist der Hafen wie ausgestorben. Nur die vielen Lichter auf den Schiffen und Piers zeugen davon, daß in den großen grau-

en Bäuchen Leben herrscht. Als wir lautlos, nur mit der E-Maschine fahrend an die Pontonbrücke gehen, werden wir vom Geschwaderchef erwartet.

Wieder ist ein Übungsabschnitt zu Ende, und trotzdem geht das harte Leben weiter. *"Manöverabpfiff"* – *"Boot so festmachen! Diesel anstellen! Ladung einlegen! Pierwache aufziehen!"* Die letzten Befehle sagen eindeutig, daß nicht von allen der langentbehrte Schlaf und die ersehnte Ruhe nachgeholt werden kann. Der Dienst geht weiter ...

TENDER IM EINSATZ
MIT DER LAHN INS TORPEDOSCHIESSGEBIET.
Die *Lahn* überragt ihren Liegeplatz an der Kieler Scharnhorstbrücke wie ein Hochhaus. Kaum wahrzunehmen dagegen die Uboote, gewissermaßen zu ihren Füßen. Höchst unterschiedliche Schiffstypen, die dennoch einen Verband bilden, der in Kürze zu einer gemeinsamen Ausbildungsreise in außerheimische Gewässer auslaufen wird. Frederikshavn, altvertraute dänische Marinebasis, wo wir schon so oft zu Gast waren, ist der erste Anlaufhafen, später

folgen Norwegens Flottenbasis Bergen und das britische Aberdeen. Zusammen mit der *Lahn* wird auch die bewährte *Spieki* (Kosename für den 2400-PS-Hochseeschlepper *Spiekeroog*, 854 ts) an der Reise teilnehmen.

Torpedoschießen im Seegebiet des Skagerrak steht auf dem Ausbildungsplan.

48 Stunden lang wurde die *Lahn* ausgerüstet, "mit allem, was Hein Seemann so braucht", als da sind: Frischverpflegung samt Obst, Getränke, Tabakwaren und

Süßigkeiten; aber auch für den Antriebsabschnitt Treib- und Schmierstoffe in großen Mengen, um auch die Uboote nachversorgen zu können. Ein vom Proviantmeister sorgfältig vorbereiteter Speiseplan schafft die Voraussetzungen für die reibungslose Versorgung. Kühlschränke und Verpflegungslasten sind gefüllt. Die gute alte *Lahn* liegt tief im trüben Hafenwasser.

Endlich ist es soweit. Die Pierwache wird eingezogen. Landanschluß und Telefon werden abgeschlagen. An Bord macht die

Begleitung der Uboote, Tender Lahn / Submarine caretaker: Tender Lahn

Belüftung eine kurze Puste-Pause, Notbeleuchtung flammt auf, wenige Augenblicke später brummt und summt alles wieder normal; auf Bordbetrieb ist umgeschaltet. 99 Meter Tender werden mit Eigenleben erfüllt. Nichts kommt mehr von draußen.

"Besatzung auf Manöverstation!" Alles wirbelt scheinbar durcheinander, dann sind alle Stationen besetzt. Die Abschnittsleiter melden "klar".

"Brücke Ordnung", befiehlt der I WO, als der Geschwaderkommandeur die Brücke betritt. Er meldet dem Fregattenkapitän: *"Besatzung ist auf Manöverstation"*. *"Tender klar zum Auslaufen"*, ergänzt der *Lahn*-Kommandant, dem bereits zuvor der Klarstand gemeldet worden war. Er leitet nun das Ablegemanöver ein.

"An Back und Schanz alle Leinen los und ein bis auf Vorspring." Die Befehle werden quittiert. Die Soldaten hantieren mit den Leinen schnell und sicher. *"Backbordmaschine voraus 3, Steuerbord zurück geringste"*, beginnt der WO einzudampfen, um einen Winkel zwischen Heck und Pier entstehen zu lassen. *"Beide stop, Spring ein, beide Maschinen zurück kleine."* Der Tender zieht jetzt zurück und läßt die winkenden Angehörigen auf der Pier zurück. Schnell vergrößert sich der Abstand zum Land. Das Schiff hat inzwischen gedreht und läuft mit zehn Knoten Fahrt vorbei am Ubootehrenmal Möltenort und dem Ehrenmal von Laboe. Jetzt kehrt Routine ein. Im Topp weht heute der Stander des Geschwaderkommandeurs anstelle des Kommandantenwimpels, ein Zeichen dafür, daß der Geschwaderverband zu einer gemeinsamen Übung unterwegs ist und die sonst typischen Einzelfahrer zu Ausbildungszwecken zusammenbleiben.

Vier Wochen wird diese Übung dauern, in der Torpedoschießen der Uboote, Wasserbombenwerfen des Tenders und taktische Verfahren der Einheiten unter der Leitung des Geschwaderstabes geübt werden sollen. Und für jeden Abschnitt wird der Tender gebraucht.

Jetzt sind nur wenige Offiziere und Portepeeunteroffiziere des Geschwaderstabes an Bord eingeschifft und bevölkern Messen und Decks. Aber in 24 Stunden – im Einsatzgebiet – wird durch sie der Tag- und Nachtrhythmus bestimmt.

Als Zielschiff, zum Aus- und Einschiffen von Ausbildungspersonal, zum Fischen der Torpedos, zum Längsseitsnehmen der Uboote, zur Versorgung mit Brennstoff, zum ..., zum ..., zum ... wird der Tender benötigt. In jeder Rolle ist fast die gesamte

Hochseeschlepper Spiekeroog / *Oceangoing tug* Spiekeroog

Besatzung auf Station.

Das Skagerrak ist erreicht. 24 Stunden Routinefahrt liegen hinter uns, in der sich das eingeschiffte Personal häuslich eingerichtet hat.

Letzte Vorbereitungen für das Torpedoübungsschießen wurden getroffen. Die Uboote stehen schon in den Übungsgebieten. Wir laufen jetzt, begleitet von dem immer gegenwärtigen und fleißigen Schlepper *Spiekeroog*, zum Treffpunkt. Im Personaltransfer sollen Ausbilder und Registrator umgeschifft werden. Die *Spieki* – wie sie liebevoll genannt wird – läuft auf Ausgangsposition, als auf dem Tender der Befehl *"Schlauchbootbesatzung auf Station"* durch den Lautsprecher schallt. Jeder an Bord weiß, daß bei diesem Wetter mit Wind aus Nordwest und Stärke 6 die Grenzwetterlage erreicht ist. Das Umsteigen auf die Boote wird viel Geschick und sorgfältige Seemannschaft erfordern.

Die Schlauchbootfahrer, in Neoprenanzügen mit Schwimmwesten gesichert, werden jetzt beim Umsteigen in See, wie auch heute nacht beim Fischen der Torpedos, wieder voll gefordert.

Auch der Pfarrer will heute auf eines der Uboote einsteigen. In den letzten Tagen hat er Gespräche mit der Besatzung des Tenders geführt und war hier eine gerngesehene Bezugsperson, Berater oder auch Helfer, wo es nötig war.

Überhaupt hat sich dieses "Kleeblatt", bestehend aus Vorgesetzten, Truppenarzt und Militärpfarrer, im Laufe der Jahre besonders bewährt. Zu jeder Zeit ist mindestens einer von ihnen erreichbar und kann sich der Sorgen, Fragen oder Kümmernisse der Soldaten annehmen. So sind auch auf dieser Reise die medizinische Versorgung und Betreuung des Verbandes durch einen Arzt, einen Zahnarzt und die Seelsorge durch den Pfarrer bei der Uflottille gewährleistet. Um das Wetter kümmert sich der eingeschiffte Meteorologe.

Die Nacht ist hereingekommen, der Wind hat nicht mehr zugenommen, nur der Seegang ist zu steileren Wellenkämmen aufgelaufen. *"An alle Stellen, Anlauf beginnt"*, dröhnt die lautsprecherverzerrte Stimme durch alle Decks.

Die OPZ ist besetzt, auf der Brücke sind zusätzliche Ausgucks aufgezogen, der

Kommandant gibt letzte Weisungen für Kurs und Fahrt. Routineverhalten? Jeder Handgriff muß auch im Schlafe sitzen. Alles funktioniert reibungslos.

Die Uboote stehen tief unter Wasser auf Angriffspositionen. Auf der *Lahn* wartet alles auf die Torpedoschußdaten und den Übungssaal, der sein Ziel unterlaufen muß. Wird der Torpedo treffen? Stimmen die Werte? Wird er nach dem Schuß an die Wasseroberfläche kommen und gefunden? Kann er schnell geborgen werden? Immer wieder dieselben Standardfragen. Aber es geht alles klar. Auch die Schlauchbootbesatzung hat Glück. Sie findet den Aal und bringt ihn sicher an Bord zurück. Bei stockdunkler Nacht ein Kunststück.

Der Tender, der in den letzten Tagen als Zielschiff und Führungseinheit des Verbandes fungierte, befindet sich jetzt auf der Fahrt nach Bergen in Norwegen. Die Uboote sind auf dem Unterwassertransit. Wir stampfen gegen den steifen Nordwest, um rechtzeitig den Lotsen übernehmen zu können. Seit zwei Stunden stehen wir im Morgengrauen vor dem Scherengürtel. Die Sonne, die in der Nacht fast nicht unterge-

gangen ist, hüllt um diese Zeit den Küstenstreifen schon wieder in helles Licht.

06.00 Uhr Ortszeit ist es, als der Lotse an Bord kommt und mit einem deftigen Frühstück auf der Brücke empfangen wird. Das Schiff wird erst langsam wach. Wachwechsel und Frühstück wurden zeitlich vorgezogen, die ablösende Wache macht sich klar zum Einlaufen in Blauzeug. In der Kombüse laufen bereits die Vorbereitungen für das vorgesehene Spitzenessen mit Vertretern des Gastlandes. "Nur zu", ermuntert der Smarting die in zweiter Garnitur blau beim Frühstück sitzenden Seeleute, "zum Ausbringen der Ubootfender brauche ich noch einmal jeden Mann!"

Tatsächlich laufen viele Vorbereitungen parallel. Die Uboote werden im Hafen längsseits gehen, um Brennstoff zu übernehmen, in der Offiziersmesse wird die Pressekonferenz vorbereitet. Kommandeur und Kommandant werden gleich nach Festmachen ihre Besuche abstatten. Die Kombüse hat für das Spitzenessen schon vorgekocht. Unglaublich,

was eine so kleine Besatzung zu leisten in der Lage ist.

Drei Tage liegen wir jetzt schon im Hafen. Wir wickeln gewissermaßen ein Allround-Programm ab, denn außer der Wahrnehmung aller notwendigen Versorgungsaufgaben und Betreuungsdienste für unsere Ubootbesatzungen sind wir Gastgeber für Waisenkinder, die ihren hellen Spaß an allen Überraschungen auf dem Achterdeck haben, Partyschiff mit anspruchsvollem Restaurantbetrieb und am Sonntag auch ruhige Stätte für einen Gottesdienst.

Alles geht Hand in Hand, und jeder kann (fast) alles. Und gerade dieses Zusammenspiel ist wohl die Basis für angewandte Kameradschaft, die das Klima an Bord eines Tenders bestimmt.

Nach fünf Tagen verabschieden wir uns vom gastlichen Bergen. Die Seefahrt und der Tagesdienstplan haben uns wieder. Beide Schrauben ziehen eine Naht in die blanke See. Unter unserem Kiel sind 400 Meter Wassertiefe. Kurs Aberdeen. Und irgendwo stehen auch die Uboote ...

Immer willkommen: der Uboot-Pfarrer / The submariners' chaplain

1979 BOOT DER KLASSE 206 IM SKAGERRAK

Schauplatz: Kranzfelder Hafen/Eckernförde. Morgendämmerung. Auf *U 13* fieberhafte Tätigkeit. Jeder freie Platz unter Deck ist vollgepackt mit Lebensmitteln für einen dreiwöchigen Törn.

22 Soldaten leben, arbeiten, essen und schlafen in der engen Stahlröhre. Passen sich an, nehmen aufeinander Rücksicht, durchleben gemeinsam den Streß einer Einsatzfahrt. Wissen, daß sie durchhalten müssen. Ein Aussteigen "unterwegs" gibt es nicht.

Der Kommandant und seine Offiziere haben alle taktischen Phasen der bevorstehenden Mission in ausländischen Gewässern zum x-ten Male durchgesprochen. Dem Zufall wird grundsätzlich nichts überlassen. Und in der Besatzung knistert es voller Spannung über Art und Umfang dieser "Ausbildungsfahrt in außerheimischen

Gewässern". Obwohl die Männer schon alte Hasen sind, bringt jeder Törn doch neue Erkenntnisse und Eindrücke mit sich. Das bedingt schon das Element, in dem man sich bewegt. Auf dem Programm stehen Ubootangriffs- und Ubootjagdübungen. Freies Spiel der Kräfte? Wie stark wird der "Gegner" sein, unter welcher Flagge segelt er? Bissige Fregatten oder schnittige Zerstörer? Ujagdflugzeuge oder Hubschrauber? "Auf keinen Fall die *Gorch Fock*", meint der jüngste Dieselheizer zur allgemeinen Erheiterung.

Vollzähligkeitsmusterung auf der Pier. Alle tragen das typische Ubootfahrerpäckchen. Meldung, Begrüßung.

Im Chor wiederholt die Crew den Befehl des Kommandanten: *"Auf Manöverstation!"* Der WO pfeift das Ablegemanöver an. *"Alle Leinen los und ein!"* Langsam werden die Häuser und Hafenanlagen kleiner, bleibt das vertraute Panorama zurück, schlingern schmucke Yachten der Freizeitkapitäne im Kielwasser, winken einen Gruß herüber. *U 13* läuft zehn Knoten. Vor dem stumpfen Bug eine mächtige Welle, die sich auftürmt, als wolle sie dem Boot die Weiterfahrt verwehren. Ein vollbeladener Containerfrachter passiert auf Gegenkurs. Sein Flaggengruß wird erwidert.

An Bord kehrt die Routine ein. Jeder kennt seine Rolle, beherrscht jeden Handgriff in seinem Abschnitt, weiß, was er zu tun hat. Es wird leise gesprochen. Die kleinen Räume trennen dünne Holzwände oder Filzvorhänge. Nimmt der Alte eine Mütze voll Schlaf, muß er die Füße unter den Kar-

Vor der großen Fahrt wird jeder Winkel zum Proviantstauen ausgenutzt / Even the smallest corner stores provisions

Ablegen! / Cast off!

tentisch stecken, wenn er sich einigermaßen "lang machen" will. Der Süßwasserverbrauch ist eingeschränkt, das künstliche Licht macht die Gesichter blaß. Über allem lagert der typische Ubootmief von Mensch, Kombüse, Maschinenöl und Diesel.

U 13 marschiert auf Nordkurs durch Dänemarks Inselwelt. Aufgetaucht, wohlgemerkt. Dies widerspricht zwar der Natur dieses reinen "Unterwasserbootes", doch gilt es, den internationalen Bestimmungen zu entsprechen, die es Ubooten untersagen, den Großen Belt im Unterwassermarsch zu passieren.

Der Steuermann hat inzwischen die Seekarte "Kattegat" aufgelegt. Nun besinnt sich auch Rasmus seiner Urkräfte: Der Seegang nimmt zu. Das Boot arbeitet schwer. Wühlt sich wie

Auf Nordostkurs / Bound due north east

ein Riesenwal durch die Wellenfront. Festhalten heißt die Devise, will man nicht schnell in einer Ecke landen. Gischtschleier hüllen die Brücke ein. Die Wache steht unter einer dichten Dusche. Skagen rutscht achteraus. Der WO legt *U 13* auf Westkurs.

"Herr Kaleu, Tauchmeldung abgesetzt", meldet der wachhabende Funker in die Zentrale. *"Auf Tauchstation!"* befiehlt der Kommandant. Meldung vom STO: *"Unterdeck ist auf Tauchstation."* Der Kommandant verläßt als letzter die Brücke und schließt das Turmluk.

"Fluuuuuuuten!"

Zischend entweicht die Druckluft den Tauchzellen. *U 13* wandert in den Meereskeller. An der Gummimuschel des Sehrohrokulars hängt der Bootsoperationsoffizier und nimmt den obligatorischen Rundblick. *"Keine Kundschaft im Laden."* Sobald das Boot vom STO eingesteuert

ist, beginnt der Unterwassermarsch.

"Auf 60 Meter gehen!" befiehlt der Alte. Sein Befehl wirkt Wunder, denn das Boot liegt bald ruhig, von der rauhen See ist nichts mehr zu bemerken.

Beide Tiefenrudergänger leisten Millimeterarbeit. Halten *U 13* genau auf dem 60-Meter-Band. Kurs und Fahrt werden überwacht. Von den überaus empfindlichen Meßgeräten wird auch das schwächste Außengeräusch sofort registriert, analysiert und mosaikartig zu einem Lagebild geformt. Vor den fluoreszierenden Schirmen der Sensoren die Dienstgrade. Überall höchste Konzentration.

Endlich ist das Operationsgebiet westlich der norwegischen Küste erreicht. *U 13* soll einen Geleitzug angreifen, gebildet von zwei Tankern und drei Versorgern, gesichert durch Zerstörer und Fregatten. Eine Supersicherung, vollgespickt mit modernsten Ortungsgeräten und Ujagdwaffen.

U 13 rüstet sich für den Angriff. Es durchtaucht nochmals die Einsatztauchtiefe, um Aufschluß über die Wasserschallbedingungen zu erhal-

ten und die beste Angriffstiefe festzulegen. Alles geht in größter Ruhe vor sich. Danach beginnt das Warten. Kommt das Geleit? Sind Nebengeräusche von Schiffen auszusteuern, die mit dem Übungseinsatz nichts zu tun haben?

Endlich wird die Wachsamkeit belohnt: Aus der erwarteten Richtung ein schwaches Geräusch. Es bleibt konstant, wird ganz langsam lauter, wandert ein.

"Kommandant in die OPZ."

"Herr Kaleu, der Gegner kommt näher."

"An Kommandant, Sonargeräusche, Peilung 310 Grad." Der Kaleu prüft die Informationen und befiehlt dann:

"Auf Gefechtsstation."

Blitzschnell nimmt jeder Soldat seinen Platz ein. Es fällt kein lautes Wort. Stoppuhren werden gezückt, die empfangenen Sensorsignale werden aufgezeichnet, Tabellen ausgewertet, Rechenscheiben gedreht. Schon nach wenigen Minuten kann der Operationsoffizier Vorschläge für Angriffskurs und -fahrt unterbreiten.

Die ermittelten Gegnerwerte werden dem Waffenoffizier an die Feuerleitanlage gegeben. Er "füttert" sie mit Daten. Der Waffenleitrechner knobelt die geplante Torpedobahn aus und gibt die Lösung an. Liegen diese Daten vor, meldet der Waffenoffizier die Schußbereitschaft seiner Anlage. Die Spannung im Boot steigt, obwohl es sich um einen tausendmal geübten Vorgang handelt. Noch steht das Geleit zu weit ab. Also weiter warten, bis die Schraubengeräusche stärker werden. Jedes Schiff "spricht" für sich. Das behäbige Schlagen der langsam drehenden Frachter-

schraube, das schnelle "Schwupp-Schwupp-Schwupp" der Zerstörerschrauben. Die erfahrenen Sonarmaate kennen sich da bestens aus. Der Alte will sich durch die Geleitsicherung sacken lassen in eine günstige Angriffsposition.

"Auf Seerohrtiefe gehen."

Vorsichtig wird der "Spargel" ausgefahren, ein Rundblick, dann der Befehl:

"Schnell auf 50 Meter gehen."

U 13 kippt an, der Zeiger des Tiefenmanometers wandert mit, bleibt auf 50 m stehen. Im Boot herrscht absolute Stille. Nur das leise Summen der E-Maschine und des Lüfters ist zu vernehmen. Immer kürzer wird der Abstand zwischen *U 13* und den Sicherungsfahrzeugen, die Zickzackkurse laufen.

"Gegner läuft 20 Knoten", schätzt der Kommandant die Fahrt der äußeren Fregatte. Die Koppelung des Steuermanns bestätigt diese Zahl. Tanker und Versorger sind vom Sicherungsschirm umgeben. Ihre Besatzungen wissen wohl, daß hier "Ubootgefahr" besteht, doch wo der Unterwasserfeind steht, ahnt noch niemand.

Auf dem Uboot verraten es die Anzeigegeräte: Der Feindverband steht querab und wandert dann schnell achteraus. Das Boot hat die Sicherungslinie passiert. Und langsam werden die Propellergeräusche der Bewacher leiser, während die Schrauben der Konvoischiffe um so lauter schlagen. *U 13* sucht das am nächsten stehende Schiffsziel. *"Torpedo llllos !"* Schneller Zielwechsel. Und wieder das Kommando: *"Torpedo llllos!"*

Fahrterhöhung, Kurswechsel; Nachsetzen zum erneuten Angriff.

Die Schußdaten werden notiert für die Manöverkritik. Jeder "Aal"-Abschuß wurde durch Rauchpatrone dargestellt. Mit hoher Fahrt schließt das Boot erneut zum "Restgeleit" auf, um noch weitere Torpedoangriffe zu fahren.

Vor Kreta

Ein paar tausend Seemeilen weiter südlich im griechischen Marinestützpunkt Salamis: *U 16* hat zusammen mit *U 29* nach einer 21-tägigen Unterwasserfahrt diesen Hafen erreicht. Freundschaftliche Begrüßung, Versorgung und anschließend Auslaufen zu gemeinsamen Übungen. Mit von der Partie

sind die vertrauten Fletcherzerstörer unter griechischer Flagge, ein paar examerikanische Gearings und betagte Bostwick-Fregatten. In der Ägäis herrschen andere Bedingungen als in Nord- und Ostsee. Für die Ubootfahrer nur eine kurze Umstellungszeit. Der Manöverbetrieb läuft wie am Schnürchen.

Und dann kommt der große Tag: Er soll den ersten scharfen Torpedoschuß eines deutschen Ubootes (*U 16*) nach Beendigung des Zweiten Weltkrieges bringen. Der ausgemusterte griechische Marinetanker *Zeus* (900 ts) wird das Ziel sein. Tauchquadrat südöstlich von Hydra. *"Rohr VII klarmachen"*, lautet der Befehl.

Rohr VII wird klargemacht. Über Sehrohr und Gruppenhorchanlage werden dem Rechner die Peilungen in Richtung Zielschiff zugeführt. Schnell hat die Waffenleitanlage die Lösung ermittelt. Das OPZ-Team ist von ungeheurer Spannung gepackt. Wird es klappen? Stimmen die Werte? Findet der Aal das Ziel? Endlich der erlösende Befehl: *"Rohr VII llllos!"* Nach 5500 Yards Laufstrecke meldet der Torpedo: *"Ziel erfaßt."* Der läuft in Eigenlenkung.

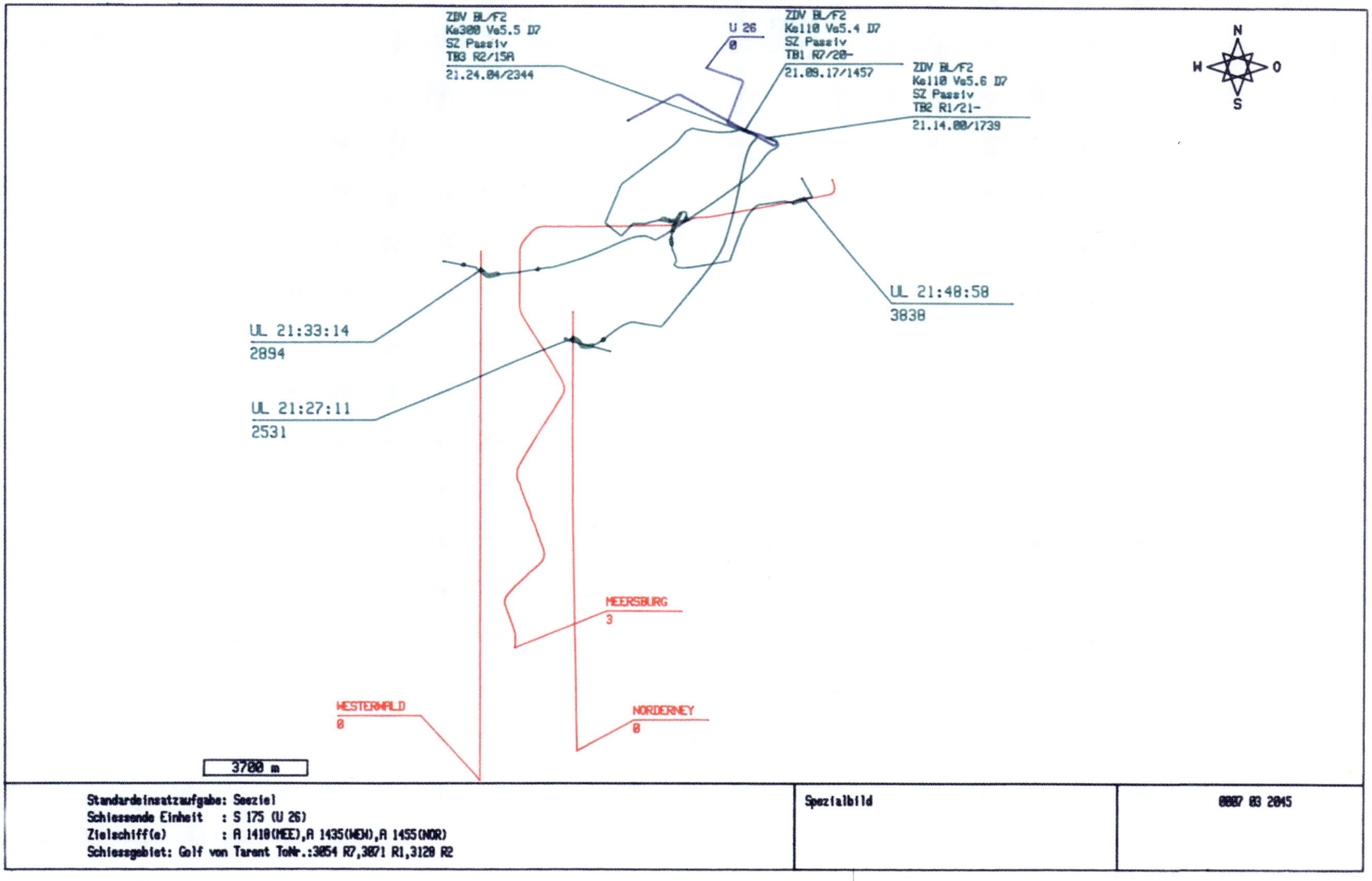

ZDV BL/F2
Ke300 Va5.5 D7
SZ Passiv
TB3 R2/15A
21.24.04/2344

U 26
0

ZDV BL/F2
Ke110 Va5.4 D7
SZ Passiv
TB1 R7/20-
21.09.17/1457

ZDV BL/F2
Ke110 Va5.6 D7
SZ Passiv
TB2 R1/21-
21.14.00/1739

N
W   O
S

UL 21:48:58
3838

UL 21:33:14
2894

UL 21:27:11
2531

MEERSBURG
3

WESTERWALD
0

NORDERNEY
0

3700 m

Standardeinsatzaufgabe: Seeziel Schiessende Einheit : S 175 (U 26) Zielschiff(e) : A 1410(MEE),A 1435(WEM),A 1455(NOR) Schiessgebiet: Golf von Tarent ToNr.:3054 R7,3071 R1,3120 R2	Spezialbild	0007 03 2045

Auswertung der Torpedoschüsse von U 26 / U 26 torpedo log

Sekunden verstreichen wie Stunden. Der Alte hängt am Sehrohr.

"Er hat getroffen", sagt er, dann schlägt die Detonation ans Boot. Donnergrollen, knisternde Sinkgeräusche. Flammen und Rauch über dem Tanker. Er wird angehoben, klafft mittschiffs plötzlich auseinander und fährt in die Tiefe. Qualm als Fanal, Trümmer und sprudelndes Wasser. Das Ende in der Hydra-Bucht. Krönung eines Ausbildungsabschnittes. Tagesgespräch von Salamis. Die letzte Fahrt des Tankers *Zeus*.

In der letzten Mai-Woche traten dann *U 16* und *U 29* zusammen mit der *Lahn* den Heimmarsch an. Während es in der Bundesrepublik noch schneit, tanzen die Ubootmänner in Neapel, erleben spanische Gastfreundschaft in Cartagena, bestaunen Baudenkmäler in Lissabon und genießen Frankreichs köstliche Küche in Lorient.

Bilanz einer Reise: Überzeugende Bestätigung des Ausbildungsstandes, gefestigte Kameradschaft, erweiterter Horizont und die Gewißheit, daß das Bootsmaterial höchsten Ansprüchen genügen kann.

SUBEX: Herausforderung 2001

U 24 steht auf Sehrohrtiefe. Es ist ein sonniger Morgen, 90 Seemeilen südlich von Puerto Rico. Ein Moment, auf den lange hingearbeitet wurde. Im Fadenkreuz des Periskops steht die charakteristische Silhouette eines Flugzeugträgers. Die ganze Nacht über wurde der gewaltige Verband, der die *USS Enterprise* abschirmen sollte, beobachtet und aufgeklärt – dann galt es, den Schutzschirm zu durchdringen und den Flugzeugträger abzufangen.

Nachdem nochmals Position und Kursdaten der amerikanischen Kampfgruppe weitergemeldet wurden, erreicht *U 24*

Abgefangen: Flugzeugträger USS Enterprise
In the sights: USS Enterprise

der Angriffsbefehl. Wenige Minuten später erfolgen mehrere simulierte Torpedoschüsse – die US-Navy muß sie wohl oder übel als Treffer anerkennen.

Der I WO nimmt noch rasch mit der Sehrohrkamera "Beweisfotos" auf, da dreht auch bereits die *Enterprise* ab und läuft mit hoher Fahrt davon, nicht wissend, daß sie die Flucht vor *U 24* genau in das Tauchgebiet von *U 28* hineinführt – der Kommandant hat sein Boot nach Analyse der gesammelten Sensordaten ebenfalls ideal positioniert und wartet bereits …

Fregatten und Zerstörer mit ihren Versorgungseinheiten, Tornados der Marineflieger und die Unterseeboote *U 24* und *U 28* haben als Einsatzgruppe der Deutschen Marine einen schlagkräftigen Verband gebildet, der jetzt zusätzlich durch eine kanadische Fregattengruppe verstärkt wird. Das Flaggschiff der Einsatzgruppe ist die Fregatte *Bayern* unter Führung eines deutschen Admirals. Der Kommandeur des 3. Ubootgeschwaders hat mit seinem Stab vom Uboottender *Meersburg* auf die *Bayern* gewechselt. Von hier werden nun die Unterseeboote kontrolliert und gelenkt.

Am Tiefenruder Klasse 206 A / 206 A planesmen

Weit vorgeschoben vor den Überwassereinheiten – die überwiegend verdeckt operieren und deshalb auch selten ihr Radar benutzen können – haben sie die Aufgabe, das Seegebiet weiträumig aufzuklären und frühzeitig die gesammelten Daten zu übermitteln, so daß ein koordinierter Ansatz aller deutschen Einheiten stattfinden kann. Übungsgegner ist die 2. Flotte der US-Navy, die mit der Trägergruppe der *Enterprise* und einem amphibischen Verband die Seeherrschaft über das Seegebiet südöstlich der karibischen Insel Puerto Rico sowie eines weiteren virtuellen Küstenstaates gewinnen will. Doch dieses Vorhaben wird – nicht zuletzt durch die Erfolge der Uboote – vereitelt.

Dieses Manöver ist ein Höhepunkt für den SUBEX-Verband der Ubootflottille. Zum dritten Mal seit 1997 findet dieser Einsatz statt, der zwei Uboote sowie den Tender *Meersburg* für nahezu fünf Monate über den Atlantik in karibische und amerikanische Gewässer führt. Auf dem Programm steht eine Serie von anspruchsvollen Manövern mit Schiffen, Ubooten, Flugzeugen und Helikoptern aus vielen Nationen, darunter

spezielle Übungen zusammen mit amerikanischen Nuklearubooten.

Ein Torpedoschießabschnitt in tropischer See stellt die Besatzungen und das Unterstützungspersonal vor die größten Herausforderungen: Direkt im Anschluß an den wochenlangen Transit über den Atlantik sorgt ein hartes, kriegsnahes Übungsprogramm mit wenig Schlaf unter extremen klimatischen Belastungen dafür, daß die Ubootfahrer die Grenzen ihrer Leistungsfähigkeit kennenlernen. Doch schließlich sind auch diese Wochen vergangen, 18 Torpedos erfolgreich verschossen. *U 24* und *U 28* können voller Stolz auf die erzielten außergewöhnlichen Leistungen die Glückwünsche des Verbandsführers für das Erlangen der höchsten Einsatzfähigkeitsstufe entgegennehmen.

Der eigentliche Torpedoangriff ist – anders als in früheren Jahren – nicht mehr die Kernaufgabe der deutschen Uboote. Ihre Fähigkeiten der Unsichtbarkeit und der weitreichenden Sensoren nutzen sie vielmehr primär bei verdeckten Einsätzen in Küstennähe. Das Einsatzspektrum reicht dabei vom Überwachen und Aufklären von

Häfen, Küsten und Seegebieten, allein auf sich gestellt oder im Verbund mit kombinierten Einsatzgruppen, bis hin zu Operationen in Zusammenarbeit mit Sondereinsatzkräften, wie zum Beispiel Geiselbefreiungen – Einsätze, die in aktuellen Krisenszenarien immer mehr Wahrscheinlichkeit erlangen.

Torpedoschießabschnitte werden jedoch deswegen nicht zweitrangig oder sogar überflüssig. Im Gegenteil: In diesen Ausbildungseinsätzen werden alle Funktionsketten bis zur Perfektion geübt. Eine Besatzung, die diese Abläufe fehlerfrei beherrscht, ist auch in der Lage, alle anderen Aufträge zu erfüllen.

Doch zurück in die Karibik: Während nun eine überaus fleißige Instandsetzungsgruppe – bestehend aus Mitarbeitern des Marinearsenals und der Systemunterstützungsgruppe der Ubootflottille – anfallende Wartungsarbeiten und mittlerweile notwendig gewordene Reparaturen erledigt, können sich die Ubootfahrer erst einmal einige Tage ausruhen und die Insel Puerto Rico erkunden, bevor der nächste SUBEX-Abschnitt beginnt.

So wurden die immer wieder recht langen Zeiträume auf See durch exotische Häfen wie zum Beispiel Madeira oder Nassau/Bahamas aufgelockert. Am meisten entgegengefiebert wurde jedoch dem Aufenthalt in Norfolk/Virginia in den USA. Hier gab es die Möglichkeit, für eine Woche Familienangehörige nachreisen zu lassen, um gemeinsam die Ostertage zu verbringen.

Doch danach standen den Ubooten und der *Meersburg* immer noch zwei Monate Manövereinsätze und Seefahrten bevor, bis die Boote rechtzeitig zur Kieler Woche wieder ihren Heimathafen anlaufen konnten.

Was führt die Uboote jetzt immer wieder ins Mittelmeer und an die Küsten Nordamerikas?

Die südliche Flanke der NATO – und damit der Mittelmeerraum – erfuhr im zurückliegenden Jahrzehnt aufgrund der direkten Abhängigkeit der europäischen Sicherheit vom politischen und militärischen Geschehen in diesen Regionen den Wandel von einer Randlage in einen strategischen Schwerpunkt der Sicherheitsinteressen. Entsprechend verlagerte sich auch das primäre Präsenzgebiet der maritimen Einsatzkräfte der NATO. In der Folge fanden nahezu alle großen relevanten Manöver im Mittelmeer statt. An der Nordflanke der NATO reduzierte sich entsprechend das Manövergeschehen. So rückten für die Deutsche Marine konsequenterweise der europäische Teil des Atlantiks und zunehmend das Mittelmeer in den Brennpunkt des Geschehens. Die Manöverteilnahmen der Deutschen Marine verlagerten sich immer weiter aus den Gewässern Nordeuropas heraus.

Die Flotte fährt nun in andere Seegebiete und mit ihr die Uboote.

Aus Unterstützungsoperationen im Mittelmeer und der Adria haben sich regelmäßige Einsätze entwickelt, und nahezu jedes der deutschen Unterseeboote wurde bereits für einen mehrmonatigen Einsatz in Marsch gesetzt. Die Besatzungen bewiesen hierbei herausragendes Einsatzvermögen und große Standfestigkeit. Den bislang längsten Einsatz mit 184 Tagen absolvierte *U 16* im Jahr 2000.

Die SUBEX-Unternehmungen in karibische und amerikanische Gewässer verfolgen mehrere Ziele:

- Zum einen bieten sich in den dort zur Verfügung stehenden Manövergebieten eine Vielzahl von sowohl qualitativ als auch quantitativ hochwertigen Ausbildungs-, Übungs- und Analysemöglichkeiten, wie sie in Nord- und Ostsee nicht vorhanden sind.
- Zum anderen kann dort eine sehr hohe Übungsdichte und -qualität garantiert werden, und letztlich sind alle deutsch-amerikanischen Uboot-Spezialmanöver ein Geben und Nehmen.
- Nebenbei erfüllen diese Einsatzfahrten einen militärpolitischen Zweck: Mit der wiederholten Präsenz deutscher Uboote vor der amerikanischen Küste und in den amerikanischen Übungsgebieten konnte die Fähigkeit und der Wille zur transatlantischen Zusammenarbeit deutlich unterstrichen werden.

Diese Einsatzfahrten in Mittelmeer und Atlantik werden auch in der Zukunft durchgeführt werden, denn sie sind sowohl für die Ausbildung der Besatzungen als auch für die Einbringung in die Allianz, und dieses trotz des hohen Alters der Boote, sinnvoll.

Bewertung, Zusammenfassung, Schlußbemerkung

BEWERTUNG

Nach der zusammenfassenden Darstellung des Aufbaues, der Umgestaltung und der Aufgabenverschiebung der dritten deutschen Ubootwaffe stellt sich heute nach über 40 Jahren die Frage: "Konnte die deutsche Ubootflottille ihren Auftrag erfüllen, und kann sie es auch in der Zukunft?"

In den vielen Jahren des Kalten Krieges sowie in den Jahren nach der Wiedervereinigung Deutschlands und der Beendigung des Ost-West Konfliktes ist diese Frage eindeutig mit "ja" zu beantworten.

Für den Aufbau der Ubootflottille der Bundesmarine wurde, vom ersten Gedanken des Generals Heusinger[1] 1949 über den Entwicklungsauftrag an Professor Gabler 1955, die Bergung und Instand-

setzung der Uboote Hai und Hecht 1957, die Aufstellung der Ubootlehrgruppe und die Indienststellung von *U 1* 1962, der Grundstein für diese dritte Ubootwaffe gelegt.

Eine Ubootwaffe, die heute schon dreimal so lange besteht wie die der Reichs- und der Kriegsmarine zusammen und deren operative Aufgaben dem Wandel der Marine und der Flotte ständig angepaßt wurde.

Die Aufstellung aus dem Nichts heraus, ohne auf Bestehendes aufbauen zu können, eröffnete allerdings auch die Möglichkeit, völlig neue Wege zu beschreiten. Das Operationsgebiet war fest umrissen, der Auftrag war aus der Konzeption der NATO sowie der Konzeption der Marine hergeleitet, und der erforderliche Kampfwert konn-

te an einem potentiellen Gegner gemessen werden. Aus dem Auftrag der deutschen Flotte, zum Verteidigungskonzept der NATO einen Beitrag in Ostsee und Nordsee zu leisten, wurde für die Bundesmarine eine Ubootwaffe hergeleitet mit schnellen und wendigen Ubooten von geringer Bootsgröße, aber mit einer besonders starken Bewaffnung. Hierfür mußte, außer der Technik, auch die Ausbildung neue Wege beschreiten.

Aus dem "Vorsetzen vor den Gegner", dem "Durchsackenlassen durch die Sicherung" und aus dem Angriff auf den Konvoi aus 1000 m Entfernung mußte die Taktik der fortgeschrittenen Ortungstechnik den modernen Waffen und den neuen operativen Vorgaben angepaßt werden.

Das Auffassen eines Zieles außer-

[1] *General Heusinger war von 1945-1950 Chef der Auswertung in der Organisation "Gehlen" und hat in dieser Funktion für die Amerikaner erste Studien für die Verteidigung Westeuropas geschrieben. 1950 war er zusammen mit General Dr. Speidei als Berater der Bundesregierung für die Gespräche mit den*

Besatzungsmächten tätig. In einer Studie schreibt er: "...der Sowjetunion von vorneherein offensiv gegenübertreten, dabei sollten in der Ostsee und im Schwarzen Meer auch Uboote eingesetzt werden." Befragungsmaterialien Depositum General a.D. Adolf Heusinger, Or1.5. Die Verteidigung Westeuropas 1949/59, S. 10.

halb seiner Waffenreichweite, das Identifizieren und Klassifizieren aus der Tiefe heraus ohne Nutzung des Sehrohres, das Bestimmen der Entfernung auf der Basis passiver Datenermittlung und nicht zuletzt der Einsatz der modernen Torpedos auf "zigtausend" Meter ergab völlig neue Anforderungen an die Besatzungen.

Der vorgesehene ausschließliche Einsatz in Flachwassergebieten mit wechselndem Salzgehalt und unterschiedlichen Temperaturen, das ständige Fahren unter Wasser und die permanente gegnerische Überwachung der Seegebiete waren wesentliche Faktoren, die die Operationsverfahren und damit Ausbildungs- und Einsatzkonzept beeinflußten. Zwar konnten aus der engen Zusammenarbeit mit den Bündnispartnern viele Anregungen und Hinweise gewonnen werden, aber für die kleinen, für die deutsche Marine "maßgeschneiderten" Boote ohne materielle und personelle Redundanzen mußten eigene Konzepte erarbeitet werden.

Die Einführung neuer Waffen und Geräte, die Ergebnisse aus Wissenschaft und Forschung auf den Gebieten Geophysik und Ozeanographie sowie die fortschreitende Entwicklung der Ujagdwaffen und -geräte zwangen zur ständigen Anpassung.

Diese gesteckten Ziele waren nur zu erreichen mit gut motivierten Besatzungen und einer ausgewogenen, überzeugenden Ausbildung. Nach einer angemessenen Anlaufzeit konnte die deutsche Ubootwaffe den ihr gestellten Auftrag erfüllen. Die Besatzungen waren nach wenigen Jahren in der Lage, und sie sind es heute besser denn je, ihre Uboote mit deren ausgezeichneten technischen Möglichkeiten sicher und über das gesamte Einsatzspektrum in den unterschiedlichsten Operationsgebieten wirkungsvoll einzusetzen. In der Ostsee so weit östlich wie möglich, im Nordflan-

kenraum so weit nördlich wie nötig und in allen anderen Seegebieten, wo immer es erforderlich ist. Sie können ihre Mission erfüllen und damit einen wichtigen Beitrag zur Auftragserfüllung der Flotte leisten.

Mit den neuen Ubooten der Klasse 212A wird die Ubootflottille unter den veränderten operativen Voraussetzungen in die neuen Konzepte und Aufgaben schnell hineinwachsen und ihre Leistungsfähigkeit im In- und Ausland weiterhin unter Beweis stellen können.

ZUSAMMENFASSUNG

Die Ubootwaffe der Deutschen Marine bestand bis 1991 aus 24 Ubooten. Sechs Boote der Klasse 205 wurden von 1966 bis 1969 in Dienst gestellt und 18 Uboote der Klasse 206 in den Jahren von 1973 bis 1975.

Schon Mitte der 70er Jahre sah die Planung vor, die Uboote der Klasse 205 in den 90er Jahren durch neue Boote mit Hybridantrieb zu ersetzen. Diese Uboote sollten, anders als ihre Vorgänger, zusätzlich zur Fahrbatterie einen teilweise außenluftunabhängigen Antrieb erhalten. So soll-

te erreicht werden, daß die Uboote bei ihren Einsätzen in den vom Gegner überwachten Seegebieten weniger außenluftabhängig operieren konnten. Mit anderen Worten, der Schnorchelbetrieb sollte erheblich reduziert werden.

Aus technologischen und finanziellen Gründen mußte dieses Vorhaben jedoch ebenso verschoben werden, wie der Bau von sechs Ubooten für den Nordsee-Einsatz. Statt dessen wurden kampfkrafterhaltende Maßnahmen (KEM) an 12 Booten der Klasse 206 durchgeführt und gleichzeitig der Hybridantrieb für künftige Uboote weiterentwickelt.

Mit der Reduzierung der Marine nach der Wiedervereinigung 1990 wurde auch für die Ubootflottille eine neue Struktur erforderlich. Der Inspekteur der Marine legte 1991 in seinen Zielvorstellungen fest, für 2005 etwa 10 bis 14 Uboote vorzusehen.

Sollten anfangs noch die nicht nachgerüsteten Boote der Klasse 206 durch Neubauten ersetzt und somit 18 Uboote für die Flottille in Dienst gehalten werden, reduziert sich dieses mit knapper werdenden Haushaltmitteln auf einen angestrebten Bootsbestand von 12 Ubooten. Hierzu sollten die Boote der Klasse 206A, entsprechend der zulaufenden, außenluftunabhängigen Boote der Klasse 212, außer Dienst gestellt werden.

Im Jahr 2001 sind noch 12 Uboote der Klasse 206 A und 2 Boote der Klasse 205 in Dienst.

Gemäß vorgesehener Planung werden die Versuchsboote U 11 und U 12 in absehbarer Zeit außer Dienst gestellt, so daß die Ubootflottille dann über 12 Boote der Klasse 206 A verfügen wird.

Die 1995 in Auftrag gegebenen vier Boote der Klasse 212 A werden ab 2004 der Flottille zulaufen und die entsprechende Anzahl 206 A-Boote ablösen. Das anschließende 2. Los der Klasse 212B wird zur weiteren Außerdienststellung der 206er führen, bis hoffentlich mit dem 3. Los der neuen Boote ein Gesamtbestand von 12 modernen, einsatzfähigen Ubooten wieder hergestellt sein wird.

Der Aufbau des Uboot-Typ-Stützpunktes in Eckernförde mit der Integration der Geschwader und des Ausbildungszentrums in die U-Flottille war ein einschneidender, aber wichtiger Schritt zur Weiterführung der praxisorientierten und abgerundeten Ausbildung unter ökonomischen Gesichtspunkten.

Die taktische, operative Ausbildung der Ubootflottille hat sich in herausragender Weise bewährt, so daß in den kommenden Jahren in diesen Bereichen keine grundsätzlichen Änderungen zu erwarten sind.

Zwar wird die Ausbildung den neuen Booten der Klasse 212 angepaßt werden und auch die Einsatzausbildung muß der neuen Aufgabenstellung entsprechen, aber insgesamt haben sich Ausbildung und Sicherheitskonzept der deutschen Ubootflottille bewährt.

Der Zulauf der 212er-Boote wird eine neue Ära einleiten. Nicht weil sie größer sind, sondern weil die neue Antriebstechnik, Ortungs- und Waffenleittechnik neue Taktiken initiieren wird. Die Bedeutung und der Einsatzwert von Ubooten im operationellen Verbund mit anderen Seekriegsmitteln, wie auch weiterhin im gezielten Einzeleinsatz, wird deutlich höher werden. Diese Boote mit ihrem teilaußenluft-

unabhängigen Antrieb werden in besonderem Maße den Gegebenheiten des Einsatzes im Küstenvorfeld Rechnung tragen, darüber hinaus aber weltweit in allen Seegebieten einsetzbar sein.

Die Ubootwaffe der Deutschen Marine hat in den über 40 Jahren ihres Bestehens ihre Leistungsfähigkeit in zunehmendem Maße unter Beweis gestellt und konnte ihren Auftrag erfüllen.

Durch die Umrüstung zur Klasse 206A wurde die Überlegenheit der 206er-Boote erhalten, und es ist zu erwarten, daß sie ihren Aufgaben im Rahmen des Bündnisses bis über das Jahr 2010 hinaus gerecht werden können. Dieses wird unterstrichen durch die guten internationalen Erfahrungen, die diese Boote über den Nordflankenraum hinaus inzwischen bis hinunter in das Mittelmeer und über den Atlantik in die Karibische See bei Manövern gesammelt haben.

Aber auch in Zukunft setzen verfügbares Material und Ausbildungsstand der Besatzungen die Maßstäbe.

Für Operationen in Seegebieten, in denen ein Gegner die operative Überlegen-

heit besitzt, werden weiterhin Uboote mit einem zumindest teilweise außenluftabhängigen Antrieb gefordert werden müssen, die,

ausgerüstet mit integrierten Führungs- und Waffeneinsatzsystemen, eine verzugslose Reaktion möglich machen.

Obgleich die WEU-Beschränkungen für die deutsche Uboottonnage nicht mehr bestehen, müssen die Uboote der Deutschen Marine dennoch klein, wendig und geräuscharm bleiben, aber dennoch mit personeller und materieller Redundanz so ausgelegt sein, daß sie in allen See- und Operationsgebieten eingesetzt werden können. Die deutsche Ubootwaffe bleibt der "Spezialist" für Flachwasseroperationen, auf den im internationalen Verbund nicht verzichtet werden kann.

Mit der Aussicht auf zwölf moderne Uboote kann die Ubootflottille guten Mutes in die Zukunft sehen. Die sicherlich nicht zu optimistische Sicht scheint selbst bei den zu erwartenden längeren Durststrecken durch die auslaufenden 206 A-Boote vertretbar zu sein, denn die vorgesehene Anzahl an neuen Ubooten ist bei dem relevanten Bündniskonzept noch ausreichend, um unter den uboottypischen Einsatzbedingungen einen angemessenen Beitrag zur Sicherung des Friedens leisten zu können.

SCHLUSSBEMERKUNG

Im Verlauf der letzten 40 Jahre haben Uboote in zunehmendem Maße an Bedeutung gewonnen. Das klassische Seekriegsmittel des Schwächeren und der geringen Ressourcen hat sich durchgesetzt.

Wenn heute 49 Marinen Uboote unterhalten, so ist dies ein Beweis dafür, daß hiermit kosten- und personaleffektiv bereits im Frieden, in der Krise, insbesondere aber im Krieg gegnerisches Potential gebunden oder, falls nötig, vernichtet werden kann, um die Durchsetzung politischen Willens wirkungsvoll zu unterstreichen.

Am eindrucksvollsten ist letztmalig im Falklandkrieg deutlich geworden, welche direkte und indirekte Wirkung Uboote bei Auseinandersetzungen haben können. Zu Beginn des Falklandkrieges hatte Argentinien drei Uboote in Dienst, davon zwei der modernen deutschen Exportboote Klasse 209. Obgleich über den Gesamtzeitraum der Auseinandersetzung nur eines der 209er-Uboote einsatzfähig war, sah sich die britische Seekriegsführung dennoch gezwungen, ständig eine erhebliche Ujagdkomponente im Einsatz zu halten, denn es war zu keinem Zeitpunkt eindeutig, wo und wie viele Uboote tatsächlich gegen die britischen Einheiten operieren würden. Hunderte von Sonarkontakten wurden als "mögliches Uboot" identifiziert und viele Tonnen an Ujagdmunition gegen diese Kontakte erfolglos verbraucht.

Die britische Marine dagegen hat, mit zwei Ubooten im Einsatzgebiet, die argentinische Armada während der gesamten Auseinandersetzung außerhalb des errichteten Sperrgebietes halten können. Hierbei hatte insbesondere die kurz nach Ausbruch der Feindseligkeiten durch einen Uboottorpedo erfolgte Versenkung des argentinischen Kreuzers *Belgrano* eine abschreckende Wirkung, die lange Zeit nachwirkte.

Die drei modernen Uboote, die insgesamt auf beiden Seiten während der Auseinandersetzung eingesetzt waren, haben eine Vielzahl von Ujagdeinheiten gebunden und Munitionsbestände abgebaut, weil sie eine permanente, schwer zu bewertende Bedrohung darstellten. Wenngleich im Falklandkrieg gleichermaßen nukleargetriebene und konventionelle Uboote eingesetzt waren, haben doch beide die gleiche bindende Wirkung erzielt. Zwar sind konventionelle Uboote wegen der relativ geringen Unterwassermarschgeschwindigkeit nicht zu einer schnellen Schwerpunktbildung geeignet, auch sind sie periodisch von der Außenluft abhängig, um die Batterien zu laden, aber sie sind geräuscharm, wendig, bieten ein geringes Zielmaß für Ortungsgeräte (auch gegen Infrarot) und können mit ihren gleichwertigen Feuerleitanlagen und Torpedos eine ebenso große Waffenwirkung erzielen wie die nuklear getriebenen Boote.

Durch ihren Einsatz oder auch nur durch den möglichen Einsatz von Ubooten wird ein Gegner permanent zu erhöhter Abwehrbereitschaft gezwungen, also eine erhebliche Diversionswirkung erzielt.

Das Uboot bleibt das Seekriegsmittel mit dem geringsten Personalaufwand. Es bleibt zur Abschreckung langzeitig einsetzbar, für einen Gegner unkalkulierbar, und es bleibt das Seekriegsmittel der begrenzten Ressourcen.

Uboote werden auch in der Zukunft, unbeeinflußt und unabhängig von sich verändernden Bündnisabhängigkeiten oder Einsatzgebieten, eine unverzichtbare Rolle in einer ausgewogenen Flotte einnehmen.

Danksagung

Nach 19jähriger Dienstzeit als Ubootfahrer in der Deutschen Marine mit Einblicken in Ausbildung und Betrieb auf Ubooten von 14 verschiedenen Nationen, ergänzt durch Gespräche mit Ubootfahrern der unterschiedlichsten Regionen, weiß ich, daß die Entwicklung von Technik, Taktik und Ausbildung in der deutschen Ubootwaffe nur fragmentarisch und gerafft dargestellt werden konnte.

Die Ubootentwicklung der letzten 40 Jahre war so rasant, daß ein ständiges Mitschreiben erforderlich gewesen wäre, um diese nur annähernd wiedergeben zu können.

Es blieben also wesentliche Lücken, denn ich konnte weder alles erleben noch alles Erlebte darstellen.

Durch die Unterstützung des Kommandeurs der Ubootflottille, Kapitän zur See Eberbach, die Kommandeure des 1. und 3. Ubootgeschwaders und des Ausbildungszentrums Ubootflottille sowie des Leitenden Sanitätsoffiziers der Ubootflottille war es mir möglich, Anschluß an die gegenwärtige Situation der Ubootflottille zu halten.

Durch die engagierte und professionelle Hilfe bei der Bebilderung und dem Layout durch Peter Neumann konnte dieses Buch in der vorliegenden Form herausgebracht werden.

Herzlichen Dank.

Für die vielen wertvollen Ergänzungen und die Zuarbeit bedanke ich mich persönlich bei:

Dr. Ute Arriens, HDW

Michel Behr, YPS

Reinhold Brenner, TNSW

OLzS Bress

KK Brune

Dr. M. Bünder, LSO UFltl

FKpt Färmann, Kdr. 3.UG

Viktor Gernhard

Eckard Gruhl, TNSW

Kptlt Hain, A6 Ufltl

LtBauDir Hörder, Mars Kiel

KzS Michael Kirchgässner

Petra Löser, HDW

OlzS May, Ufltl

KK Udo Michel S3 3.UG

FKpt Panknier, Kdr. AZU

Uwe Regensdorf, TNSW

Dr. Jürgen Rohweder, HDW

Inga Rösler

FK a.D. Heinz Saß

FKpt Schmitt-Raiser, Kdr. 1.UG

FKpt Schneider, A3 UFltl

Dr. Sally von Stünzner-Karbe

Birgit Warnck, HDW

Kommandeure, Einheiten und Kommandanten der Uflottille

Amphibische Streitkräfte

KzS Otto Kretschmer	01.11.58 – 31.03.62
KzS Erich Topp	01.04.62 – 30.09.63

Ubootflottille

KzS Günter Reeder	01.12.62 – 05.01.64
FK Hans Günther Lange	06.01.64 – 31.03.65
	m.d.W.d.G.b.
KzS Gustav-Adolf Janssen	01.04.65 – 31.12.69
KzS Hugo Bladus	01.01.70 – 30.09.80
KzS Hannes Ewerth	01.10.80 – 26.09.86
KzS Dirk Horten	26.09.86 – 27.09.88
KzS Hans Lüssow	27.09.88 – 26.09.91
KzS Kurt Pfennig	26.09.91 – 14.03.96
KzS Borchert	14.03.96 – 11.12.98
KzS Eberbach	11.12.98 – heute

Ubootlehrgruppe

FK Burkhard Reche	01.08.59 – 05.01.61
FK Gustav-Adolf Janssen	06.01.61 – 15.01.64
FK Günther Wichering	16.01.64 – 19.06.65
	m.d.W.d.G.b.
FK Hans Gerd Marholz	20.06.65 – 30.09.68
FK Hermann Knaup	01.10.68 – 30.09.71
FK Günter Bringewat	01.10.71 – 30.09.81
FK Gunther Hartmann	01.10.81 – 23.09.86
FK Klaus Lüssow	23.09.86 – 31.03.88
FK Günther Bruch	01.04.88 – 31.03.90
FK Günther Petsch	01.04.90 – 28.09.92
FK Eberhard Rohlfing	28.09.92 – 31.08.93

Ausbildungszentrum Uboote / Ubootflottille

FK Joachim Schmidt	01.09.93 – 02.04.96
FK Andreas Krause	02.04.96 – 31.03.99
FK Lutz Panknier	31.03.99 – 28.03.01
FK Paul Becker	28.03.01 – heute

1. Ubootgeschwader

FK Hans Günther Lange	01.10.61 – 30.09.63
FK Walter Ehrhardt	01.10.63 – 30.09.66
FK Johannes Kowallik	01.10.66 – 30.09.69
FK Hannes Ewerth	21.01.71 – 30.09.73
FK Jörg Ullmann	01.10.73 – 31.10.76
FK Peter Jung	01.11.76 – 14.03.80
FK Dieter Holfert	15.03.80 – 31.03.83
FK Rubert Bischoff	01.04.83 – 31.03.85
FK Bernd Hillebrenner	01.04.85 – 30.09.87
FK Matz Borchert	01.10.87 – 02.04.89
FK Norbert Hermann	03.04.89 – 25.09.91
FK Wolfgang Hett	25.09.91 – 31.03.94
FK Klaus Röder	01.04.94 – 30.09.96
FK Schneider	01.10.96 – 29.07.99
FK Schmidt-Raiser	29.07.99 – heute

3. Ubootgeschwader

KK Siegfried Kramp	01.09.72 – 31.05.73
	m.d.W.d.G.b.
FK Ernst Jung	01.04.73 – 31.08.75
FK Dirk Horten	01.09.75 – 14.08.77
FK Hans Jürgen Heise	15.08.77 – 15.10.81
FK Hans Lüssow	16.10.81 – 30.09.82
FK Kurt Pfennig	01.10.82 – 30.09.84
FK Bernd Molter	01.10.84 – 23.09.86
FK Oskar Behrendt	23.09.86 – 22.08.88
FK Lothar Vibrans	22.08.88 – 22.03.91
FK Eugen Eberbach	22.03.91 – 31.03.91
FK Edmund Wallner	01.04.93 – 30.09.94
FK Fritz R. Weber	30.09.94 – 30.09.96
FK Bartolomeyczik	01.10.96 – 28.04.98
FK Setzer	29.09.98 – 25.04.00
FK Faermann	25.04.00 – heute

Die Einheiten mit ihren Kommandanten
Stand: 01.03.2001

Hai S 170

Indienststellung	*15.08.57*
Außerdienststellung	*14.09.66*
15.08.57 – 15.10.58	KL Ehrhardt
16.10.58 – 16.07.60	KL Voß
16.07.60 – 31.07.63	KL Emsmann
01.08.63 – 22.03.64	OLzS Jung, E.D.
22.03.64 – 30.06.66	OLzS Rehse
01.07.66 – 14.09.66	OLzS Wiedersheim

Hecht S 171

Indienststellung	01.10.57, Mai 63
Außerdienststellung	19.10.62, 30.09.68
01.10.57 – 31.12.59	KL Hass
01.01.60 – 31.05.61	KL Bringewat
01.06.61 – 31.03.62	KL Kowallik
01.04.62 – 19.10.62	KL Wüstenberg
Mai 63 – 30.07.64	OL Mauch
01.08.64 – 30.09.66	OL Lehmeier
01.10.66 – 30.09.68	OL Kratzsch

U Wilhelm Bauer Y 880

Indienststellung	01.09.60
Außerdienststellung	26.04.68
01.09.60 – 30.06.61	KL Voß
01.07.61 – 31.03.62	KK Wiechering
01.04.62 – 30.09.63	KK Kowallik
01.10.63 – 30.09.67	KK Waldschmidt
01.10.67 – 26.04.68	KL Jung, E.-D.
20.05.70 – 18.11.80	für BWB mit
	ziviler Besatzung,
	Kapitän Braun

U Techel S 172

Indienststellung	14.10.65
Außerdienststellung	15.12.66
14.10.65 – 11.10.66	OL Rautmann
12.10.66 – 15.12.66	OL Orlowski

Schürer S 173

Indienststellung	06.04.66
Außerdienststellung	15.12.66
06.04.66 – 15.12.66	OL Hoschatt

U 1 (201) S 180

Indienststellung	21.03.62, 03.04.65
Außerdienststellung	22.06.63, 15.03.66
21.03.62 – 22.06.63	KK Baumann
mit Heckrohrersatz:	
03.04.65 – 15.03.66	OL Kramp

U 1 (205) S 180

Indienststellung	06.06.67
Außerdienststellung	29.11.91
06.06.67 – 18.08.67	KL Hoschatt
18.08.67 – 31.03.69	OL Hartmann
01.04.69 – 19.07.70	KL Priesner
20.07.70 – 01.10.71	KL Heise
01.10.71 – 02.10.73	KL Wilhelms
03.10.73 – 30.09.78	KL Boehm
01.10.78 – 31.03.82	KK Quast
01.04.83 – 31.03.84	KL Kröger
01.04.84 – 29.09.86	KL Brosch
29.09.86 – 01.10.86	KK Ansheim
01.10.86 – 30.03.90	KL Uhde
31.03.90 – 28.02.91	KK Kröger
01.03.91 – 15.07.91	KL Bornhorst
15.07.91 – 29.11.91	OL Schrubstock
m.d.W.d.G.b.	

U 2 (201) S 181

Indienststellung	03.05.62
Außerdienststellung	15.08.63
03.05.62 – 15.08.63	KL Freytag

U 2 (205) S 181

Indienststellung	11.10.66
Außerdienststellung	19.03.92
11.10.66 – 30.09.68	KL Heyden

01.10.68 – 30.09.69	KL Schäfer
01.10.69 – 01.07.70	KL Heise
02.07.70 – 15.02.71	OL Kürschner
	m.d.W.d.G.b.
15.02.71 – 30.09.72	KL Ewald
01.10.72 – 12.01.73	KL Hillebrenner
13.01.73 – 30.09.73	KL Heise
01.10.73 – 30.09.75	KL Lüssow, H.
01.10.75 – 30.09.76	KL Rohlfing
01.10.76 – 30.09.77	KL Kahler
C1.10.77 – 30.09.81	KL Gieche
01.10.81 – 30.09.83	KL Bachmann
01.10.83 – 01.04.86	KL Ehmke
01.04.86 – 29.06.88	KL Klein
29.06.88 – 29.03.90	KL Schlosser
30.03.90 – 19.03.92	KL Laux

U 3 S 182

Indienststellung	20.06.64
Außerdienststellung	15.09.67
20.06.64 – 29.09.65	OL Mauch
30.09.65 – 15.09.67	OL Hammer

U 3 fuhr vom 10.07.62 bis zur Übernahme durch die Bundesmarine 1964 als Kobben unter norwegischer Flagge.

U 4 S 183

Indienststellung	19.11.62
Außerdienststellung	01.08.74
19.11.62 – März 64	KL Bringewat
Apr. 64 – Sept. 66	OL v. Steynitz
Jan. 67 – 30.09.68	OL Schaefer, Hans
01.10.68 – 30.09.70	KL Poppe
01.10.70 – 22.08.71	KL Hoschatt
23.08.71 – 31.12.71	KL Lüssow, Hans

01.01.72 – 09.10.72	KL Becker
10.10.72 – 02.11.73	KL Saß
03.11.73 – 07.01.74	KL Poske
08.01.74 – 01.08.74	KL Bruch

U 5 S 184

Indienststellung	*04.07.63*
Außerdienststellung	*17.05.74*
04.07.63 – 15.01.64	KL Wüstenberg
16.01.64 – 28.02.64	OL Schütz
	m.d.W.d.G.b.
29.01.64 – 26.03.64	OL Ullmann
	m.d.W.d.G.b.
27.03.64 – 06.12.65	OL Jung, E.D.
07.12.65 – 14.07.68	KL Lauer
15.07.68 – 13.08.69	KL Wilhelms
13.08.69 – 14.01.70	KL v. Stünzner-Karbe
14.01.70 – 31.12.70	KL Ewald
01.01.71 – 02.10.72	KL Nietmann
03.10.72 – 17.05.74	KL Brausewetter

U 6 S 185

Indienststellung	*04.07.63*
Außerdienststellung	*22.08.74*
04.07.63 – 30.09.65	KL Emsmann
01.10.65 – 31.12.67	OL Jung, Peter
01.01.68 – 22.09.68	OL Holfert
23.09.68 – 31.12.68	KL Horten
01.01.69 – 11.08.71	OL Behrens
12.08.71 – 30.09.71	OL Bruch
01.10.71 – 30.09.72	KL Hillebrenner
01.10.72 – 30.09.73	KL Bischoff
01.10.73 – 22.08.74	KL Schamp

U 7 S 186

Indienststellung	*16.03.64, 22.05.68*
Außerdienststellung	*30.09.65, 12.07.74*
16.03.64 – 30.09.65	OLzS Ewerth
22.05.68 – 31.03.69	KL Priesner
01.04.69 – 31.10.70	OLzS Wensky
01.11.70 – 30.09.72	KL Quast
01.10.72 – 30.09.73	KL Behrendt
01.10.73 – 12.07.74	KL Molter

U 8 S 187

Indienststellung	*22.07.64*
Außerdienststellung	*09.10.74*
22.07.64 – 27.09.65	OLzS Ullmann
28.09.65 – 22.09.68	OLzS Horten
23.09.68 – 31.12.68	KL Holfert
01.01.69 – 14.12.69	OLzS Heise
15.12.69 – 20.09.70	KL Kößler
01.10.70 – 30.09.71	KL Liebeneiner
01.10.71 – 09.10.74	KL Haase

U 9 S 188

Indienststellung	*11.04.67*
Außerdienststellung	*03.06.93*
11.04.67 – 30.09.67	KL Kramp
01.10.67 – 15.04.70	OLzS Holst
16.04.70 – 31.07.73	KL Pfennig
01.08.73 – 31.09.75	KL Winckler
01.10.75 – 30.09.77	KL Vibrans
31.09.77 – 25.09.80	KL Rohlfing
26.09.80 – 30.09.82	KL Rutz
31.09.82 – 18.02.83	KL Knobloch
18.02.83 – 28.03.85	KL Jeschke
28.03.85 – 25.02.87	KL Schult
01.03.87 – 28.09.89	KL Panknier

28.09.89 – 18.07.90	KL Gaupp
18.07.90 – 29.05.91	KL Dzulko
25.05.91 – 12.02.92	KL Schick
20.03.92 – 30.06.92	KL Laux
24.09.92 – 30.06.93	KL Knop, Chr.

U 10 S 189

Indienststellung	*28.11.67*
Außerdienststellung	*04.03.93*
28.11.67 – 30.09.68	OLzS Orlowski
01.10.68 – 28.09.70	KL Wilhelms
29.07.70 – 31.12.71	KL Kößler
01.01.72 – 30.09.72	KL Lüssow, H.
01.10.72 – 30.09.74	KL Quast
01.10.74 – 30.09.75	KL Bischoff
01.10.75 – 30.03.77	KL Zeiher
01.04.77 – 30.09.78	OLzS Bieber
01.10.78 – 30.09.80	KL Mai
01.10.80 – 01.10.81	KL Schmidt
02.10.81 – 30.09.83	KL Zielke
01.10.83 – 01.04.84	KL Hering
03.05.84 – 28.03.85	KL Renz
28.03.85 – 30.09.87	KL Fischer
01.10.87 – 28.09.89	KL Brandt
28.09.89 – 30.06.92	KL Weber, J.
30.06.92 – 04.03.93	OLzS Augstein
	m.d.W.d.G.b.

U 11 S 190

Indienststellung	*21.06.68*
Außerdienststellung	
21.06.68 – 31.12.68	KL Ebert
01.01.69 – 01.10.70	KL Holfert
01.10.70 – 01.10.71	KL Poppe
01.10.71 – 30.09.73	KL Liebeneiner

01.10.73 – 07.01.74   KL Ewald
08.01.74 – 01.04.74   OL Bieber
     m.d.W.d.G.b.
01.04.74 – 17.04.77   KL Borchert
18.04.77 – 30.09.81   KL Pahmeier
01.10.81 – 28.03.85   KK Gieche
28.03.85 – 29.09.86   KL Witte
29.09.86 – 29.09.87   KL Brühn
01.10.87 – 30.05.91   KK Zielke
01.10.91 – 10.08.94   KL Jorek
10.08.94 – 15.07.96   KL Henatsch
16.07.96 – 01.10.97   KK Prass
01.10.97 – 24.01.00   KL Müller L.
24.02.00 – heute   KL Küster

U 12 S 191

Indienststellung   *14.01.69, 08.01.74*
Außerdienststellung   *30.04.71*
14.01.69 – 30.04.71   KL Kratzsch
01.01.74 – 30.09.74   KL Ewald
01.10.74 – 30.09.76   KL Kunze
01.10.76 – 31.03.80   KL Krönke
01.04.81 – 30.09.82   KL Knobloch
01.10.82 – 18.02.83   KL Jeschke
19.02.83 – 01.04.86   KL Schamp
01.04.86 – 30.09.88   KK Gohde
01.10.88 – 28.02.91   KL Meyerhoff
01.03.91 – 30.09.93   KK Kröger
01.10.93 – 30.09.96   OLzS Verheyen
30.09.96 – 01.10.98   KL Preuß
01.10.98 – heute   KL Lührsen

U 13 S 192

Indienststellung   *19.04.73*
Außerdienststellung   *26.03.97*
19.04.73 – 30.09.75   KL Hillebrenner
01.10.75 – 30.09.76   KL Bohr
01.10.76 – 30.09.78   KL Hering
01.10.78 – 30.09.80   KL Dockhorn
01.10.80 – 30.09.82   KL Windolph
01.10.82 – 30.09.84   KL Kupczyk
01.10.84 – 01.04.86   KL Meyerhoff
01.04.86 – 29.09.87   KK Luchterhand
01.10.87 – 22.10.87   KL Hetke
22.10.87 – 09.01.89   KL Schneider
17.03.89 – 20.03.92   KK Böke
01.10.92 – 31.03.93   OLzS Sparwel
01.10.92 – 30.06.93   KK Hetke
     m.d.W.d.G.b
01.07.93 – 20.06.94   KL Vorbeck
     m.d.W.d.G.b
29.08.94 – 13.04.95   OLzS Sparwel
13.04.95 – 10.05.95   OLzS Lührsen
     m.d.W.d.G.b.
10.05.95 – 15.09.95   KL Sparwel
15.09.95 – 14.03.97   KL Lübben

U 14 S 193

Indienststellung   *19.04.73*
Außerdienststellung   *26.03.97*
19.04.73 – 30.09.75   KL Becker
01.10.75 – 31.03.78   KL Thois
01.04.78 – 31.09.79   KL Kahler
01.10.79 – 30.09.81   KL Hering
01.10.81 – 30.09.84   KL Krämer
01.10.84 – 19.06.86   KL Wegner
19.06.86 – 28.09.90   KK Bieber

28.09.90 – 11.08.92   KK Setzer
12.08.92 – 10.08.94   KL Vorbeck
10.08.94 – 11.11.96   KL Nisius
11.11.96 – 21.11.96   KL d.R. v. Weyden-berg
21.11.96 – 01.04.97   KL Nisius

U 15 S 194

Indienststellung   *17.07.74*
Außerdienststellung
17.07.74 – 30.09.78   KL Zeller
01.10.78 – 30.06.80   KL Ulrich
01.07.80 – 28.03.84   KL Winckler
28.03.84 – 24.09.86   KL Ansheim
24.09.86 – 30.09.88   KL Beese
30.09.88 – 11.04.89   KL Lakomczak
11.04.89 – 03.06.93   KK Bartholomeyczik
03.06.93 – 28.06.94   KL Knop, Chr.
28.06.94 – 28.06.96   KL Robien
28.06.96 – 23.03.98   KL Krämer
23.03.98 – 30.04.98   KL Rose
     m.d.W.d.G.b.
30.04.98 – 23.10.00   KL Brune
23.10.00 – heute   KL Molter

U 16 S 195

Indienststellung   *09.11.73*
Außerdienststellung
09.11.73 – 26.09.76   KL Wille
27.09.76 – 30.09.81   KL Wüstenberg
01.10.81 – 01.04.84   KK Hett
01.04.84 – 10.10.86   KK Hering
10.10.86 – 30.03.88   KK Windolph
01.04.88 – 31.12.92   KK Boll
01.01.93 – 28.09.95   KK Ranocha

28.09.95 – 21.03.96	KL Kaufmann
21.03.96 – 05.07.96	KL Bohrer m.d.W.d.G.b.
05.07.96 – 25.03.99	KL Boch
25.03.99 – heute	KK Lübben

U 17 S 196

Indienststellung	*28.11.73*
Außerdienststellung	
28.11.73 – 30.09.75	KL Wüstenberg
01.10.75 – 30.09.77	KL Toyka
01.10.77 – 30.09.80	KL Kramer
01.10.80 – 30.09.82	KL Luchterhand
01.10.82 – 01.10.84	KL Schulze-Hillert
01.10.84 – 26.09.86	KK Schuchardt
26.09.86 – 07.11.88	KK Petermann
07.11.88 – 09.01.89	KL Weiß
09.01.89 – 29.09.89	KL Schneider
29.09.89 – 26.09.91	KL Briel
26.09.91 – 15.08.93	KK Witte
16.08.93 – 01.09.95	KL Prahl
01.09.95 – 28.09.98	KL Müller-Seedorf
28.09.98 – heute	KK Vorbeck

U 18 S 197

Indienststellung	*19.12.73*
Außerdienststellung	
19.12.73 – 30.09.77	KL Behrendt
01.10.77 – 30.03.80	KL Hett
01.04.80 – 30.09.81	KL Weigel
01.10.81 – 18.02.83	KL Eberbach
19.02.83 – 01.04.86	KL Waidlein
01.04.86 – 30.03.87	KK Krämer
01.04.87 – 30.09.88	KL Lotz
15.08.88 – 17.08.90	KL Görg

17.08.90 – 26.09.93	KL Ruppenthal
27.09.93 – 10.12.95	OLzS Trapp
10.12.95 – 28.08.97	KL Kaufmann
28.08.97 – 10.03.00	KL Thiede
10.03.00 – 27.09.00	KL Bensmann
27.09.00 – heute	KL Grabienski

U 19 S 198

Indienststellung	*09.11.73*
Außerdienststellung	*03.06.98*
09.11.73 – 30.09.77	KL Imm
01.10.77 – 31.03.78	KL Kahler
01.04.78 – 30.09.80	KL Krahnstöver
01.10.80 – 30.09.82	KL v. Müller
01.10.82 – 01.10.84	KL Haller
01.10.84 – 01.04.86	KL Köppen
01.04.86 – 12.02.87	KL Knigge
01.04.87 – 30.09.87	KL Feist
01.10.87 – 22.12.88	KL Neurath
22.12.88 – 20.03.91	KK Quaet-Faslem
20.03.91 – 16.07.91	OL Brassen m.d.W.d.G.b.
16.07.91 – 30.06.92	KL Bornhorst
01.07.92 – 30.09.92	OL Sparwel m.d.W.d.G.b.
01.10.92 – 18.10.93	KK Hetke
18.10.93 – 18.07.94	KL Memming
22.07.94 – 02.10.95	KL Lübben
02.10.95 – 03.06.98	KL Ebel

U 20 S 199

Indienststellung	*24.05.74*
Außerdienststellung	*26.09.96*
24.05.74 – 31.03.79	KL Bodendieck
01.04.79 – 30.09.81	KL Schell

01.10.81 – 01.10.84	KL Roeder
01.10.84 – 18.08.86	KK Wallner
18.08.86 – 31.03.88	KL Belau
01.04.88 – 11.08.88	KL Lotz
11.08.88 – 28.09.89	KL Jeschke
28.09.89 – 12.08.91	KL Plettau
12.08.91 – 29.08.94	KL Faermann

U 21 S 170

Indienststellung	*16.08.74*
Außerdienststellung	*03.06.98*
16.08.74 – 25.09.77	KL Molter
26.09.77 – 30.09.81	KL Bohr
01.10.81 – 12.03.83	KL Toyka
01.07.83 – 01.04.86	KL Böke
01.04.86 – 29.09.86	KK Bachmann
02.10.86 – 15.03.88	KL Frank
15.03.88 – 28.09.90	KL Mandt
28.09.90 – 30.09.93	KL Fischer
01.10.93 – 10.08.94	KL Henatsch
10.08.94 – 18.08.96	KL Vorbeck
18.08.96 – 03.06.98	OlzS Bornholt

U 22 S 171

Indienststellung	*26.07.74*
Außerdienststellung	
26.07.74 – 30.06.76	KL Brausewetter
01.07.76 – 30.09.78	KL Brüggemann
01.10.78 – 30.09.82	KL Gohde
01.10.82 – 29.09.86	KK Zeller
29.09.86 – 28.09.89	KL Krause, A.
28.09.89 – 10.08.92	KK Köppen
20.08.92 – 29.09.94	KL Schmidt, Jürgen
29.09.94 – 08.07.96	KL Prasse
08.07.96 – 19.12.97	KL Bohrer

19.12.97 – 30.09.99	KL Grabienski	27.10.95 – 26.09.97	KL Müller	01.10.87 – 29.09.89	KK Röder
30.09.99 – heute	KL Levin	27.09.97 – 01.12.97	KL Bohrer	29.09.89 – 14.09.90	KL Gemein
		01.12.97 – 30.06 98	KL Grabienski	17.09.90 – 30.09.92	KK Gaupp

U 23 S 172

Indienststellung   *02.05.75*
Außerdienststellung

		30.06.98 – 02.10.00	KL Zerull	01.10.92 – 30.09.94	KL Buth
		02.10.00 – heute	KL Nisius	01.10.94 – 27.09.96	KL Brasen
				27.09.96 – 30.06.99	KL Zaouer
02.05.75 – 30.09.76	KL Weigel			30.06.99 – 22.09.00	KL Rosenzweig
01.10.76 – 30.09.77	KL Ulrich	**U 25 S 174**		22.09.00 – heute	KL Schröder
01.10.77 – 31.03.83	KL Hermann				
01.04.83 – 01.10.85	KK Randing	*Indienststellung* *14.06.74*			
01.10.85 – 30.09.87	KL Weber, J.	*Außerdienststellung*		**U 27 S 176**	
01.10.87 – 25.09.91	KL Brosch	14.06.74 – 31.03.76	KL Unger	*Indienststellung* *16.10.74*	
25.09.91 – 10.08.93	KL Fortmann	01.04.76 – 31.03.81	KL Petsch	*Außerdienststellung* *13.06.98*	
16.08.93 – 29.09.95	KL Müller, E.	01.04.81 – 16.10.81	KL Kunze	16.10.74 – 31.03.77	KL Schamp
29.09.95 – 26.09.97	OlzS Waldmann	17.10.81 – 10.01.82	OLzS Lakomczak	19.09.77 – 09.12.77	KK Wallner
26.09.97 – 31.03.00	OlzS Franz		(m.d.W.d.G.b.)	09.12.77 – 31.03.81	KL Unger
31.03.00 – 05.07.00	KL Lindemann	11.01.82 – 31.03.83	KK Manseck	01.04.81 – 30.06.81	KK Petsch
05.07.00 – heute	KL Schütz	03.08.83 – 03.01.86	KL Quaet-Faslem	01.07.81 – 30.09.81	OLzS Kähler
		03.01.86 – 29.01.88	KK Rohlfing		(m.d.W.d.G.b.)
U 24 S 173		29.01.88 – 01.09.88	KK Schulze-Hillert	01.10.81 – 05.08.84	KL Krönke
Indienststellung *16.10.74*		02.09.88 – 23.09.91	KK Witte	05.08.84 – 01.10.85	KK v. Müller
Außerdienststellung		23.09.91 – 30.09.93	KL Pauly	01.10.85 – 20.08.87	KK Schmidt
16.10.74 – 26.09.76	KL Bruch	01.10.93 – 25.09.95	KL Gaupp	20.08.87 – 06.06.88	KK Setzer
27.09.76 – 31.03.79	KL Krause	05.09.95 – 29.09.98	KL Michel	07.06.88 – 28.06.89	KL Wartins
01.04.79 – 31.08.82	KK Bohr	29.09.98 – 02.10.00	KL Giesecke	28.06.89 – 15.08.91	KL Loth
01.04.82 – 27.09.84	KL Petermann	02.10.00 – heute	KL Bornholt	15.08.91 – 30.09.91	KL Plettau
27.09.84 – 18.12.87	KL Barthol-			30.09.91 – 05.09.93	KK Brühn
	omeyzcik	**U 26 S 175**			
18.12.87 – 30.09.88	KK Schulze-Hillert	*Indienststellung* *13.03.75*		*Ab 27.01.94 zum AZU für Ausbildungszwecke*	
29.01.88 – 31.03.88	KK Rohlfing	*Außerdienststellung*		*überstellt, ohne Kommandant*	
01.04.88 – 11.08.88	KL Jeschke	13.03.75 – 03.04.78	KL Manseck		
12.08.88 – 31.07.89	KL Lotz	04.04.78 – 20.09.79	KL Lüssow, K.	**U 28 S 177**	
21.09.89 – 21.09.92	KL Prasse	21.09.79 – 24.10.81	KL Schuchard	*Indienststellung* *18.12.74*	
21.10.92 – 30.09.94	KL Zaouer	25.10.81 – 18.02.83	KL Uhde	*Außerdienststellung*	
01.10.94 – 27.10.95	KL Briel	19.02.83 – 30.09.84	KL Jeschke	18.12.74 – 31.03.75	KL Haase
		01.10.84 – 19.06.86	KL Bieber	01.04.75 – 12.04.78	KL Saß
		19.06.86 – 30.09.87	KL Wegner	14.04.78 – 30.09.79	KL Windolph

01.10.79 – 01.10.81	KL Kupcyk
01.10.81 – 27.08.84	KL Scharf
27.08.84 – 30.09.87	KL Weiß
01.10.87 – 15.03.88	KL Mandt
15.03.88 – 28.06.88	KL Frank
29.06.88 – 01.09.89	KL Hetke
01.09.89 – 26.09.91	KK Becker, P.
26.09.91 – 08.07.94	KL Schmidt-Raiser
08.07.94 – 08.03.95	KL Loth
08.03.95 – 26.07.97	KL Zerull
26.09.97 – 01.07.00	KL Laube
01.07.00 – heute	KL Zickermann

U 29 S 178

Indienststellung	27.11.74
Außerdienststellung	
27.11.74 – 30.09.78	KL Brandt
01.10.78 – 08.06.80	KL Vibrans
09.06.80 – 01.10.85	KL Brandt
01.10.85 – 01.04.87	KL Feist
01.04.87 – 30.09.87	KK Krämer
01.10.87 – 17.07.90	KL Neurath
17.07.90 – 26.09.93	KK Schult
27.09.93 – 26.09.97	KL Hansmann
26.09.97 – 01.10.99	KL Faust
01.10.99 – heute	KL Vogt

U 30 S 179

Indienststellung	13.03.75
Außerdienststellung	
13.03.75 – 18.12.77	KL Eberbach
19.12.77 – 30.09.78	KL Wallner
01.10.78 – 30.09.82	KL Brausewetter
01.10.82 – 20.08.84	KL Brüggemann
20.08.84 – 26.09.87	KL Weber, F.R.

26.09.87 – 30.09.87	KL Schneider
01.10.87 – 28.06.88	KL Hetke
28.06.88 – 28.09.90	KL Ranocha
28.09.90 – 30.09.93	KK Haller
01.10.93 – 26.09.96	KL Pache
26.09.96 – 01.12.98	KL Schröter
01.12.98 – heute	KL Robien

Lahn A 55

Indienststellung	24.03.64
Außerdienststellung	26.04.91
24.03.64 – 31.08.65	KK Hass
01.09.65 – 02.10.66	KK Wüstenberg
03.10.66 – 11.12.67	KK Freytag
14.12.67 – 30.09.69	KK Hamann
01.10.69 – 31.01.71	KK v. Eitzen
01.02.71 – 30.05.75	KK Schaefer
01.06.75 – 30.09.78	KK Bott
01.10.78 – 30.09.81	KK Lorenz
01.10.81 – 30.09.82	KK Boehm
01.10.82 – 06.10.87	KK Brausewetter
07.10.87 – 13.01.89	KL Wenzel
13.01.89 – 26.04.91	KK Weiß

Lech A 56

Indienststellung	08.12.64, 21.02.75
Außerdienststellung	29.03.68, 30.06.89
08.12.64 – 31.03.65	KK Solarek
01.04.65 – 30.09.67	KK Jäckel
01.10.67 – 29.03.68	KL Prien
21.02.75 – 31.09.76	KK Kratsch
01.10.76 – 25.04.79	KK Adolph
26.04.79 – 30.09.81	KK Boehm
01.10.81 – 29.03.85	KK Wüstenberg
29.03.85 – 30.06.89	KK Gieche

Merkur

Indienststellung	11.01.63
Außerdienststellung	31.10.68
11.01.63 – 31.03.64	HB Nevermann
01.04.64 – 09.02.68	HB Händel
09.02.68 – 13.06.68	HB Lange
14.06.68 – 18.09.68	HB Jahnke
19.09.68 – 31.10.68	HB Grümmer

Passat

1957 – 30.09.59	Kapt. Jedlika mit Zivilbesatzung
Indienststellung	01.10.59
Außerdienststellung	31.08.67
01.10.59 – 03.11.61	KL Wüstenberg
04.11.61 – 18.12.61	KL Freytag
19.12.61 – 03.04.64	KL Wüstenberg
04.04.64 – 10.12.65	KL Lorey
11.12.65 – 24.06.66	OL Starbusch
25.06.66 – 12.07.66	OL d.R. Lepski

Meersburg

Indienststellung	25.06.67
Außerdienststellung	
Unterstellungswechsel zum 1. UGeschw. 08.01.90	
14.12.89 – 09.07.91	FK Gräff
09.07.91 – 27.03.92	KK Weiß, E.
27.03.92 – 15.11.94	KK Böke
15.11.94 – 17.12.96	KL Jorek
20.01.97 – 28.02.97	FK d.R. Gräff
28.02.97 – 01.03.00	KL Trapp
01.03.00 – 26.01.01	KK Ranocha
26.01.01 – heute	KL Metschulat

A

Name	Zeitraum	Verwendung
Ansheim	04/79 – 09/81	U 24
	03/84 – 09/87	U 15

B

Name	Zeitraum	Verwendung
Bachmann	10/81 – 09/83	U 2
	04/86 – 10/86	U 21
Bartholomeyzcik	09/84 – 12/86	U 24
	04/89 – 06/93	U 15
	06/93 –	S 3/AZU
	10/96 – 04/98	Kdr 3.UG
Baumann	03/62 – 06/63	U 1 (201)
Becker, Peter	10/71 – 01/72	A 6 UFltl
	01/72 – 10/72	U 4
	04/73 – 09/75	U 14
Becker, Paul	10/89 – 09/91	U 28
	09/93 –	09/95 A 31/UFltl
	03/01 – heute	Kdr AZU
Beese	10/87 – 09/88	U 15
	10/91 – 04/93	S 3/1. UGschw
Behrendt	10/72 – 09/73	U 7
	12/73 – 09/77	U 18
	09/77 – 02/83	A 3 A UFltl
	10/86 – 08/88	Kdr 3. UGschw
Behrens	01/69 – 08/71	U 6
Belau	10/86 – 03/88	U 20
Bensmann	03/00 – 09/00	U 18
Bieber	04/77 – 09/78	U 10
	09/82 – 09/84	A 6 UFltl
	09/84 – 06/86	U 26
	06/86 – 09/90	U 14
Bischoff	10/72 – 09/73	U 6
	10/74 – 09/75	U 10
	10/77 – 03/82	A 3 E UFltl
	03/83 – 03/85	Kdr 1. UGschw
	04/89 – 09/91	A 3 Ufltl
Boch	07/96 – 03/99	U 16
Bodendieck	05/74 – 03/79	U 20
Boehm	10/73 – 09/78	U 1
	04/79 – 09/81	Tender Lech
	10/81 – 09/82	Tender Lahn
	01/85 – 07/86	A 3 E/UFltl
Bohrer m.d.W.d.G.b.	03/96 – 07/96	U 16
	07/96 – 12/97	U 22
	09/97 – 12/97	U 24
Böke	07/83 – 03/86	U 21
	03/89 – 03/92	U 13
	03/92 – 11/94	Meersburg
Bohr	10/75 – 09/76	U 13
	09/77 – 09/81	U 21
	10/81 – 03/82	U 24
	09/82 – 12/84	A 3 E/UFltl
Boll	04/88 – 12/92	U 16
Borchert	04/74 – 04/77	U 11
	04/80 – 02/83	S 3 3. UGschw
	02/83 – 08/85	A 1 UFltl
	10/87 – 03/89	Kdr 1. UGschw
	09/91 – 09/93	A 3 UFltl
Bornhorst	03/91 – 07/91	U 1
	07/91 – 06/92	U 19
Bornholt	08/96 – 06/98	U 21
	10/00 – heute	U 25
Brandt, Ingo	10/87 – 09/89	U 10
Brandt, Peter	11/74 – 09/78	U 29
	10/78 – 01/79	S 6 1. UGschw
	06/80 – 05/85	U 29
Brausewetter	10/72 – 05/74	U 5
	07/74 – 06/76	U 22
	07/76 – 09/78	S 1 3. UGschw
	10/78 – 09/82	U 30
	10/82 – 10/87	Tender Lahn
Brasen	10/94 – 09/96	U 26
	08/00 –	A 31 UFltl
Briel	09/89 – 09/91	U 17
	10/94 – 10/95	U 24
Bringewatt	01/60 – 05/61	U Hecht
	11/62 – 03/64	U 4
	10/65 – 09/66	S 3 1. UGschw
	10/66 – 03/68	A 3 Kdo Uboote
	10/71 – 09/81	Kdr ULehrGrp
Brosch	04/84 – 09/86	U 1
	10/87 – 09/91	U 23
	10/91 – 09/93	Ltr AWU 206 A
Bruch	08/71 – 09/71	U 6
	01/74 – 08/74	U 4
	10/74 – 09/76	U 24
	07/78 – 09/81	S 3 3. UGschw
	04/88 – 03/90	Kdr AZU
	04/90 – 06/90	zbV UFltl
Brüggemann	07/76 – 09/78	U 22
	10/82 – 08/84	U 30
	10/86 – 09/88	S 3 3. UGschw
Brühn	10/86 – 09/87	U 11
	09/87 – 12/88	U 19
	10/91 – 09/93	U 27
Brune	04/98 – 10/00	U 15
Buth	10/92 – 09/94	U 26
	04/97 – 10/98	A 31 UFltl

<table>
<tbody>
</tbody>
</table>

D

Dockhorn	10/78 – 09/80	U 13
Dzulko	07/90 – 05/91	U 9

E

Ebel	10/95 – 03/98	U 19
Eberbach	03/75 – 12/77	U 30
	10/81 – 02/83	U 18
	07/86 – 03/88	A 3E UFltl
	03/91 – 03/93	Kdr 3. UGschw
	04/93 – 06/93	A 3 UFltl
	12/98 – heute	Kdr. UFltl
Ebert	06/68 – 12/68	U 11
Ehmke	10/83 – 09/86	U 2
	10/86 – 10/87	S 6 3. UGschw
Ehrhardt	08/57 – 10/58	U Hai
	10/63 – 09/66	Kdr 1. UGschw
Emsmann	07/60 – 07/63	U Hai
	07/63 – 09/65	U 6
Ewald	01/70 – 12/70	U 5
	02/71 – 09/72	U 2
	10/73 – 01/74	U 11
	01/74 – 09/74	U 12
	10/74 – 09/75	A 6 UFltl
Ewerth	07/63 – 09/65	U 7
	10/70 – 01/71	S 3 1. UGschw
	01/71 – 09/73	Kdr 1. UGschw
	10/73 – 10/77	A 3 UFltl
	10/80 – 09/86	Kdr UFltl

F

Faermann	08/91 – 08/94	U 20
	04/00 – heute	Kdr. 3.UG
Faust	09/97 – 10/99	U 29
Feist	05/85 – 03/87	U 29
	03/87 – 09/87	U 19

	10/88 – 03/91	S 6 1. UGschw
	04/91 – 09/91	S 1 1. UGschw
	10/91 – 03/92	A 2 UFltl
	04/92 –	A 6 UFltl
Fischer	03/85 – 09/87	U 10
	09/90 – 10/93	U 21
	10/93 –	Ltr. AWU 206
Fortmann	09/91 – 08/93	U 23
Frank	10/86 – 03/88	U 21
	03/88 – 06/88	U 28
Franz	09/97 – 03/00	U 23
Freytag	11/61 – 12/61	Passat
	05/62 – 08/63	U 2 (201)
	10/66 – 12/67	Tender Lahn

G

Gaupp	09/89 – 07/90	U 9
	09/90 – 09/92	U 26
	10/93 – 09/95	U 25
Gemein	10/89 – 09/90	U 26
Gieche	10/77 – 09/81	U 2
	10/81 – 03/85	U 11
	04/85 – 06/89	Tender Lech
Giesecke	09/98 – 10/00	U 25
Görg	09/88 – 08/90	U 18
	10/90 – 09/91	AWU 206 A (KontrOffz)
Gohde	10/78 – 09/82	U 22
	04/86 – 09/88	U 12
Grabinski	12/97 – 06/98	U 24
	12/97 – 09/99	U 22
	09/00 – heute	U 18
Gräff	12/89 – 07/91	Meersburg
	07/91 –	A 42 UFltl
	01/97 – 02/97	Meersburg

H

Haase	10/71 – 10/74	U 8
	12/74 – 03/75	U 28
Haller	10/82 – 10/84	U 19
	09/90 – 09/93	U 30
	09/93 –	Ltr. AWU 206 A
Hansmann	09/93 – 9/97	U 29
Hammer	10/64 – 03/65	S 1 1. UGschw
	09/65 – 09/67	U 3
Hartmann	08/67 – 03/69	U 1
	04/69 – 09/69	TTG UFltl
	10/70 – 10/73	TTG UFltl
	10/73 – 09/74	S 3 ULehrGrp
	10/81 – 09/86	Kdr ULehrGrp
Hass	10/57 – 12/59	U Hecht
	01/60 – 10/63	S 3 ULehrGrp
	03/64 – 08/65	Tender Lahn
Heise	01/69 – 12/69	U 8
	10/69 – 07/70	U 2
	07/70 – 10/71	U 1
	01/73 – 09/73	U 2
	10/73 – 09/77	TTG UFltl
	10/77 – 10/81	Kdr 3. UGschw
	10/81 – 09/82	A 3 UFltl
Henatsch	04/92 – 09/92	TTG/UFltl
	10/93 – 08/94	U 21
	08/94 –	U 11
Hering	10/76 – 09/78	U 13
	10/79 – 09/81	U 14
	10/83 – 04/84	U 10
	04/84 – 10/86	U 16
Hermann	10/77 – 03/83	U 23
	04/83 – 07/86	S 3 ULehrGrp
	04/89 – 09/91	Kdr 1. UGschw
	09/91 – 12/91	zbV UFltl

Henatsch	10/93 – 08/94	U 21
	08/94 – 07/96	U 11
Hetke	10/87 – 06/88	U 30
	06/88 – 09/89	U 28
	10/92 – 10/93	U 19
Hett	10/77 – 03/80	U 18
	10/81 – 04/84	U 16
	04/84 – 09/85	S 3 1. UGschw
	09/85 – 09/87	A 1 UFltl
	09/91 – 03/94	Kdr 1. Ugschw
	10/96 – 09/99	A3 UFltl
Heyden	10/66 – 09/68	U 2
	10/69 – 10/70	TTG UFltl
Hillebrenner	10/71 – 09/72	U 6
	10/72 – 01/73	U 2
	04/73 – 09/75	U 13
	10/77 – 07/79	S 3 1. UGschw
	04/85 – 10/87	Kdr 1. UGschw
Holfert	01/68 – 09/68	U 6
	09/68 – 12/68	U 8
	01/69 – 10/70	U 11
	01/72 – 04/74	A 6 UFltl
	04/74 – 10/76	S 3 3. UGschw
	04/80 – 03/83	Kdr 1. UGschw
Holst	10/67 – 04/70	U 9
Horten	09/65 – 09/68	U 8
	09/68 – 12/68	U 6
	09/73 – 07/75	S 3 1. UGschw
	10/75 – 09/77	Kdr 3. UGschw
	10/86 – 09/88	Kdr UFltl
Hoschatt	04/66 – 12/66	U Schürer
	06/67 – 08/67	U 1
	10/70 – 08/71	U 4
	08/71 – 05/73	S 3 ULehrGrp

I		
Imm	11/73 – 09/77	U 19
	04/83 – 10/84	S 3 3. UGschw

J		
Jeschke	10/82 – 02/83	U 12
	02/83 – 08/84	U 26
	08/84 – 03/85	U 9
	04/85 – 04/88	stv. Ltr. TTG
	04/88 – 08/88	U 24
	08/88 – 09/89	U 20
	10/89 – 07/90	Ltr. TTG/AZU
Jorek	10/91 – 08/94	U 11
	11/94 – 12/96	Meersburg
Jung, E.-D.	08/63 – 03/64	U Hai
	03/64 – 12/65	U 5
	10/67 – 04/68	U Bauer
	03/73 – 08/75	Kdr 3.UGeschw.
Jung, Peter	10/65 – 12/67	U 6
	01/70 – 03/71	A 31 UFltl
	04/71 – 01/73	S 3 1.UGschw
	01/73 – 01/74	S 3 3.UGschw
	11/76 – 04/80	Kdr 1.UGschw

K		
Kahler	10/76 – 09/77	U 2
Kaufmann	09/95 – 03/96	U 16
	12/96 – 08/97	U 18
Kähler	10/77 – 03/78	U 19
	04/78 – 09/79	U 14
Klein	10/86 – 06/88	U 2
Knigge	04/86 – 01/87	U 19
Knobloch	04/81 – 09/82	U 12
	09/82 – 03/83	U 9
	08/84 – 09/88	S 6 1. UGschw
	10/88 – 03/92	A 6 UFltl

Knop	09/92 – 06/93	U 9
	06/93 – 06/94	U 15
Köppen	10/84 – 03/86	U 19
	09/89 – 08/92	U 22
Kößler	12/69 – 09/70	U 8
	09/70 – 12/71	U 10
	04/74 – 09/75	S 1 3. UGschw
Kowallik	06/61 – 03/62	U Hecht
	04/62 – 09/63	U Bauer
	10/63 – 09/65	S 3 1. UGschw
	10/65 – 09/66	A 3 UFltl
	10/66 – 09/69	Kdr 1. UGschw
Krämer	10/81 – 09/84	U 14
	10/85 – 03/87	U 18
	03/87 – 09/87	U 29
	01/90 – 04/91	zbV AZU
Krämer, U.	06/96 – 03/98	U 15
Krahnstöver	04/78 – 09/80	U 19
Kramer	10/77 – 09/80	U 17
	03/83 – 08/84	U 9
Kramp	04/65 – 03/66	U 1 (201)
	04/67 – 09/67	U 9
	10/68 – 07/69	S 6 1. UGschw
	08/69 – 10/71	A 6 UFltl
	04/72 – 01/73	S 3 3. UGschw
Kratzsch	10/66 – 09/68	U Hecht
	01/69 – 04/71	U 12
	05/71 – 09/71	zbV UFltl
	02/75 – 09/76	Tender Lech
Krause, Andreas	10/86 – 09/89	U 22
	09/92 – 09/93	A 3 E/Ufltl
	04/96 – 03/99	Kdr AZU
Krause, Jörg	09/76 – 03/79	U 24
Kröger	04/83 – 03/84	U 1
	04/90 – 02/91	U 1

Name	Zeitraum	Verwendung
	03/91 – 09/93	U 12
Krönke	10/76 – 03/80	U 12
	10/81 – 08/84	U 27
	10/88 – 03/90	S 3 AZU
Kunze	10/74 – 09/76	U 12
	04/80 – 03/81	U 12
	04/81 – 10/81	U 25
	07/88 – 09/88	zbV UFltl
Kupczyk	10/79 – 10/81	U 28
	10/82 – 09/84	U 13
	10/86 – 09/87	S 3 1. Ugschw
Küster	02/00 – heute	U 11

L

Name	Zeitraum	Verwendung
Lakomczak	10/88 – 04/89	U 15
Laube	09/97 – 07/00	U 28
Lauer	12/65 – 07/68	U 5
Laux	04/90 – 03/92	U 2
	03/92 – 07/92	U 9
Lehmeier	08/64 – 09/66	U Hecht
Levin	09/00 – heute	U 22
Liebeneiner	10/70 – 09/71	U 8
	10/71 – 09/73	U 11
Lindemann	03/00 – 07/00	U 23
Loth	06/89 – 08/91	U 27
	07/94 – 03/95	U 28
Lotz	03/87 – 03/88	U 18
	04/88 – 08/88	U 20
	08/88 – 07/89	U 24
Luchterhand	10/80 – 09/82	U 17
	04/86 – 09/87	U 13
Lübben	07/94 – 10/95	U 19
	09/95 – 03/97	U 13
	03/99 – heute	U 16
Lührsen	04/95 – 05/95	U 13 m.d.W.d.G.b.
	10/98 – heute	U 12
Lüssow, Hans	08/71 – 12/71	U 4
	01/72 – 09/72	U 10
	0/73 – 09/75	U 2
	10/77 – 09/79	S 3 3.UGschw
	10/81 – 09/82	Kdr 3.UGschw
	10/82 – 09/84	A 3 UFltl
	10/88 – 09/91	Kdr UFltl
Lüssow, Klaus	04/78 – 09/79	U 26
	07/81 – 02/82	S 3 1.UGschw
	10/86 – 03/88	Kdr ULehrGrp

M

Name	Zeitraum	Verwendung
Mai	10/78 – 09/80	U 10
Mandt	10/87 – 03/88	U 28
	03/88 – 09/90	U 21
Manseck	03/75 – 04/78	U 26
	01/82 – 03/83	U 25
	10/84 – 10/86	S 3 3. UGschw
Mauch	05/63 – 06/64	U Hecht
	06/64 – 09/65	U 3
Menning	10/93 – 07/94	U 19
Merkle	03/92 –	U 13
Metschulat	01/01 – heute	Meersburg
Meyerhoff	10/84 – 03/86	U 13
	10/88 – 02/91	U 12
Michel	09/95 – 09/98	U 25
Molter, B.	10/73 – 07/74	U 7
	08/74 – 09/77	U 2
	07/79 – 07/81	S 3 1. UGschw
	09/84 – 10/86	Kdr 3. Ugschw
Molter	10/00 – heute	U 15
von Müller	10/80 – 09/82	U 19
	08/84 – 09/85	U 27
	10/87 – 09/89	S 3 1. UGschw
Müller, E.	08/93 – 09/95	U 23
	10/95 – 09/97	U 24
Müller, L.	10/97 – 01/00	U 11
Müller-Seedorf	09/95 – 09/98	U 17
	10/98 – 07/00	A31 UFltl

N

Name	Zeitraum	Verwendung
Neurath	10/87 – 07/90	U 29
Nietmann	01/71 – 10/72	U 5
	10/74 – 09/77	S 3 ULehrGrp
Nisius	08/94 – 10/96	U 14
	12/96 – 04/97	U 14
	10/00 – heute	U 24

O

Name	Zeitraum	Verwendung
Orlowski	10/66 – 12/66	U Techel
	11/67 – 09/68	U 10

P

Name	Zeitraum	Verwendung
Pache	10/93 – 09/96	U 30
	08/99 –	A1 UFltl
Pahmeyer	04/77 – 09/81	U 11
	12/82 – 09/87	zbV/InChef ULehrGrp
	10/89 –	A 3 A UFltl
Panknier	03/87 – 09/89	U 9
	08/93 –	A 32/UFltl
	03/99 – 03/01	Kdr AZU
Pauly	09/91 – 09/93	U 25
Petermann	04/82 – 09/84	U 24
	10/84 – 09/86	A 6 UFltl
	10/86 – 11/88	U 17
Petsch	04/76 – 03/81	U 25
	04/81 – 06/81	U 27
	04/83 – 08/85	USO UFltl/Ltr TTG
	04/90 – 09/92	Kdr AZU
Pfennig	04/70 – 07/73	U 9
	10/76 – 09/79	S 3 3. UGschw

Name	Zeitraum	Einheit
	10/82 – 09/84	Kdr 3. UGschw
	09/84 – 03/85	A 3 UFltl
	09/91 –	Kdr UFltl
Plettau	09/89 – 08/91	U 20
	08/91 – 09/91	U 27
Poppe	10/68 – 09/70	U 4
	10/70 – 10/71	U 11
	10/72 – 09/77	A 3 E UFltl
	09/77 – 03/83	S 3 ULehrGrp
Poske	11/73 – 01/74	U 4
Prasse	09/89 – 09/92	U 24
	09/94 – 07/96	U 22
	07/96 – 10/97	U 11
Prahl	08/93 – 09/95	U 17
Preuß	09/96 – 10/98	U 12
Priesner	05/68 – 03/69	U 7
	04/69 – 07/70	U 1

Q

Name	Zeitraum	Einheit
Quaet-Faslem	08/83 – 01/86	U 25
	12/88 – 03/91	U 19
Quast	11/70 – 09/72	U 7
	10/72 – 09/74	U 10
	10/78 – 03/82	U 1

R

Name	Zeitraum	Einheit
Randig	04/83 – 09/85	U 23
	10/85 – 04/88	Ltr SUG 3. UGschw
Ranocha	06/88 – 09/90	U 30
	01/93 – 09/95	U 16
	03/00 – 01/01	Meersburg
Rautmann	10/65 – 10/66	U Techel
Rehse	03/64 – 06/66	U Hai
Renz	05/84 – 03/85	U 10
Robin	06/94 – 06/94	U 15
	12/98 – heute	U 30

Name	Zeitraum	Einheit
Roeder	10/81 – 10/84	U 20
	09/87 – 09/89	U 26
	10/91 – 04/93	S 3 AZU
	04/93 – 07/94	A 1 UFltl
	04/94 – 09/96	Kdr 1.UGeschw.
	10/99 – 09/00	A3 UFltl
Rohlfing	10/75 – 09/76	U 2
	09/77 – 09/80	U 9
	01/86 – 01/88	U 25
	01/88 – 03/88	U 24
	04/88 – 03/90	A 3 E UFltl
	09/92 – 09/93	Kdr/AZU
	10/93 – 09/95	A 3/UFltl
Rose	03/98 – 04/98	U 15
	m.d.W.d.G.b.	
Rosenzweig	06/99 – 09/00	U 26
Ruppenthal	08/90 – 09/93	U 18
	10/93 –	S 3 3. UGeschw.
Rutz	09/80 – 09/82	U 9

S

Name	Zeitraum	Einheit
Saß	10/72 – 11/73	U 4
	04/75 – 04/78	U 28
	04/78 – 03/83	Ltr TTG UFltl
	04/83 – 09/89	A 3 A UFltl
Setzer	07/87 – 06/88	U 27
	09/90 – 08/92	U 14
	10/95 – 04/97	A31 UFltl
	09/98 – 04/00	Kdr. 3.UG
Solarek	12/64 – 03/65	Tender Lech
von Steynitz	04/64 – 09/66	U 4
	07/71 – 09/73	A 3 UFltl
	10/77 – 09/81	A 3 UFltl
Sparwel	10/92 – 03/93	U 13
	08/94 – 09/95	U13

Name	Zeitraum	Einheit
v. Stünzner-Karbe	08/69 – 01/70	U 7

SCH

Name	Zeitraum	Einheit
Schäfer	01/67 – 09/68	U 4
	10/68 – 09/69	U 2
	02/71 – 05/75	Tender Lahn
Schamp	10/73 – 08/74	U 6
	10/74 – 03/77	U 27
	02/83 – 03/86	U 12
	09/89 –	Ltr AWU 206 A/ AZU
Scharf	10/81 – 08/84	U 28
Schell	04/79 – 09/81	U 20
Schick	10/91 – 02/92	U 9
	02/92 – 09/93	A3 P 1 UFltl
Schlosser	07/88 – 03/90	U 2
Schmidt	10/80 – 10/81	U 10
	10/85 – 07/87	U 27
	09/90 – 09/91	S 3 3. UGschw
	09/93 – 04.96	Kdr AZU
Schmidt, J.	08/92 – 09/94	U 22
	11/96 – 07/99	A1 UFltl
Schmitt-Raiser	09/91 – 07/94	U 28
	08/94 – 11/96	A 1 UFltl
	07/99 – heute	Kdr 1.UG
Schneider	10/87 – 01/89	U 13
	01/89 – 09/89	U 17
	10/89 – 09/91	AW U 206 (Kontr.Offz)
	09/91 –	S 3 3.Ugschw
	10/96 – 07/99	Kdr 1.UG
	10/00 –	A3 UFltl
Schröder	09/00 – heute	U 26
Schröter	09/96 – 12/98	U 30
Schuchardt	09/79 – 10/81	U 26

Name	Zeitraum	Einheit
	10/84 – 09/86	U 17
Schütz	01/64 – 02/64	U 5
Schütz	07/00 – heute	U 23
Schult	03/85 – 02/87	U 9
	08/88 – 09/89	AWU 206 A (KontrOffz)
	07/90 – 09/93	U 29
Schulze-Hillert	10/82 – 10/84	U 17
	01/87 – 01/88	U 24
	01/88 – 09/88	U 25
	10/88 – 03/90	Ltr AWU 206/ AZU
	04/90 – 03/91	S 3 AZU
	04/91 – 03/93	A 1 UFltl
T		
Thide	08/97 – 03/00	U 18
Thois	07/73 – 03/74	S 1 3. UGschw
	10/75 – 03/78	U 14
	10/87 – 03/92	LEA ULehrGrp/ AZU
	04/92 – 03/93	A 43/UFltl
Toyka	10/75 – 09/77	U 17
	10/81 – 03/83	U 21
Trapp	09/93 – 12/95	U 18
	02/97 – 03/00	Meersburg
U		
Uhde	10/81 – 02/83	U 26
	10/86 – 03/90	U 1
	04/90 –	Ltr AWU 206
Ullmann	01/64 – 03/64	U 5
	07/64 – 09/65	U 8
	04/68 – 07/69	A 6 UFltl
	01/73 – 09/73	S 3 1. UGschw
	10/73 – 10/76	Kdr 1. UGschw
	04/85 – 03/89	A 3 UFltl
Ulrich	10/76 – 09/77	U 23
	10/78 – 06/80	U 15
Unger	06/74 – 03/76	U 25
	04/77 – 03/81	U 27
	10/81 – 04/87	S 4 3. UGschw
V		
Verheyden	10/93 – 09/96	U12
Vibrans	10/75 – 09/77	U 9
	10/78 – 06/80	U 29
	10/85 – 09/86	S 3 1. UGschw
	08/88 – 03/91	Kdr 3. Ugschw
Vogt	10/99 – heute	U 29
Vorbeck	08/92 – 08/94	U 14
	07/93 – 06/94 m.d.W.d.G.b.	U 13
	08/94 – 08/96	U 21
	09/98 – heute	U 17
Voß	10/55 – 07/60	U Hai, W. Bauer
W		
Waidlein	02/83 – 09/85	U 18
	10/85 – 09/89	USO / Ltr TTG
	10/89 –	LEGA AZU
Waldschmidt	10/63 – 09/67	U Bauer
	09/67 – 12/67	S 3 UlehrGrp
Waldmann	09/95 – 09/97	U 23
Wallner	12/77 – 09/78	U 30
	10/84 – 09/86	U 20
	10/89 – 09/91	S 3 1. UGschw
	04/93 – 09/94	Kdr 3.UG
Wartini	06/88 – 06/89	U 27
Weber, F.-R.	08/84 – 09/87	U 30
	09/90 – 09/92	A 3 E UFltl
	01/95 – 09/96	Kdr 3. UGeschw
Weber, Jürgen	10/85 – 09/87	U 23
	10/87 – 09/89	AWU 206
	10/89 – 06/92	U 10
Wegner	10/84 – 06/86	U 14
	06/86 – 09/87	U 26
Weigel	05/75 – 09/76	U 23
	04/80 – 09/81	U 18
	07/86 – 09/88	S 3 ULehrGrp
Weiß, E.	10/82 – 07/84	S 6 1. UGschw
	08/84 – 09/87	U 28
	10/87 – 10/88	I WO Tender Lahn
	11/88 – 01/89	U 17
	01/89 – 03/91	Tender Lahn
	07/91 – 03/92	Meersburg
Wensky	04/69 – 10/70	U 7
v. Weydenberg	11/96 – 11/96	U 14
Wiechering	07/61 – 03/62	U Bauer
	04/62 – 09/63	S 3 1. UGschw
	10/63 – 03/66	S 3 ULehrGrp
	(01/64 – 06/65)	Kdr ULG m.d.W.d.G.b.
	04/66 – 03/68	A1 UFltl
	04/68 – 01/70	A 3 UFltl
Wiedersheim	07/66 – 09/66	U Hai
Wilhelms	07/68 – 10/68	U 5
	10/68 – 09/70	U 10
	10/71 – 10/73	U 1
	09/75 – 09/77	S 3 1. UGschw
Wille	11/73 – 09/76	U 16
Winckler	08/73 – 09/75	U 9
	07/80 – 03/84	U 15
Windolph	04/78 – 09/79	U 28
	10/80 – 09/82	U 13
	10/86 – 03/88	U 16
	03/88 – 08/88	U 18

	08/88 – 09/90	S 3 3. UGschw
Witte	03/85 – 09/86	U 11
	09/86 – 09/88	A 6 UFltl
	09/88 – 09/91	U 25
	09/91 –	U 17
Wüstenberg, K.	11/73 – 09/75	U 17
	09/76 – 09/81	U 16
	10/81 – 03/85	Tender Lech
Wüstenberg, W.	10/59 – 11/61	Passat
	04/62 – 10/62	U Hecht
	07/63 – 01/64	U 5
	09/65 – 10/66	Tender Lahn
	10/66 – 09/69	S 3 1. UGschw
	10/69 – 01/71	Kdr 1. UGschw
Wentzel	10/87 – 01/89	Tender Lahn

Z

Zaouer	10/92 – 09/94	U 24
	09/96 – 06/99	U 26
Zeiher	10/75 – 03/77	U 10
Zeller	07/74 – 09/78	U 15
	04/80 – 09/82	A 6 UFltl
	10/82 – 09/86	U 22
Zerull	03/95 – 07/97	U 28
	06/98 – 10/00	U 24
Zickmann	07/00 – heute	U 28
Zielke	10/81 – 09/83	U 10
	10/87 – 05/91	U 11

INDIENSTSTELLUNGSDATEN DER EINHEITEN DER UBOOTFLOTTILLE UND IHRE PATENSTÄDTE

U Hai	15.08.57	KL Ehrhardt	Baden-Baden	
U Hecht	01.10.57	KL Hass	Bretten/Schwarzwald	
U Wilhelm Bauer	01.09.60	KL Voß	Ebersbach/Neckar	
U Techel	14.10.65	OlzS Rautmann	Ottenhöfen/Schwarzwald	
U Schürer	06.04.66	OlzS Hoschatt	Baiersbronn	
U 1 (201)	20.03.62	KK Baumann	Kehl	3/62
U 1 (205)	06.06.67	KL Hoschatt	Kehl	6/67
U 2 (201)	03.05.62	KL Freytag	Forbach/Schwarzwald	5/62
U 2 (205)	11.10.66	KL Heyden	Baden-Baden	9/67
U 3	10.07.62	Lt Cdr.	Farstad (KNM)	
	20.06.64	OlzS Mauch	St. Georgen/Schwarzwald	
U 4	19.11.62	KL Bringewat	Oberkirch	12/62
U 5	04.07.63	KL Wüstenberg, W.	Todtnau/Schwarzwald	7/63
U 6	04.07.63	KL Emsmann	Ravensburg	7/63
U 7	16.03.64	OlzS Ewerth	Bernkastel-Kues	3/64
U 8	22.07.64	OlzS Ullmann	Starnberg	7/64
U 9	11.04.67	KL Kramp	Herford	10/67
U 10	28.11.67	KL Orlowski	Baiersbronn	12/67
U 11	21.06.68	KL Ebert	Öhringen	9/69
U 12	14.01.69	KL Kratzsch	Aulendorf	6/69
U 13	19.04.73	KL Hillebrenner	Ulaikammer	4/73

U 14	19.04.73	KL Becker	Bad Dürrheim	4/73
U 15	17.07.74	KL Zeller	Leinfelden	7/74
U 16	09.11.73	KL Wille	Kirchheim	11/73
U 17	28.11.73	KL Wüstenberg, K.	Kreßbronn	4/73
U 18	19.12.73	KL Behrendt	Külsheim	1/74
U 19	09.11.73	KL Imm	Germersheim	11/73
U 20	24.05.74	KL Bodendieck	Engen	5/74
U 21	16.08.74	KL Molter	Hornberg	8/74
U 22	26.07.74	KL Brausewetter	Trossingen	7/74
U 23	02.05.74	KL Weigel	Stockach	5/75
U 24	16.10.74	KL Bruch	Oberkirch	10/74
U 25	14.06.74	KL Unger	Mühlheim	9/74
U 26	13.03.75	KL Manseck	Neustadt	1/75
U 27	16.10.74	KL Schamp	Ravensburg	12/74
U 28	18.12.74	KL Haase	Edenkoben	1/75
U 29	27.11.74	KL Brandt	Starnberg	11/74
U 30	13.03.75	KL Eberbach	Bernkastel-Kues	3/75
Lahn	24.03.64	FK Haß	Limburg/Lahn	3/63
Lech	08.12.64	KK Solarek	Landsberg/Lech	
	21.02.75	KK Kratzsch	Landsberg/Lech	
Meersburg	25.06.67			

Ein hartes Brot . . . / A tough job . . .

. . . auch für "Gäste" / . . . and for "guests" too

Die Wappen in der Ubootflottille

1. UBOOTGESCHWADER

Das Wappen des 1. Ubootgeschwaders zeigt ein rotes "U", dessen linker Balken das Marineehrenmal in Laboe stilisiert darstellt und dessen rechter Balken zu einer "Eins" ausgebildet ist. In der Mitte befindet sich eine schwarze Ubootsilhouette. Das "U" weist darauf hin, daß es sich um ein Ubootgeschwader handelt, eine Aussage, die durch die Gestaltung der Balken spezifiziert wird. Zum einen wird nicht nur die Verbundenheit zu den Marinen des ehemaligen Deutschen Reiches hervorgehoben, sondern auch der Standort des Geschwaders, Kiel, dokumentiert. Die "Eins" steht dafür, daß es sich um das erste Ubootgeschwader der Bundesmarine handelt, welches in Kiel gegründet wurde.

Im unteren Drittel des Wappens werden zehn Wellenlinien angedeutet, die für die geplante Anzahl von zehn Booten im 1. Ubootgeschwader stehen sollen.

KOMMANDO DER AMPHIBISCHEN STREITKRÄFTE

Das Wappen zeigt ein amphibisches Fabeltier, einen sogenannten Seepanther. Dieser findet sich auch in einem Mosaik einer altrömischen Militärsiedlung (75 n. Chr.) in Fishbourne/Südengland.

Dieses amphibische Symbol steht für die Elemente der nordischen Meere, zu denen auch Nord- und Ostsee zählen.

Somit steht es auch in einem Zusammenhang mit den Ubooten, die dem "Kommando der Amphibischen Streitkräfte" zunächst unterstellt waren, bevor sie im November 1962 der neugegründeten Ubootflottille unterstellt wurden.

UBOOTFLOTTILLE

Das Wappen der Ubootflottille stellt ein schwarzes Kreuz auf weißem Grund dar, in dessen Mittelpunkt eine goldfarbene

Ubootsilhouette, umgeben von Eichenlaub, dargestellt wird.

Diese Ubootdarstellung zeigt das Ubootabzeichen der ehemaligen Kriegsmarine und verdeutlicht somit die lange Tradition der deutschen Ubootwaffe.

Das schwarze Kreuz wurde für alle Wappen der Typkommandos der Bundesmarine als Grundmotiv gewählt und entspricht dem Balkenkreuz, welches als Symbol für die Bundeswehr gewählt wurde.

3. UBOOTGESCHWADER

Das Wappen des 3. Ubootgeschwaders stellt im wesentlichen die Beziehung zum Standort Eckernförde her.

Die drei Wellen im unteren Drittel des Wappens sind ein Hinweis, daß es sich um das "3." Ubootgeschwader handelt. Die Komponente Uboot wird durch ein stilisiertes Uboot in der Mitte des Wappens symbolisiert, wobei der Turm in Anlehnung an das Stadtwappen von Eckernförde ein Stadttor darstellt, auf welchem sich ein Eichhörnchen befindet.

Eckernförde ist nicht nur Standort des Geschwaders, sondern war auch der Standort, an welchem dieses Geschwader aufgestellt worden ist.

UBOOTLEHRGRUPPE

Das Wappen der Ubootlehrgruppe verdeutlicht den Zusammenhang der Ausbildungsstätte mit dem Standort in Schleswig-Holstein.

Im oberen Teil wird dies durch die Darstellung des typischen holsteinischen Nesselblattes symbolisiert, über welchem sich der Schriftzug "Ubootlehrgruppe" befindet. Das im unteren Drittel dargestellte Uboot soll die Bedeutung der Ubootlehrgruppe als Ausbildungsstätte für die Ubootflottille symbolisieren.

Im Wandel der Zeit paßte sich der dargestellte Uboottyp der Entwicklung an, so findet sich in den ersten Wappen noch der Bootstyp XXIII, danach ist die Klasse 205 zu erkennen, und in der zeitgenössischen Version wird ein Uboot Klasse 206 dargestellt. Die Farben des Wappens basieren auf den schleswig-holsteinischen Landesfarben sowie der Farbe des Elementes, in welchem sich die Uboote bewegen.

UNTERSEEBOOT U TECHEL

Das Wappen des Unterseebootes *U Techel* stellt im oberen Drittel einen Teil des Stadtwappens der Patengemeinde Ottenhöfen dar. Hierdurch soll die Verbundenheit von Boot und Besatzung mit der Patenstadt verdeutlicht werden.

In der Zuordnung zum Bootswappen symbolisiert das Wagenrad auch die aufgehende Sonne, eine Symbolik, die dem Boot das sichere Erreichen der Wasseroberfläche zu jeder Zeit wünschen soll. Im unteren Teil des Wappens befindet sich ein halbkreisförmiger Bogen, der eine stilisierte "Ortungskeule" umschließt. Die "Ortungskeule" symbolisiert die Konzentration vielfacher Ortungseinrichtungen auf dem kleinen Boot.

Der Halbbogen symbolisiert die Ortungsbasis. Die Farbgebung des Wappens stilisiert zum einen das Element des Ubootes, das Wasser, zum anderen sind die Farben der Bundesrepublik Deutschland gewählt worden. Die Farbe Grau stellt die Eigenfarbe des Ubootes dar.

UNTERSEEBOOT U HAI

Das Wappen des Unterseebootes *U Hai* stellt, wie auch das Wappen des Schwesterschiffes *Hecht,* den Namensgeber, den Hai, in den Vordergrund.

Die Aufwärtsbewegung des Tieres symbolisiert die Fähigkeit des Ubootes, aus der Tiefe heraus zu operieren, jedoch symbolisiert die Bauchlage des Raubfisches die friedliche Absicht des Tieres.

Marterrad und Galgen stammen aus dem Crewwappen XII/39 des 2. Kommandanten, Kapitänleutnant Voß, der mit der Schaffung des Bootswappens beauftragt war. Die drei Symbole des Bootswappens lassen in ihrer Zuordnung die Querschnittsilhouette eines Ubootes erkennen und stellen somit in der Gesamtheit ebenfalls den Bezug zu einem Uboot her.

UNTERSEEBOOT U HECHT

Das Wappen des Unterseebootes *U Hecht* zeigt im Mittelpunkt den Namensgeber, einen Hecht. Hinter diesem befindet sich ein Steuerrad, welches den Zusammenhang mit der Nautik symbolisieren soll. Ein in der Mitte des Wappens senkrecht nach oben gerichtetes Schwert symbolisiert das Uboot als Waffenträger, welches aus der Tiefe heraus seinen Angriff vorträgt.

Das ursprüngliche Turmzeichen von *U Hecht* entstammt einer Bierlaune und stellt einen Hecht dar, der nach einem Karpfen schnappt. Dieses beruhte darauf, daß sich die "neuen" Ubootfahrer wie der Hecht im Karpfenteich fühlten. Während der Hecht in Grün dargestellt wurde und auch so in das spätere Wappen übernommen ist, sollte der Karpfen in Rot dargestellt werden. Dies fand keine Billigung durch das Verteidigungsministerium, da hierbei dem Gedankenspiel zuviel Freiraum gegeben würde.

In dem später dann entstandenen Wappen erscheint der Karpfen nicht wieder, sondern aus heraldischen Grundsätzen heraus wurden Symbole für Nautik und Waffe in Anlehnung an das vom Entwerfer erworbene französische Ubootzeichen gewählt.

UNTERSEEBOOT U SCHÜRER

Das Wappen des Unterseebootes *U Schürer* unterteilt sich in zwei Hälften, deren Trennung senkrecht in der Mitte des Wappens verläuft. Die linke Hälfte entspricht dem Stadtwappen der Patenstadt Baiersbronn/Schwarzwald, wodurch die Verbundenheit zu dieser Patengemeinde unterstrichen wird. Fernerhin symbolisiert der Brunnen die Verbindung zu dem Element, in welchem das Boot "zu Hause" ist, dem Wasser.

Die rechte Wappenhälfte zeigt im unteren Teil einen halbkreisförmigen Bogen, der die Ortungsbasis des Ubootes symbolisieren soll. Das darüber abgebildete Symbol stellt die "Ortungskeule" der Sonaranlage dar. Beide Symbole im Verbund sollen die elektronische Fähigkeit des Ubootes darstellen, die im Verhältnis zur Bootsgröße besonders ausgeprägt ist.

Die Farbgebung ist dem Stadtwappen von Baiersbronn und den Nationalfarben der Bundesrepublik Deutschland entnommen. Die Farbe Grau stellt die Farbe des Unterseebootes dar.

UNTERSEEBOOT WILHELM BAUER

Das Wappen des Unterseebootes U Wilhelm Bauer verdeutlicht die bauliche Größe des Bootes, welches das größte Uboot der Bundesmarine war.

Die Darstellung des Elefanten trägt nicht nur dieser Größe Rechnung, sondern veranschaulicht auch Ausdauer, Kraft und Durchsetzungsvermögen. Der erhobene Rüssel, der über die im oberen Drittel angedeuteten Wellenlinien hinausragt, symbolisiert die Abhängigkeit von der Außenluft, deutet aber gleichzeitig auf die Bereitschaft zur Verteidigung hin, die ebenfalls durch die Stellung der Ohren des Elefanten unterstrichen wird.

Der Elefant ist keinesfalls ein Seelebewesen. Die Wahl dieses Wappentieres soll an die Geschichte dieses Ubootes erinnern, welches als Typ XXI 1944 vom Stapel lief und die Ära der Tauchboote beenden sollte. Ebenfalls eine historische Beziehung soll der Schriftzug "Wilhelm Bauer" herstellen, der an den "Uboot-Vater" erinnern soll, welcher 1851 im Kieler Hafen mit dem *Brandtaucher* die erste Unterwasserfahrt unternahm.

UNTERSEEBOOT U 1

Das Wappen zeigt ein nach oben geöffnetes Hufeisen vor blau gewelltem Hintergrund. Das Hufeisen wurde ausgewählt, da es das Turmzeichen des Kapitänleutnant Otto Kretschmer während des Zweiten Weltkrieges war und seine Ehefrau die Taufpatin von *U 1* ist. Auf Wunsch von Frau Kretschmer öffnet

sich das Hufeisen nach oben, so daß das Glück hineinfallen kann, für dessen Darstellung das Hufeisen steht. Während des Weltkrieges fiel ihrer Meinung nach das Glück aus dem Hufeisen heraus, da es sich nach unten öffnete. Der blaue Hintergrund symbolisiert das Element, in welchem sich das Uboot bewegt, die See unterhalb der Wasseroberfläche.

UNTERSEEBOOT U 2

Das Wappen des Unterseebootes U 2 zeigt einen Kater, der sich in typischer Verteidigungspose darstellt. Das an und für sich friedliebende Tier signalisiert gespannte Abwehrbereitschaft und Fähigkeit, sich zu verteidigen.

Weiterhin steht das Symbol des Katers für Wachsamkeit und Beobachtungsfähigkeit. Eigenschaften, die auch für ein Uboot wesentliche Bedeutung haben. Diesen Kater führte der KzS a.D. Schulze als Zeichen an seinem Turm während des Zweiten Weltkrieges. Seine Ehefrau ist die Taufpatin von U 2.

UNTERSEEBOOT U 3

Das Wappen des Unterseebootes U 3 stellt das Stadtwappen der Patenstadt St. Georgen/ Schwarzwald dar. Neben der damit ausgedrückten Verbundenheit zur Patengemeinde im Binnenland eignet sich auch das Symbol des Ritters, der gegen den Drachen kämpft, als Darstellung für die Bereitschaft des Ubootes, zum Wohl der Gemeinschaft gegen jede Bedrohung eine Abwehr darzustellen.

UNTERSEEBOOT U 4

Das Wappen des Unterseebootes U 4 symbolisiert das Uboot in seinem Element, welches durch die blaue Grundfarbe dargestellt wird. Der Wal steht als Kennzeichen für Wendigkeit, Ausdauer und Kraft des Unterwasserwesens, das zudem eine verhältnismäßig lange Außenluftunabhängigkeit besitzt. Zudem entspricht die Körperform eines Wales der Bootsform moderner Uboote, die hohe Geschwindigkeit mit optimalen Bootsformen

vereinen. Die aufwärts gerichtete Bewegung des Wales symbolisiert die Hoffnung, daß das Uboot jederzeit den Weg zur Oberfläche finden möge.

Der Bootsname *U 4* ist in einer Anordnung dargestellt, die einen Dreizack darstellen soll. Mit dieser Abbildung soll die Verbundenheit zum Element, dem Meer, dargestellt werden.

UNTERSEEBOOT *U 5*

Das Wappen des Unterseebootes *U 5*, welches sich auch im späteren Wappen des Unterseebcotes *U 22* wiederfindet, trägt die Oberschrift: *Semper nos du cant bene.* Dieser Sinnspruch soll der Hoffnung Ausdruck verleihen, daß die Sterne Boot und Besatzung allzeit gut leiter. mögen. Die Wahl des Sternbildes Kassiopeia entstand aufgrund eines Auswahlverfahrens der Besatzung. Der Kommandant, KL Wüstenberg, der sich Gedanken um ein Bootswappen machte, saß eines Abends in seinem Zimmer und dachte über ein Motiv nach. Dabei entdeckte er am Himmel das Sternzeichen der Kassiopeia und zeichnete es so, wie er die Sterne in diesem Moment sah, in den Wappenentwurf.

Die Form des fünfzackigen Sternes, mit einer Spitze nach oben, entspricht dem Offiziersstern auf den Uniformen der Bundesmarine.

UNTERSEEBOOT *U 6*

Das Wappen des Unterseebootes *U 6*, welches sich auch im späteren Wappen des Unterseebootes *U 27* teilweise wiederfindet, ist in zwei senkrechte Hälften geteilt.

Die rechte Seite stellt das Burgtor aus dem Wappen der Patenstadt Ravensburg/Württ. dar und steht symbolisch für den Willen, sich jederzeit verteidigungsfähig zu zeigen.

Die andere Hälfte stellt einen stilisierten Kirschbaumzweig dar, der auf die Taufpatin von *U 6*, Ehefrau des Admiral Looschen, hinweist. In Japan steht der Kirschblütenzweig als Symbol für Glück, die die Taufpatin für Boot und Besatzung erhoffen möchte.

UNTERSEEBOOT *U 7*

Das Wappen des Unterseebootes *U 7* vereint in der äußeren Umrandung den Bootsnamen *U 7*. Die blaue Grundfarbe symbolisiert das Element, in welchem sich das Boot bewegt. In der rechten oberen Hälfte wird das Tierkreiszeichen des Zwillings dargestellt, weil das Boot unter diesem Zeichen getauft wurde. Das vierblättrige Kleeblatt in der linken unteren Hälfte des Wappens stammt aus den Turmzeichen der Boote der Kriegsmarine *U 26* und *U 850* des Vaters des Indienststellungskommandanten, OL z. See Ewerth.

UNTERSEEBOOT *U 8*

Das Wappen des Unterseebootes *U 8* stellt eine zum Stundenglas stilisierte 8 mit zwei roten, fackeltragenden Teufeln dar. Die 8 stellt im Verbund mit der Wappenform den Bootsnamen *U 8* dar. Die beiden Teufel entstammen dem Turmzeichen von *U 57* der Kriegsmarine unter dem damaligen OL z. See E. Topp, der dieses Zeichen, nach Verlust *U 57*, als Kommandant von *U 552* wiederum am Turm führte.

Der historische Bezug zu diesen Booten der Kriegsmarine wird durch die Taufpatin von *U 8*, Frau IIse Toop, hergestellt.

UNTERSEEBOOT *U 9*

Das Wappen des Unterseebootes *U 9* ist ein Traditionswappen, welches aus der Geschichte der *U 9*-Boote zu erklären ist. Dem Unterseeboot *U 9* der Kaiserlichen Marine unter dem Kommandanten KL Weddigen wurde als Boot das Eiserne Kreuz verliehen. Es wurde daher als Zeichen am Turm gefahren.

Patenstadt des Bootes ist Herford, die Geburtsstadt Otto Weddigens.

UNTERSEEBOOT *U 10*

In Anlehnung an einige Bootswappen des 1. Ubootgeschwaders, die stilisierte Bootsnummern aufweisen, z.B. *U 8*, *U 7*, *U 4*, wurde auch bei dem Wappen des Unterseebootes *U 10*

die Bootsnummer gewählt, und zwar die römische Form aufgrund einer besseren heraldischen Aufteilung des Wappens.

Die waagerechten Balken der Zehn wurden gegen die schwarzen Diagonalen golden abgesetzt, damit hier eine Erinnerung an das letzte *U 10* der Kriegsmarine geschaffen wurde, dessen Unterscheidungszeichen während der letzten Kriegsjahre ein Gleichheitszeichen war.

Der goldene Dreizack soll die Verbundenheit des Bootes mit seinem Element, dem Meer, darstellen und sein Vertrauen zu den Geschicken dieses Elements. Die Farben Schwarz und Weiß wurden gewählt, da sie auch in der Bundeswehr in Form des Eisernen Kreuzes als Wappenfarbe gewählt worden sind.

Das Einsatzgebiet dieses Bootes soll die Ostsee sein, in Anlehnung daran eine Erinnerung an das alte Preußen. Die Farbe Gold wurde gewählt, weil das Wappen unter Wahrung der heraldischen Grundsätze etwas lebhafter sein sollte und diese Farbe in den Landesfarben vorhanden ist.

Unterseeboot *U 11*

Das Wappen des Unterseebootes *U 11* verdeutlicht mit der Farbzusammenstellung die Zugehörigkeit zur Bundesrepublik Deutschland.

Das "U", dessen Balken die Zahl 11 formen, steht für Unterseeboot, die Parallelität der beiden Ziffern steht für Aufrichtigkeit und Klarheit. Die Überschneidung der Balken des "U" mit der diagonalen Trennlinie der beiden Farbfelder symbolisiert die Eigenart eines Ubootes, aus getauchtem Zustand die Umwelt auch über Wasser zu beobachten.

Unterseeboot *U 12*

Das Wappen des Unterseebootes *U 12* zeigt zwei Würfel, deren Augenzahl zusammen zwölf ergibt.

Durch die Würfel soll nicht nur ein Glückssymbol dargestellt werden, sondern auch die Augenzahl soll ein größtmögli-

ches Glück darstellen, welches diesem Boot mit auf den Weg gegeben werden soll.

Die Farbauswahl Schwarz, Rot und Gold erfolgt in Anlehnung an die Farben der Bundesrepublik Deutschland.

Unterseeboot *U 13*

Das Wappen des Unterseebootes *U 13* stellt den Bezug des Bootes sowohl zum 3. Ubootgeschwader als auch zur Patenstadt Maikammer dar.

Das weißgrundige Wappen wird von einem roten Band diagonal durchzogen. Wappen sowie Diagonalband sind schwarz eingegrenzt. Im Diagonalband befinden sich drei goldene vierblättrige Kleeblätter, die neben der Glückssymbolik die Zugehörigkeit zum 3. Ubootgeschwader darstellen sollen. Im oberen Teil des Wappens ist der Buchstabe "U" zu einer stilisierten Zahl 13 ausgebildet. Im unteren Teil des Wappens wird ein Symbol aus dem Stadtwappen von Maikammer dargestellt, mit welchem auf die bestehende Patenschaft hingewiesen wird.

Die im Wappen enthaltene Farbkombination Schwarz-Rot-Gold symbolisiert die Nationalfarben der Bundesrepublik Deutschland.

Unterseeboot *U 14*

Das Wappen des Unterseebootes *U 14* stellt den Bezug des Bootes zur Patenstadt Bad Dürrheim/Schwarzwald in den Vordergrund.

Das Malteserkreuz ist daher aus dem Wappen der Patenstadt entnommen. Die drei Halbbögen stilisieren den Bootskörper sowie die vorderen Tiefenruder.

Die Farbgebung des Wappens ist auf der Grundlage der Farben der Patenstadt getroffen worden, um die Verbindung zu dieser zu betonen.

UNTERSEEBOOT U 15

Das Wappen des Unterseebootes U 15 hat Schildform – ähnlich wie im 13. bis 14. Jahrhundert.

Dem Wappeninhalt liegen der Adler aus dem Wappen Ferdinands I. als römischer Kaiser (1431 bis 1456) und das Wappen der Patenstadt Leinfelden zugrunde.

Der Adler im Wappen wurde gewählt, weil er in der Mythologie als König der Vögel Begleiter und Bote der höchsten Gottheiten war und Symbol der Unsterblichkeit. Der Adler ist berühmt für seine ungewöhnlich scharfen Augen, seine Stärke und Schnelligkeit, die ihn zum absoluten Herrscher im Reich der Lüfte werden lassen. Die guten Jagdeigenschaften, die Stärke und das absolute Beherrschen seines Reiches sollen auf das Uboot übertragen werden.

Das Hufeisen im Brustschild des Adlers stammt aus dem Wappen der Patenstadt und soll neben der Verbundenheit als Glücksbringer für Boot und Besatzung stehen.

UNTERSEEBOOT U 16

Das Wappen des Unterseebootes U 16 verdeutlicht die Beziehung zwischen dem Boot und der Patenstadt Kirchheim unter Teck. In der unteren Hälfte steht daher die Darstellung eines lilienkreuzartigen Schildbeschlages, des Stadtsymboles der Patenstadt. Darüber befindet sich der Bootsname neben einer Schaufel eines Elchgeweihes. Dieses soll auf die Heimat des Indienststellungskommandanten, Ostpreußen, hinweisen. Der Bootsname "16" ist im Stil der Kirchspangen ausgeführt.

UNTERSEEBOOT U 17

Das kreisförmige Wappen des Unterseebootes U 17 zeigt drei schwarze Delphine auf gelbem Grund.

Die Anzahl der Delphine stellt den Bezug zum 3. Ubootgeschwader her, zu welchem U 17 gehört. Die Delphine symbolisieren die Eigenschaften des Ubootes, bei relativ langer Außen-

luftunabhängigkeit und bei einem hohen Maß an Ortungsvermögen, zur Verteidigung selbst einen gefährlichen Gegner entschlossen anzugreifen.

UNTERSEEBOOT U 18

Das Wappen des Unterseebootes U 18 stellt einen Dreischalenbrunnen dar, welcher aus dem Stadtwappen der Patenstadt Külsheim entnommen ist.

Das kaskadenartig herabfließende Wasser symbolisiert sowohl das Element des Bootes als auch den Ursprung jeglichen Lebens. Die Patenstadt nennt sich auch "Brunnenstadt". Neben dem Bootsnamen befindet sich das Tierkreiszeichen des Skorpions. Es ist zum einen das Tierkreiszeichen des Taufmonats von U 18, zum anderen auch das Symbol für ständige Kampfbereitschaft.

Die Wappenform des nach unten gespitzten "U" ist aus dem Bootsnamen U 18 entnommen.

UNTERSEEBOOT U 19

Das Wappen des Unterseebootes U 19 stellt den Bezug zu den Vorgängerbooten sowie zur Patenstadt Germersheim her.

Die Farben Blau und Goldgelb sind die Stadtfarben der Patenstadt. Der Panther auf dem Dreieck ist eine Abbildung des Turmzeichens, welches von KL Schepke am Turm seines Bootes der Kriegsmarine geführt wurde.

KL Schepke war einer der Kommandanten des ehemaligen U 19. Nach Aussage eines ehemaligen Kommandanten von U 19 der KM wurde dieses Wappen kurzfristig am Turm geführt.

UNTERSEEBOOT U 20

Dem Wappen des Unterseebootes U 20 liegt das Stadtwappen der Patenstadt Engen im Hegau zugrunde (fünfzackiger schwarzer Stern auf silbernem Untergrund).

Das Wappen hat Kreisform. Der aus dem Stadtwappen der Patenstadt entnommene fünfzackige schwarze Stern sitzt

zentral im Mittelpunkt des Wappens auf silberfarbenem Untergrund. Die Mitte des Sterns ist kreisförmig abgesetzt, darin ist ein stilisierter blauer Delphin mit roten Flossen auf silberfarbenem Untergund dargestellt.

Der Delphin als Mittelpunkt des Wappens soll die Fähigkeit des Wappenträgers symbolisieren, nämlich gute Taucheigenschaften, Wendigkeit, Ausdauer und eine verhältnismäßig hohe Außenluftunabhängigkeit. Die Kombination "schwarzer Stern" als Symbol der Patenstadt und "Delphin" als Meerestier soll die Verbundenheit von Binnenland und See darstellen, die durch die Übernahme der Patenschaft für *U 20* durch die Stadt Engen ihren Ausdruck gefunden hat.

UNTERSEEBOOT *U 21*

Das Wappen des Unterseebootes *U 21* stilisiert auf blauem Grund eine Seejungfrau in Gold, die eine goldene Harpune in Form einer "Eins" im ausgestreckten Arm hält. Das goldene Haar fällt in Form einer "Zwei".

Am Rand verläuft ein goldenes "U" auf blauem Grund. Letzteres steht für den Bootstyp und soll außerdem die Aufwärtsbewegung der Figur als Ausdruck des Optimismus unterstützen.

Die Seejungfrau symbolisiert – halb Fisch, halb Mensch – die Verbundenheit mit dem blauen Element, dargestellt durch den Grund. Haar und Harpune bilden die Zahl "21", die zusammen mit dem "U" den Bootsnamen ergibt.

UNTERSEEBOOT *U 22*

In Anlehnung an den Typ des Bootes wurde als Umriß für das Wappen des Unterseebootes *U 22* die Form eines "U" gewählt. Auf goldenem Grund befindet sich im oberen Fünftel ein Sinnspruch in schwarzer Schrift, welcher die Verbindung zum ehemaligen Uboot *U 5* (Typ 205) der Bundesmarine herstellt. Die Besatzung, die *U 5* außer Dienst stellte und unmittel-

bar danach *U 22* übernahm, will die Erinnerung an das neue Boot verbinden. Die Schrift "Semper nos du cant bene" gibt der Hoffnung Ausdruck, daß die fünf Sterne von *U 5* auch das neue Boot gut führen mögen. In Gold ausgeführt erscheinen sie in der oberen Hälfte des Wappens auf hellblauem Untergrund und zeigen die Form des Sternbildes der "Kassiopeia". Sie stehen über der Abbildung eines auftauchenden Wales, der in dieser charakteristischen Form die Verbindung zu dem neuen Bootstyp 206 schafft. Der Wal ist in Weiß ausgeführt und zeigt sich mit dem Kopf und der Schwanzflosse. Durch einen wellenförmigen goldenen Strich als Wasseroberfläche ist er vom Bereich darunter getrennt, der in dunklem Blaugrün das untere Drittel des Wappens füllt. Die insgesamt drei angedeuteten Wellenlinien stellen die Zugehörigkeit zum 3. Ubootgeschwader dar.

UNTERSEEBOOT *U 23*

Das Wappen des Unterseebootes *U 23* zeigt einen Blick durch das Sehrohr. Im Fadenkreuz ist die aufgehende Sonne über dem Wasser zu sehen.

Das "U" mit der in sich verschlungenen "23" stellt das getauchte Uboot dar, die drei darüberliegenden Wellen verdeutlichen die Zugehörigkeit zum 3. Ubootgeschwader. Die aufgehende Sonne soll der Hoffnung Ausdruck verleihen, daß *U 23* mit seiner Besatzung nach jedem Tauchen wieder das Licht der Sonne erblicken möge.

UNTERSEEBOOT *U 24*

Dem Wappen des Unterseebootes *U 24* liegen das Stadtwappen der Patenstadt Oberkirch in Baden und das Bootswappen des Unterseebootes *U 4* (des vorherigen Bootes der Indienststellungsbesatzung von *U 24* und der Patenstadt Oberkirch) zugrunde. Das Wappen hat Schildform und ist senkrecht in zwei Hälften geteilt.

Die linke Seite entspricht der linken Hälfte des ebenfalls senkrecht geteilten Wappens von Oberkirch und stellt einen rot

bewehrten Löwen, belegt mit rotem Turnierkragen auf goldenem Grund, dar. Die rechte Seite zeigt einen goldenen Wal (das Wappentier von *U 4*) auf blauem Grund. Die schwarze Umrandung des Wappens und die Zahl 2 und 4 im unteren Teil der Wappenhälften sollen den Namen des Bootes *U 24* darstellen. Das "U", die Zahlen und die beiden Wappentiere sind vom Wappenuntergrund abgesetzt. Der Wal soll die Fähigkeit des Wappenträgers symbolisieren, nämlich gute Taucheigenschaften, Wendigkeit, Ausdauer und eine verhältnismäßig lange Außenluftunabhängigkeit. Die Übernahme der linken Wappenhälfte aus dem Stadtwappen der Patenstadt in das Bootswappen soll die enge Verbindung zur Patenstadt symbolisieren.

UNTERSEEBOOT *U 25*

Das Wappen des Unterseebootes *U 25* symbolisiert den Zusammenhang der bundesdeutschen Ubootwaffe und der NATO. Der Bootsname *U 25* sowie das im Jahre der Indienststellung begangene 25jährige Jubiläum der NATO wurden bei der Symbolfindung kombiniert.

Als Embleme wurden der stilisierte NATO-Stern im Eichenkranz des Ubootfahrerabzeichens sowie die römische Zahl *XXV* gewählt. Um die Verwandtschaft mit dem Ubootfahrerabzeichen hervorzuheben, wurden Stern und Kranz versetzt angeordnet. Die Zacken des Sternes sollen jedoch gleich lang über den Kranz herausragen, um optisch ein geschlossenes Bild zu erreichen.

UNTERSEEBOOT *U 26*

Das Wappen des Unterseebootes *U 26* stellt einen Urkopf mit einem Joch dar.

Urkopf und Joch symbolisieren als Einheit die durch Vernunft und ausgewogenes Maß gesteuerte Kraft, die nur durch diese Lenkung Sinn, Nutzen und Erfolg verspricht. Die Verbindung zwischen Wappen und Ubootwaffe wird durch die Tradition des Jochsymboles hergestellt.

Der Vater des Indienststellungskommandanten, KzS. a.D. Helmut Manseck, hatte während des Zweiten Weltkrieges das Joch als Wappen an seinem Unterseeboot *U 758* und konnte unter diesem Zeichen mehrere Einsätze erfolgreich abschließen. Das Symbol wurde durch die Einbeziehung des Urkopfes erweitert, um auf die Einheit von Naturkräften und deren sinnvolle Anwendung hinzuweisen.

UNTERSEEBOOT *U 27*

Das Wappen des Unterseebootes *U 27* ist teilweise aus dem Wappen des Unterseebootes *U 6* übernommen worden, da die letzte Besatzung dieses Bootes *U 27* in Dienst gestellt hat.

In dem Wappen von *U 27* ist das Burgtor aus dem Wappen der Patenstadt Ravensburg/ Württ. dargestellt, welches halb von einem Rochen überdeckt wird, dessen Flügel die Bootzahl 27 andeuten.

Während das Burgtor Ausdruck der Verbundenheit zur Patenstadt ist, gleichzeitig aber auch Wehrhaftigkeit darstellt, deutet der Rochen auf die Fähigkeit des Wappenträgers hin, die durch Wendigkeit, lange Außenluftunabhängigkeit, gute Taucheigenschaften und Unterwasserfahrt durch optimale strömungsgünstige Form geprägt sind.

UNTERSEEBOOT *U 28*

Das Wappen des Unterseebootes *U 28* zeigt ein nach oben gerichtetes Kurzschwert zwischen zwei Wellenlinien.

Das kurze Schwert soll symbolisch für die Hauptaufgabe des Ubootes stehen, Oberwassereinheiten abzuwehren. Fernerhin symbolisiert es die kompakte Bauweise des Ubootes, die eine hohe Schlagkraft bedeutet. Der Aktionsbereich des Schwertes (gleich Uboot) wird nur begrenzt durch eine die Wasseroberfläche symbolisierende golden gewellte Linie im oberen Drittel des Wappens und zwei den Meeresboden symbolisierende golden gewellte Linien im unteren Drittel des Wappens.

UNTERSEEBOOT *U 29*

Das blau-weiße Rautenband im Wappen des Unterseebootes *U 29* weist auf die bayrische Patenstadt Starnberg hin.

Das Namensschild *U 29* ist in Anlehnung an die Bugnummern der Uboote der Kriegsmarine gestaltet.

Der darunter befindliche Ausschnitt eines Schachbrettes, bestehend aus vier schwarzen Quadraten, deutet auf einen ruhigen (lautlosen) und überlegenen Träger dieses Wappens hin, der die Schritte seines Handelns wohl abwägt. In seinen Aktionen ist er jedoch beweglich und stark, was in der Figur des Springers symbolhaft dargestellt ist. Die Zahl von vier Quadraten wurde stellvertretend für die vier Vorgänger-Uboote mit dem Namen *U 29* gewählt.

UNTERSEEBOOT *U 30*

Das Wappen des Unterseebootes *U 30* zeigt einen Fuchskopf unter dem Omega-Zeichen auf grünem Grund.

Das Omega ist der letzte Buchstabe des griechischen Alphabetes, so wie *U 30* das letzte Neubauboot des 1. Ubootgeschwaders der Serie 206 und das Boot mit der höchsten Nummer in der Flottille ist.

Der Fuchskopf wurde gewählt, da der Fuchs in der Fabelwelt als schlaues Tier gilt. Die Farbgebung ist optisch gewählt, ausgehend von der natürlichen Farbe des Fuchskopfes. Das Grün steht zudem für die Hoffnung.

UBOOTTENDER *LAHN*

Das Wappen des Uboottenders *Lahn* entspricht dem Wappen der Patenstadt Limburg/Lahn.

Durch die Wahl dieses Wappens wird die Verbundenheit sowohl zur Patengemeinde als auch zum Binnenland unterstrichen.

UBOOTTENDER *LECH*

Das Wappen des Uboottenders *Lech* entspricht in Form- und Farbgestaltung dem Stadtwappen der Patenstadt Landsberg/Lech. Durch die Wahl dieses Wappens wird die Verbundenheit mit der im Binnenland liegenden Patenstadt unterstrichen.

UBOOTUNTERSTÜTZUNGSSCHIFF *MEERSBURG*

Wappen der Patenstadt Meersburg. Über blauem Wellenschildfluß auf Holz eine rote Burg mit beiderseitigem Pultdach und offenem Tor.

Kommandantenwimpel und Flagge der Seestreitkräfte
Commander banner and German ensign

Heiß und eng . . . der Maschinenraum! / Cramped heat: The engine room!

Ubootflottille 1957 bis 2005

KLASSE 240

Vormals Typ XXIII, *U Hai, U Hecht*

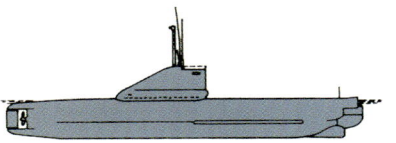

Deutsche Werft Hamburg (1945),
Howaldtswerke (HDW) Kiel (1957)

Technische Daten

Größe:	234/275 ts
Länge:	36,0 m
Breite:	3,0 m
Tiefgang:	4,0 m
Leistung:	600/600 PS
Geschwindigkeit:	10/12,5 kn
Bewaffnung:	2 BTR
Besatzung:	19 Mann

KLASSE 241

Vormals Typ XXI, *Wilhelm Bauer*

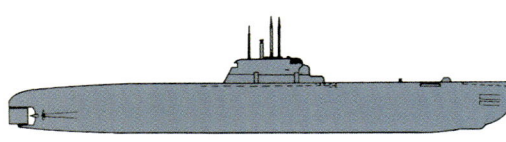

Blohm + Voss, Hamburg (1945)
HDW Kiel (1958)

Technische Daten

Größe:	1620/1820 ts
Länge:	76,7 m
Breite:	6,6 m
Tiefgang:	6,9 m
Leistung:	1200/1200 PS
Geschwindigkeit:	15,6/17,5 kn
Bewaffnung:	4 BTR
Besatzung:	57 Mann

KLASSE 201

Klasse 201, *U1, U2, U3*

HDW Kiel

Technische Daten

Größe:	395/430 ts
Länge:	42,0 m
Breite:	4,6 m
Tiefgang:	4,0 m
Leistung:	1200/1200 PS
Geschwindigkeit:	10,7/17,5 kn
Bewaffnung:	8 BTR
Besatzung:	21 Mann

KLASSE 202

U Techel, U Schürer

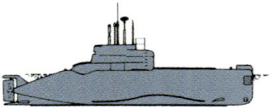

Atlaswerke Bremen

Technische Daten

Größe:	100/137 ts
Länge:	23,1 m
Breite:	3,4 m
Tiefgang:	2,7 m
Leistung:	350/350 PS
Geschwindigkeit:	6/13 kn
Bewaffnung:	2 BTR
Besatzung:	6 Mann

KLASSE 205

U4, U5, U6, U7, U8

HDW Kiel

Technische Daten

Größe:	370/450 ts
Länge:	43,5 m
Breite:	4,6 m
Tiefgang:	4,0 m
Leistung:	1200/1500 PS
Geschwindigkeit:	10/18 kn
Bewaffnung:	8 BTR
Besatzung:	21 Mann

KLASSE 205

U 9, U10

HDW Kiel

Technische Daten

Größe:	370/450 ts
Länge:	43,5 m
Breite:	4,6 m
Tiefgang:	4,0 m
Leistung:	1200/1500 PS
Geschwindigkeit:	10/18 kn
Bewaffnung:	8 BTR
Besatzung:	21 Mann

KLASSE 205
U11, U12

HDW Kiel

Technische Daten

Größe:	370/450 ts
Länge:	43,5 m
Breite:	4,6 m
Tiefgang:	4,0 m
Leistung:	1200/1500 PS
Geschwindigkeit:	10/18 kn
Bewaffnung:	8 BTR
Besatzung:	21 Mann

KLASSE 205
als Erprobungsträger
U12

HDW Kiel

Technische Daten

Größe:	370/450 ts
Länge:	43,5 m
Breite:	4,6 m
Tiefgang:	4,0 m
Leistung:	1200/1500 PS
Geschwindigkeit:	10/18 kn
Bewaffnung:	8 BTR
Besatzung:	21 Mann

KLASSE 205
Erprobungsträger für Brennstoffzelle
U1

HDW Kiel

Technische Daten

Größe:	370/450 ts
Länge:	45,0 m
Breite:	4,6 m
Tiefgang:	4,0 m
Leistung:	1200/1500 PS
Geschwindigkeit:	10/18 kn
Bewaffnung:	8 BTR
Besatzung:	21 Mann

KLASSE 206
U13 – U30

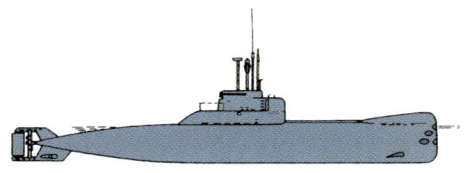

HDW Kiel,
RNSW Emden

Technische Daten

Größe:	450/498 ts
Länge:	48,6 m
Breite:	4,6 m
Tiefgang:	4,3 m
Leistung:	1500/1800 PS
Geschwindigkeit:	10/18 kn
Bewaffnung:	8 BTR
Besatzung:	22 Mann

KLASSE 212A
NN, NN, NN, NN

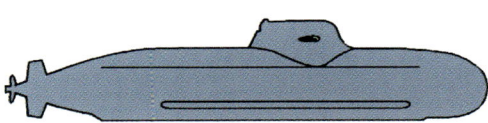

HDW Kiel/TNSW Emden

Technische Daten

Größe:	ca. 1450 ts
Länge:	ca. 56,0 m
Breite:	ca. 7,0 m
Besatzung:	27 Mann
Permasyn-Motor	
Brennstoffzellenanlage	
X-Ruder	
Torpedorohre mit Druckwasserausstoß	

Stammbaum der deutschen Uboote

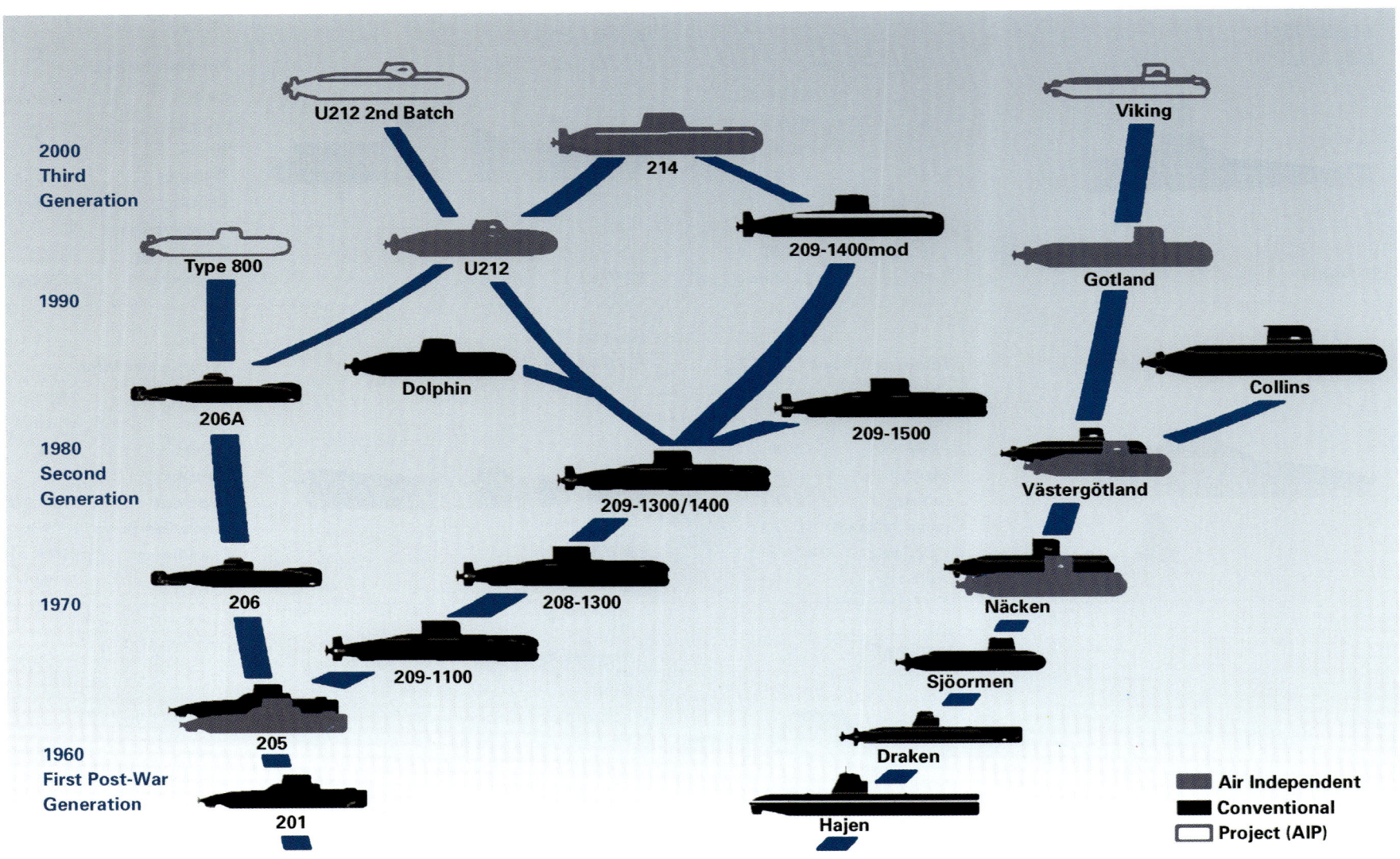

U212 2nd Batch

214

Viking

Type 800

U212

209-1400mod

Gotland

2000
Third
Generation

1990

206A

Dolphin

209-1500

Collins

1980
Second
Generation

Västergötland

209-1300/1400

1970

206

208-1300

Näcken

209-1100

Sjöormen

205

Draken

Air Independent
Conventional
Project (AIP)

1960
First Post-War
Generation

201

Hajen

Von der Klasse 201 zur Klasse 212 / The German submarine family tree

English Summary

Foreword

The year 2001 saw the 150th anniversary of the Bavarian artillerist Wilhelm Bauer's first test dive with his diving boat *Brandtaucher* in the waters of Kiel Fjord. It was not a successful manoeuvre, yet it marked the beginning of submarine building in Germany.

The sweeping development of the submarine as a weapon of naval warfare did not really begin in earnest, however, until the commissioning of *U1* in 1906. German submarine history falls into three phases: 12 years of the first generation in the Imperial Navy, 10 years with second-generation submarines in the navy of the Third Reich and more than 40 years with submarines of the third generation in the Federal German Navy.

This book sketches the history of the third generation of submarines, on the basis of 19 years of personal active experience with submarines: the submarine flotilla from development through consolidation and operation up to the present day.

The summarized commentary on the first and second phases of submarine building does not call on new material but is based on existing literature to introduce the reader to the importance of this modern and once again highly effective naval weapon system.

Chapter 1
Submarine Development up to the End of World War I
The Beginnings

The navies of 49 sovereign states operate submarines today. This means of naval warfare differs markedly from surface ships due to its many special characteristics and capabilities and has already been an accepted component of the fleet since World War I. While submarines have been built for research and scientific purposes and have made major contributions to advances in technical fields, it is their high combat strength that has always been the key to their importance.

It is said that Alexander the Great himself spent several days in a diving bell on the sea floor to observe underwater life. The history of the submarine cannot really be said to begin until 1775, when David Bushnell developed an underwater vehicle which he called the *Turtle* during the North American War of Independence. It was designed for operations against surface ships, and although its mission against Admiral Richard Howes' flagship *Eagle* was not successful, Bushnell is internationally recognised as the father of the submarine.

Robert Fulton's *Nautilus*, designed in 1798 and tested on the Seine in Paris in 1801, was a further attempt to establish submarines as a naval weapon. But the time was evidently not ripe for such projects, since Bonaparte was not to be convinced of their abilities, nor was it possible to sell the plans to the English or in 1812–1814 to the American government.

Between 1871 and 1881 the Irish immigrant John Philip Holland designed his first four submarines in America, but they were never built. He was successful at last with his fifth design, which he produced in cooperation with the artillerist General Zalinsky. The boat was originally intended for use as a submersible mortar battery, but owing to damage it was only used for diving tests in the dock.

In 1888, Holland won a competition to design a "useful submarine" for the American Navy. In 1889, the American Congress approved funding for the so-called "Holland boat", but owing to a change in the Presidency, another six years passed before Congress actually gave the order to build the submarine *Plunger* in 1895. Using Holland's ideas and plans incorporating alterations introduced by the American Navy, a second boat to be named *Holland* was ordered at the same time. This seventh Holland design finally became the prototype for the submarines later referred to as the "Holland Class". The submarines were about 16 m long and 3 m in diameter with a surface displacement of 64 tons and crew of 4-6. Armament comprised a bow torpedo tube to fire three torpedoes carried on board and two permanently mounted guns, one each at the bow and stern.

Already in 1909 the eighth Holland Class boat was built, the *Fulton*. This served as a test boat for the follow-on boats *Adler, Mokkasin, Porpoise, Shark, Grampus, Pike* and *Plunger*.

In Germany, the development of submarines dates back to a non-commissioned officer in the Bavarian Army, Wilhelm Bauer, who designed an underwater vessel in 1849 and built it in 1850. As an artillerist in the service of the Schleswig-Holstein Army during the war against the Danes (1848–1852), Bauer conceived the idea of building an underwater vehicle while thinking about the uses to which a diving vessel could be put against the bridge over the Alsen Sound. He discussed his ideas with higher-ranking officers, attended lectures at Kiel University and after presenting a few models obtained the support of the Navy.

The *Brandtaucher* was built by Schweffel & Howaldt in Kiel. It was launched in December 1850 and was ready for test diving in February 1851. The boat sank on this first dive, but the crew was rescued. In spite of the accident, Wilhelm Bauer's *Brandtaucher* was accepted by

the Schleswig-Holstein Navy and is still considered to be the first functional submarine, responsible for ushering in a whole new era in naval warfare.

After this very promising though less than successful start, several decades passed before German submarines began to be built as warships.

Early in 1902, an engineer called d'Equevilley offered his services to Messrs. Krupp, proposing the use of his special knowledge and the results of his studies in submarine construction. After checking his credentials, F. A. Krupp engaged him to build a test submarine. Although the attitude of the German Navy towards submarines was still sceptical, Krupp hoped to initiate a future-oriented development by building a first submarine at the newly acquired Germania Shipyard, with a view to obtaining subsequent reliable orders from the Navy.

The first secretly built test boat was code-named *Leuchtboje* and later named *Forelle*. She gave Germania Shipyard its first taste of the special laws governing underwater operations and was meant to prepare the way for the design and construction of larger submarines.

Surface displacement of the *Forelle* was about 16 tons. Armament was to consist of two outboard torpedo tubes. After initial sea trials early in 1903, it was soon possible to demonstrate an undetected attack against an anchored vessel

from a distance of three miles. The *Forelle* was shown to the Kaiser that autumn, and on 23rd September 1903 Prince Heinrich of Prussia was the first guest to be taken for a dive. The boat was a great success. In spite of this, she was sold to Russia, as the outbreak of war between Russia and Japan required the fleet to be strengthened and the Russians were highly interested in this new weapon system.

In Germany, greater importance was not attached to submarines until the Secretary of State for the German Navy and later Admiral of the Fleet von Tirpitz gave Germania Shipyard the order to build a submarine for the German Navy in 1904. This first submarine for the German Navy was ceremoniously commissioned on 14th December 1906 as *U 1* by the commanding officer, Lt. von Boehmen-Bezing. Little did anyone guess at the time that the "U" for "Unterseeboot" would later become an international designation for a special German naval weapon.

At 238 tons and with a length of 42.4 m, the first German submarines were capable of a submerged speed of 8.7 knots propelled by an electric motor via lead-acid batteries, while on the surface they could make almost 11 knots using paraffin-fired engines. Their armament, consisting of a bow torpedo tube with three torpedoes carried on board, seemed at the time to be adequate to employ the

submarines for naval warfare. The sea trials and test results with the first boat were so promising that further orders were placed. This helped promote the development of the weapon.

German Submarines during World War I

Admiral von Tirpitz believed submarines to be a useful addition to the ocean-going fleet. However, he did not restrict building projects to submarines for the high seas, but was also in favour of small vessels for operations off the coast of Flanders.

The work of the Navy at the time was concentrated on possible hostilities with Britian, and it was most likely the newness and strangeness of the concept of underwater warfare that led to hesitation in ordering more submarines between 1907 and 1909. It was not until 1910 that a contract to build eight more submarines was awarded, and by the outbreak of war in 1914 a total of 21 boats were ready for operational missions. Even though foreign navies had a greater number of submarines, the German U-boats were technically superior with their paraffin engines and from *U 19* onwards diesel engines.

The use of submarines was not undisputed, as evidenced by the important military and political decision of February 1915 to commence submarine warfare. Owing to an official protest lodged by the neutral states, particularly the

USA, the U-boats' freedom of operation was curtailed and neutral ships were not to be attacked. The German Chancellor had persuaded the Kaiser to order this measure without first consulting the Navy. Another blow to U-boat operations resulted from the sinking of the British passenger ship *Lusitania* on 7th May 1915 by *U 20* (Lt. Schweiger) with a loss of 1,198 lives, including 119 Americans. This led to a storm of protests from the neutral states. Already earlier that same year the Dutch steamer *Katwijk* had been sunk, causing considerable agitation and a formal apology to Holland. The Chancellor therefore decided, apart from using delaying tactics, with an answering note to the USA on 28th May, to ask the Kaiser to order the U-boats to grant safe passage to all large passenger ships, including enemy ones.

The Secretary of State for the German Navy, Admiral of the Fleet von Tirpitz, and the Chief of Naval Staff, Admiral Bachmann, then handed in their resignations, which the Emperor refused to accept. Only after the sinking of the small passenger steamer *Arabic* by *U 24* on 19th August 1915, again with American passengers on board, was Admiral von Tirpitz relieved as Secretary of State and the U-boats were pulled out of hostile action west of the British Isles. While the Kaiser did approve the order to attack armed merchant ships from 11.2.1916, this did not constitute unrestricted submarine

warfare. After another unsuccessful attempt to implement such an order, Admiral of the Fleet von Tirpitz resigned his office in March 1916.

The subsequent "restricted submarine warfare" proved to be an unhappy compromise. The steamer *Sussex* was torpedoed, again with the loss of American lives, which led to a public uproar in the USA. The German government reacted by stating that in future submarine warfare would be conducted according to the Prize Regulations.

Unrestricted submarine warfare was finally implemented on 1st February 1917 on the basis of a decision made on 9th January 1917, curiously enough at the instigation of the senior Army staff. The German Supreme Army Command had recognized that the war could not be won on land alone and hoped that submarine warfare would bring about the desired turning point. Indeed, there was a significant increase in ships sunk. However, the implementation of unrestricted submarine warfare played a decisive role in prompting the Americans to declare war in April 1917.

How had the German submarine developed in the meantime?

A wide variety of large U-boats had been built, which were deployed to lay mines, as reconnaissance units and as combat submarines in the North Sea, Baltic and Mediterranean. Major technical advances had been made. While to begin with from 1912 only 6 U-boats were built per year, between 1914 and 1916 the astounding total of 171 boats was built in Germany.

Already some of the early boats, *U 19* to *U 22*, incorporated double-hull designs for ocean-going operation and depending on their speed of advance had a range of 7,600 to 9,700 nautical miles. At 650 tons, they were equipped with two torpedo tubes in the bow and two in the stern, and their M.A.N. diesel engines gave them a surface speed of 15.4 knots. The boats were provided with 8.8 cm guns, later from *U 19* (1917) onwards some had a 10.5 cm gun. With a crew of 4 officers and 31 non-commissioned officers and men, they were significantly larger than the first single-hulled boats.

Some even larger submarines of 1,100 tons with a surfaced speed of 17 knots and complement of 46 were also built, such as *U 135* to *U 138*. The largest combat submarines, such as the submarine cruisers *U 139* to *U 142*, were 92 m long and 9 m in diameter at 1,930 tons, and could achieve a range of 12,000 to 17,000 nautical miles. They had correspondingly impressive armament: 4 bow and 2 stern torpedo tubes, with between 19 and 24 torpedoes carried on board, and two 15 cm and two 8.8 cm guns. With a crew of 62 plus prize crew of 21, these large U-boats were designed for use in long-range Atlantic missions against merchant shipping.

Small submarines for coastal operations were also developed. Submarines *UB 1* to *UB 8* at 127 tons and a surface speed of 6.5 knots were designed for operations off the coast of Flanders. The boats had two bow torpedo tubes that could not be reloaded at sea and a machine-gun for self-defence on the surface. The crew was 14 men.

In addition, some submarines were developed exclusively for mine-laying tasks, such as the first set of C-boats, *UC 1* to *UC 10*. This programme was considerably extended from 1914. On 31st May 1915 mine warfare commenced when *UC 11* under the command of Sub-Lt. Schmidt laid a mine barrier off Zeebrügge. The mine-laying U-boats were also deployed in the Mediterranean with considerable success. The first of these boats, *UC 1*, served under seven commanding officers and was lost in 1917 on the 79th mission, having sunk 38 units totalling 59,000 GRT and three warships.

With their very varied mission options and capabilities, submarines had given proof of unexpected combat strength in the space of just a few years. This was largely due to the transition from paraffin to diesel engines and to the development of high-performance batteries, new detection systems and weapons. However, neither the technological advances nor the large numbers of submarines built were able to turn the tide of war in favour of the Germans.

In retrospect, this period was characterized by four phases of submarine warfare:

Phase 1: 18.2. – 19.9.1915

The first phase of the submarine war began in February 1915 and lasted until September of that year, when the German government stopped U-boat operations west of the British Isles due to tension with the Americans after the *Lusitania* and *Arabic* incidents. Unfortunately the U-boat commanders had no clear instructions during this phase as to how they were to deal with merchant ships. They had to decide for themselves between sinking without warning or warfare according to the Prize Regulations. At the beginning of the war against merchant shipping, the Germans had 21 U-boats only 14 of which were capable of operations west of Britain.

Phase 2: 11.2. – 24.4.1916

"Restricted submarine warfare" meant sinking all enemy merchant ships – without warning – but taking no action against passenger ships. After the *Sussex* incident in the English Channel, the German government had to bow to pressure from the USA and agreed to abide by international law and conduct naval warfare in future according to the Prize Regulations. Submarine operations against

merchant ships were then suspended by the Naval Command in the English Channel and around the British Isles – but not in the Mediterranean.

Phase 3: 6.10.1916–31.1.1917

This period was characterized by considerable success in the war against merchant shipping according to the Prize Regulations, with no serious loss of submarines. There was no more tension with the USA due to U-boat operations. During this phase, German U-boats sank an average of 185 ships totalling 325,000 GRT every month.

Phase 4: 1.2.1917–6.10.1918

This was the phase of "unrestricted submarine warfare", when merchant ships were attacked in war zones without warning. Prior to this decision, however, the German Naval Command had assured the government that 500,000 BRT could be sunk every month in unrestricted submarine warfare, and that Britian could thus be crippled within six months. In February 1917 matters came to a head with the USA, which then declared war on Germany in April 1917. From the summer of 1917, the number of ships sunk dropped drastically, and such high figures were not achieved again during the war.

U 1 was struck from the lists of German warships on 19th February 1919 and set up in the German National Museum in Munich, marking the end of an era in Germany. All in all, 178 German U-boats with more than 5,000 men were lost

on active duty during World War I.

A total of 375 submarines were built and deployed by the German Navy between 1906 and 1918. They sank a total of 6,394 merchant ships with a total tonnage of some 11,948,700 GRT. Names worthy of special mention are Cdr. Arnauld de la Periér, who undertook 15 missions with *U 35*, sinking 194 merchant ships and 2 warships, as well as Lts. Hersing, Forstmann and Valentiner, whose legendary successes served to underline the effectiveness of the submarine as a naval weapon. Nevertheless, the German U-boat campaign did not decisively alter the outcome of the war.

Chapter 2
German Submarines between 1939 and 1945
Submarines of the Second Generation

As early as 1922, under the greatest secrecy, the Naval Command within the German government had resumed submarine construction plans and from 1932 serious building preparations were under way.

The first plans were drawn up in a Dutch engineering office with the aid of the German engineers Techel and Schürer, who had already made a name for themselves as submarine designers in World War I. For reasons of secrecy, the first boats were built to these plans in Spain. Training began in 1933 in Finland. Under the terms of the

Anglo-German Naval Agreement of 18th June 1935, Germany was allowed to build and commission up to 45% of British submarine tonnage. Now the early preparations bore fruit.

On 25th June 1935 a new submarine designated once again *U 1* was commissioned as first submarine of the "Reichsmarine", the German Navy, under Lt. Klaus Ewerth. Until the end of September 1935, *U 1* to *U 6* underwent training at the Submarine Defence School under Cdr. Slevogt. On 28th September 1935 the first Front Submarine Flotilla "Wedingen" came into being with the commissioning of *U 7*, followed by *U 8* and *U 9*. The flotilla, further strengthened over the next few months by the addition of *U 10* and *U 18*, was under the command of Capt. Karl Dönitz. Dönitz was an officer with experience in action during World War I, had served as Commanding Officer on torpedo boats, Commander of a torpedo boat flotilla, Navigation Officer on the flagship of CINC Naval Forces in the Baltic and Captain of the cruiser *Emden*. He was familiar with the tactics of both surface and submarine warfare and therefore particularly well suited to the organisational and tactical aspects of setting up a new submarine arm.

The Royal Navy had already developed the "ASDIC" underwater sound detection equipment in the early 1930s, maintaining that it enabled them to

locate submerged submarines several kilometres away. Although this seriously restricted the effectiveness of submarines, plans went ahead to increase the German U-boat arm to its permitted strength of 45 % of British tonnage.

The submarine, hitherto the classical naval weapon of the weaker party, capable of posing a hardly calculable threat to an opponent over a long period of time and of taking the initiative in the attack, was considered by Dönitz to be a seaworthy and effective warship – a combat vessel capable of surfaced or submerged operations depending on the tactical situation, yet able to withdraw from a threat or regain the initiative at any time. This, at any rate, was the supposed superior role of the submarine against the surface ship at the beginning of World War II.

The question as to what kind of and how many submarines to build – many smaller ones or fewer larger ones – had to be resolved by a synthesis which took the technical possibilities, tactical requirements and finance available into account. The permitted total tonnage allowed under the Naval Agreement also had to be observed. The decision was in favour of more boats of 500 t rather than fewer of 2,000 t.

Although the British agreed to the increase of German submarine tonnage to 100 % of their own in 1937, careful planning was necessary

in view of available capacities.

In the summer of 1935, the German Navy had the following boats planned or under construction: 12 submarines of Type II (250 t, 3 bow tubes, surfaced speed 12 knots, range 3,100 nm), 2 boats of Type I (712 t, 4 bow tubes, 2 stern tubes, surfaced speed 12 knots, range 7,900 nm) and 10 of Type VII (500 t, 4 bow tubes, 2 stern tubes, surfaced speed 16 knots, range 6,200 nm).

From Dönitz' point of view, it was advisable to further develop the highly successful World War I submarine Type UB III, from which Type VIIC arose. However, the Supreme Naval Command believed that more emphasis should be given to larger submarine cruisers with heavy guns and extended endurance at sea (Type XI) to support the surface cruiser fleet, large mine-laying U-boats (Type X) and large submarines for torpedo missions in distant sea areas (Type IX and XI). This inevitably meant that the high tonnage of the large boats reduced the total number of submarines possible. The resulting difference of opinions led to considerable delays in order placing and building, so that when war broke out only relatively few U-boats were in a state of operational readiness.

In retrospect, the Type VII – version Type VIIC – proved to be a robust and eminently suitable design. At 769 t, the boats had a range of 6,500 nm at

7 knots, were equipped with four bow tubes and one in the stern, carried 12 to 14 torpedoes and could dive in an emergency in just 25 seconds. They were one of the most reliable weapons available to the Navy. Equipment and size of submarines are not easily compared with other naval vessels, yet crew numbers had to be adapted to operation areas and mission duration and the type of mission also taken into consideration.

Full advantage was taken of available technology, which gave these boats good tactical manoeuvrability and rapid diving times. High endurance during long missions was partly allowed for by providing adequate crew accommodation. However, mission duration was not only determined by the size and equipment of the boats – the physical ability of the crew played an important role. Cramped quarters, lack of movement, mutual dependence and living and working constantly under the eyes of the rest of the crew pose a severe strain on anyone. In addition, technical faults and weaknesses in weapon and detection systems led to more restrictions that had to be observed on board these otherwise highly combative boats. Today they would be referred to as "submersibles" rather than submarines, since they spent most of their time on the surface and only submerged to attack or to withdraw from danger. Owing to their low battery capacity,

their top submerged speed of 7 knots could only be maintained for 30 minutes, and even at slow speeds and with minimal use of electricity the batteries had to be recharged again after just a few hours.

Care had to be taken not to waste "Kujambel", as the submarine crews referred to electric power: it was this factor together with the limited reserves of oxygen that determined how long they could remain submerged. These were the principal weaknesses of the submersibles of that day: they were capable of diving and surfacing, but had only very limited propulsion power reserves to permit them to change position when submerged. Only on the surface – the true element of the submersible – were the diesel engines connected directly to the shaft, so that long distances to the mission area could be covered at speeds of up to 17 knots.

Dönitz rightly interpreted Hitler's termination of the Naval Agreement on 26th April 1939 to mean that war with England was imminent. As Britain's international trade depended on the Atlantic sea routes, the submarine force needed to prepare for battle in the Atlantic. In Dönitz' view, attacking these sea lines of communications was primarily a strategic matter. He required a large number of ocean-going submarines as fast as possible. It was difficult to detect the opponent in the

far reaches of the Atlantic, so in the winter of 1938–39 the Submarine Commander applied for 300 U-boats for front duties in order to have "many eyes" in the sea area of operations, since air reconnaissance could not be provided. He assumed that at any given time about one third of the boats would be in transit, one third in the operations area and one third undergoing maintenance. (These ratios are still valid today.)

When the war against Britain finally erupted in September 1939, against the expectations of the highest authorities, Dönitz hoped that at last the German naval forces would quickly be provided with the means needed to take up the battle in the Atlantic. However, Hitler did not share his strategic views. He hoped to come to an understanding or peace agreement with Britian. He thought this could perhaps be achieved forcibly through the war with Russia. It was therefore hardly surprising that submarine construction was given no priority in the overall armaments programme for 1939. Even the projected building figures of 29 submarines per month were never reached, so that by 1941 the German Navy still had only 22 U-boats for engagements at the front, which came to mean considerably longer mission duration for each unit.

The total number of boats did increase, with 54 more submarines join-

ing the fleet in 1941 and 194 in 1942. However, the implementation of the "Z Plan" (the naval programme for 1938–1948, including 249 U-boats) by 1939 and the constantly inadequate building capacities meant that Dönitz' ideas could only be followed up in a very limited manner. Training programmes and tactical success were not able to compensate fully for the lack of material.

Tactics and Operations

Tactics is not a predefined concept, but must be attuned to one's own and the opponent's capabilities. When the submarine force was revived, it was therefore necessary to recognise its technical limitations in order to attempt to compensate for weaknesses by tactical strengths and good training.

As early as 1917, after the first successes on the part of the German U-boats, the British had adopted an escort system. This collection of ships for large convoys had earlier convinced Dönitz as commander of UB 68 that the answer to a large number of merchant ships was a concentration of submarines. Dönitz was a submariner with experience on surface ships, and his ample knowledge of both dimensions made him aware of the need to develop specific submarine tactics against surface ships. Training on submarines had to allow both for torpedo attacks

while submerged and surfaced manoeuvres. The boats also had to have good chances of success in an artillery confrontation with merchant ships.

In spite of the many restrictions on submarine command due to the need to spare neutral ships and to the special concessions towards French merchant vessels, the U-boats still managed to achieve considerable successes in the early years of the war.

Already in 1940 attacks on convoys using pack tactics were successful. It had not proved feasible to command the submarines from the sea, but land-based command was very effective. Weather reports received from boats at sea, reports about the composition and position of the convoys and escorts, together with the experience of the staff officers in the Submarine Command provided the basis for centralized, fast and effective command of the available submarines. The boats were guided up to the moment of attack via good communications and immediate evaluation of all incoming information. The attack itself was set up and implemented by the individual U-boat commander himself.

Once the reports came in, the boats were required to take up position ahead of the convoy and to attack from this position, at night on the surface and submerged by day. The boats dropped out of sight to drift through the

encircling protective ring of enemy destroyers and corvettes, rising in daylight to periscope depth or surfacing at night within the convoy to carry out their attacks. Then every commander was required to show initiative, toughness, dedication and ability.

The commanders' tactics became increasingly fine-tuned, their experience grew and submarines were increasingly able to operate successfully against single ships, surfaced naval units or convoys.

U-boats were also used in mine-laying operations; off the harbours of Plymouth and Portland, off the English east coast and in the Irish Sea, in the Mediterranean and the Black Sea, off harbour entrances and naval bases. German U-boats were employed everywhere with great success.

Some particularly well-known commanders were Kretschmer, Topp, Merten and Scheppke, Schuhart and Hardegen, Lehmann-Willenbrock, Schulze, Prien and Lüth – to name but a few. Their missions took them into the Atlantic, the Mediterranean, the Indian Ocean and to the coast of America.

A copybook example of excellent detailed planning was Lt. Günter Prien's operation against the main naval base of the British fleet in Scapa Flow. During the night of 13th to 14th October 1939, he was able to pass the barriers unnoticed and sink the battle-

ship *Royal Oak*. Prien returned safely with his boat to Wilhelmshaven in spite of heavy counterattacks and severe technical problems. This operation is ranked among the most successful of the submarine war.

The U-boat war placed very high demands on commanders and crew. During missions in the Arctic under extreme conditions, operations in the South Atlantic under the tropical sun and in the Indian Ocean and the Caribbean, the men endured severe hardship day and night in all weathers. But the German submarines steadily kept up their attacks all over the world in spite of constantly increasing opposition from harbours in the North Sea and the Baltic, from Norway and the French Atlantic coast. Lt. Schuhart achieved an important success in the early days of the war. On 19th September 1939 in *U 29* he attacked the aircraft carrier *Courageous*, which was stationed in his area of operations, and sank her with two torpedoes. That was a major blow, like the one by Lt. Glattes and *U 39* against the Royal Navy's aircraft carrier *Ark Royal*, although Glattes' attack did not meet with success. The effect of these two operations was to cause a change in the British naval tactics, and aircraft carriers were withdrawn from anti-submarine warfare tasks.

The convoy and escort system was constantly improved, and measures

directed against the German U-boats were increased from month to month. The "hunter killer groups" set up by the British to counter the U-boat threat together with constant air reconnaissance made submarine operations increasingly difficult in all sea areas. On all fronts where German submarines were employed, massive counterattacks took their toll. One legendary figure in this respect was the commander of a British anti-submarine force, Cdr. (later Capt.) C.F. Walker, RN. He developed special procedures for finding and pursuing German U-boats and met with remarkable success. Once an U-boat had been discovered, his tactics involved encircling it with several anti-submarine units and using depth charges to force it to remain submerged, until it either sank or was forced to surface due to lack of oxygen or battery capacity.

The use of different depth settings for depth charges, the use of anti-submarine missiles, intentional ramming and the nerve-wracking use of aircraft with weapons and depth charges made U-boat missions ever more dangerous. In particular the increased use of aircraft made it much more difficult for submarines to attack, and they then faced enormous difficulties in returning to their home port, always supposing they had not been sunk by the enemy counterattacks.

Often the boats were forced to refuel at sea in order to complete a distant mission or to enable them to return home. There was always great cause for rejoicing and the worries and hardships were quickly forgotten when a boat came home from a mission in enemy waters, whether with a story of success or just because it managed to get away. Welcomed by the flotilla and families, the tired and prematurely aged crew returned home as a team of conspirators who felt they had justifiably and convincingly done their duty.

Adding anti-aircraft guns to the submarines' armament was not enough to break the superiority of the British and Americans in the air, so that the boats were forced to spend more and more time under water and it became exceedingly difficult for them to reach the convoys.

Setbacks and failed missions at sea due to errors with newly developed weapons and equipment often discouraged the crews. Serious initial problems were experienced, for example, with the G7E torpedo, the new electric version of the G7A (without the telltale trail of bubbles), with the LUT and FAT torpedoes and particularly with the programme-controlled "Zaunkönig" torpedo. Premature detonation due to the boat's own magnetic field and troubles with homing warheads temporarily jeopardized the entire submarine fleet. But in the end the problems were solved by the combined efforts of the technicians and tacticians.

Development was pursued further. New U-boats were built all the time. Every week saw vessels launched at all the German shipyards, in some cases prefabricated as individual sections in various parts of Germany and put together at the shipyards on the coast. New boats were commissioned almost every day, but every day also saw boats lost on the seven seas.

While the U-boats had been particularly successful in the early years of the war, the tide seemed to turn towards the end of 1942. Air attacks with the newly developed radar systems, closer and more effective escort protection for convoys, interception and evaluation of coded station reports with subsequent methodical attacks by anti-submarine forces all led to lead to heavy losses in the U-boat fleet.

The Lost Battle of the Atlantic

On 24th May 1943, Admiral Dönitz called a halt to the Battle of the Atlantic. The number of merchant ships that could be sunk was out of all proportion to the number of submarines employed. For five convoys attacked by more than 40 U-boats, just one single freighter was sunk, against 10 lost U-boats.

However, submarine warfare as such was not abandoned. The mere fact that U-boats were at sea bound hundreds of surface units, forced merchant ships into convoys and kept hundreds of aircraft on maritime patrol, preventing them from undertaking missions against German territory, the armament industry or the civilian population.

Shortly before the end of the war, another great effort was made by the armaments industry in a last attempt to turn the tide in the Atlantic battle by employing improved, more modern submarines. It met with no success. The Eastern Front receded, and it became clear that Germany could not win the war. At the latest when the USA joined the war in December 1941, from a strategic point of view, the war was lost for Germany. So let us go back to consider some important developments.

The Snorkel

The idea of providing fresh air to a vessel moving below the surface of the water to enable it to operate internal combustion engines was not new. As early as 1933 the German engineer Walter first proposed installing an air mast on submarines. In 1940 the Dutch naval officer J.J. Wichers put forward a design for an air mast with a spherical float as a head valve (to prevent water ingress when the snorkel enters the water) for installation in submarines.

However, the German Navy did not seriously consider the air mast until 1943, when improved enemy radar put

submarines operating on the surface at great risk and called for rapid counter-measures in submarine equipment, so Professor Walter's idea was taken up once more.

In the summer of 1943 the two training submarines *U 57* and *U 58* were equipped with snorkel masts with floating head valves. After initial successful tests, a folding air mast near the sail was added to the Type VIIC boats during maintenance or construction. In September 1943 *U 235* and *U 237* entered duty equipped with snorkels. By mid-1944, fourteen more front-line boats were equipped by the Blohm & Voss shipyard with the snorkel mast.

Under the constantly increasing pressure of anti-submarine aircraft flown from ships, crews soon welcomed the snorkel, as it permitted them to submerge during transit to their operation areas while still using diesel engines.

New Designs

The most modern designs, submarines of Type XXI and XXIII, were commissioned in 1944 after initial tests, and it was hoped that they would bring new momentum together with the "snorkel boats".

The Type XXI boats were large at 1,600 t, with rounded, more streamlined lines and a diesel-electric propulsion system to enable them to travel fast and quietly while submerged. Manoeuvring,

taking up position ahead of the convoy and attack were all to be possible while fully submerged and at speeds of up to 17 knots. Equipped with the new snorkel mast, they could also charge their batteries without surfacing. At last the transition from submersible to a real submarine was complete.

However, in fact only one boat, *U 2511* under Lt. Cdr. Schnee, actually took part in a mission. The boat passed unobserved through the escorts and was in position to fire at a cruiser when the attack was called off when the radio message declaring capitulation was received. The Type XXI boats later served as models on which many foreign submarines were based, e.g. the Russian Whisky Class or the conversion of American boats to the Guppy Class. (One of the Type XXI boats, later used as the training boat *Wilhelm Bauer* by the young Federal German Navy, is now in the Technical Museum in Bremen.)

The Type XXIII boats were small (230 t) and with their fairings and powerful electric motor they were also capable of higher speed submerged (15 knots) than surfaced (10.5 knots). They were designed for coastal operations and also equipped with a snorkel. Some of them were employed in the English Channel and made effective use of their two torpedoes. *U 2336* under Lt. Cdr. Klusmeier even ventured into the Firth of Forth and sank two ships there. (Two

Type XXIII boats scuttled at the end of the war were later raised, renamed *U Hai* and *U Hecht* and used as training boats by the Federal German Navy. *U Hai* was lost in 1965 during surfaced transit near Dogger Bank.)

The promising designs for Types XXIV and XXVI with an air-independent propulsion system designed by Professor Walter, capable of a top speed of more than 25 knots, were not finished in time for front operations. They did not pass the test stage, and after the end of the war the Allied powers found them most interesting. But once again these new, state-of-the-art boats were not able to turn the tide in the submarine war.

The motivation of the U-boat crews remained unbroken right until the end of the war. The small communities that lived and fought together in cramped space for weeks and months, sometimes for up to a year, became close-knit units that held up even under the worst conditions. In his description of the German U-boat force, Churchill himself praised the tenacity and bravery of the crews, who held on at the front right until the end in spite of little success and severe losses.

The End of the Second German Submarine Force

The submarine war ended on 4th May 1945. In Germany, altogether 1,171 U-

boats had been built or ordered between 1935 and 1945. More than 750 boats were lost at sea. Over 30,000 officers, non-commissioned officers and men of the ranks lost their lives, men who had done their duty as sailors and as mariners. Their sacrifice was in vain. As before in World War I, the submarines were unable to decide the war in Germany's favour. It had not been possible to make a decisive impact on the British sea lines of communication in the Atlantic. It would only have been possible to seriously disrupt the British and American supplies of food, raw materials, troops, weapons, ammunition and fuel if they had not been able to produce fresh ships just as fast as they were sunk by the German U-boats. It was not until spring of 1943 that the number of German submarines was about three-quarters of what Admiral Dönitz said he required. There were too few submarines at the front to be able to decide the Battle of the Atlantic in Germany's favour.

In the course of World War II, the German U-boats sank 2,882 Allied merchant ships with almost 14,500,000 GRT, or 70 % of the total tonnage lost. Far more of them would have been needed at the beginning of the war for the Battle of the Atlantic to take a decisive turn in Germany's favour.

The development of new detection equipment, new anti-submarine wea-

pons and the breaking of the German code system led to losses in the German forces that could not be compensated by new boats.

In his memoirs, Sir Winston Churchill remarked that the only thing he was really afraid of was the German U-boats, and that the Germans would have done better to set everything on that card.

Similarly, the British Admiral of the Fleet, Lord Cunningham, from 1943 First Sea Lord and Head of the Admiralty, fully agreed with Dönitz' appraisal of the situation. Cunningham shared Dönitz' view that disruption of the sea lines of communication in the Atlantic would have brought Britain to her knees; it was fortunate for the British that Dönitz' political leaders did not follow his advice.

The German U-boat effort caused great loss to Britain, but it would have been infinitely more effective if the resources Dönitz pleaded for had been provided and the submarine war had been conducted at full strength right from the beginning.

In spite of this, the submarine as a naval weapon did not die at the end of World War II. The need to ensure national defence has continued to inspire politicians, the military and technicians to develop new submarines and integrate them into the Navy.

Chapter 3
The Third German Submarine Force
The "Submarine Vacuum" in Germany between 1945 and 1957

Germany was in ruins at the end of World War II. The U-boats and other ships of the Navy had been decommissioned, scuttled or taken as spoils of war by the former enemy. Germany was divided into four sectors by the occupying forces. The navy no longer existed.

However, the newly constituted Federal Republic of Germany with its independent principles soon established the need for defence capabilities.

Germany was to make a contribution to the NATO defence plans. After the sovereignty of the Federal Republic of Germany had been proclaimed on 5th May 1955 and the Paris Treaties became effective, on 9th May Germany became the fifteenth member of NATO. After a break of 10 years, it was now time to set up new German armed forces from nothing, without any personnel or materiel to build on.

Under the Paris Treaties of 23rd October 1954, the German defence contribution was to be on a predetermined scale designed to afford the required support to the Alliance. In the naval field, the "Accord spécial" initially listed the following force strength: 18 escort boats, 60 minesweepers, 60 fast patrol boats, 10 harbour protection boats and 36 landing craft (with a reserve fleet of

85 minesweepers and 40 harbour protection vessels).

In addition, the Navy was to maintain 24 reconnaissance aircraft, 30 helicopters, 5,000 men in land bases and a coastal artillery regiment. This last requirement was difficult to fulfil for both personnel and fiscal reasons.

Within the Western European Union (WEU), the Federal German Navy's contribution was altered to include 12 coastal submarines. The FRG itself defined the tonnage limitation of submarines up to 350 t.

This seemed sensible because the distribution of responsibilities in the NATO sea areas assigned German submarines forward defence duties in the Baltic and Baltic approaches, binding the opponent's forces and preventing forces from landing on the German Baltic coast.

The submarines were now designed for a completely different role than when the submarine force had been set up in 1906 or 1935. Instead of being an attacking force to assist the ocean-going naval fleet or engage in operations against merchant shipping, they now had a defence role to play within the NATO Alliance.

In East and West developments in submarine design and construction had meanwhile taken place on the basis of the German wartime Type XXI. The well-known Russian Whisky Class and

the modern boats of the British, French and American Navies had set new standards in the intervening years between 1945 and 1955. The "submersible" of World War II had become the modern "submarine", characterised by long periods of submerged operation.

The rapid speed of technical progress and the resulting wide range of missions open to submarines in peace, crisis or war prompted navies all over the world to review and strengthen their submarine forces.

Submarines had regained their superior status. At relatively low financial, personnel and material cost, they were capable of binding multiple forces for long periods, constituting a threat in sea areas controlled by unfriendly powers and producing an effective show of strength and combat ability at minimal risk to themselves.

Technological advances in the fields of propulsion, sensors and especially weapons – now able to travel over tens of thousands of metres rather than a few hundred or thousand – had underlined the importance of the submarine. These advances and selective application of research results from the fields of waterborne sound propagation and geophysics made the submarine, now stronger than ever, an independent and highly effective naval weapon.

The Beginnings

The commissioning of *U Hai* in August 1957 as the first submarine of the Federal German Navy marked the beginning of the third phase of submarine history in Germany.

U Hai, formerly *U 2365*, was a Type XXIII boat scuttled in the Little Belt at the end of World War II and raised by the special salvage vessel *John Beckedorf*. As *U 2365,* the boat had belonged to the 4th Submarine Flotilla and was scuttled by the crew on 8th May 1945 after an unsuccessful attack by a British 4-engined Liberator aircraft. The salvaged submarine was given a thorough overhaul at the Howaldt Shipyard in Kiel and commissioned as *U Hai* (meaning 'Shark') on 15th August 1957 under Lt. Ehrhardt.

When these first boats were to be renamed, there had been some idea of resuming the tradition of using numbers, but finally it was decided to use fish names.

The *John Beckedorf* raised the second boat, *U 2367*, in August 1956. Another Type XXIII boat, it had collided with a second submarine on 5th May 1945 and then been scuttled by the crew in the Great Belt. After overhauling at the Howaldt shipyard, the boat was commissioned as *U Hecht* ("Pike") on 1st October 1957 under Lt. Hass. After a year of tests and initial training at the Ship Testing Command in Kiel, both boats were used to train young submariners at the Submarine Training Group in Neustadt.

The first "home-grown" submariners of the young Federal Navy were able to gain valuable experience and first-hand technical information about modern propulsion and detection systems on board the *Wilhelm Bauer*, formerly *U 2450*. This Type XXI submarine had been attacked in the night of 2nd May 1945 by fighter bombers close to Flensburg Lightship and was then scuttled by the crew. It was raised in 1957. Initially renamed *U Wal* ("Whale"), the 75.4 m long boat of 1,600 tons was thoroughly overhauled at the Howaldt shipyard. With special permission from the WEU because it far exceeded the limit of 350 tons, the submarine was commissioned as the *Wilhelm Bauer* on 1st September 1960 under Lt. Voss and used for training and test purposes. From 26th April 1968 to 20th May 1970 it underwent major conversion work, including remodelling the sail. Equipped with modern active and passive detection equipment, it was assigned to the FGN Test Centre 71 in Eckernförde as a test boat. It was used to test new equipment and weapons scheduled for installation in the new Class 206 submarines. On 18th November 1980 the *Wilhelm Bauer*, which had spent its last years with a civilian test crew under Captain Braun, was finally decommissioned. On 15th March 1982 it was placed at the disposal of the German Maritime Museum in Bremerhaven as Technical Museum Wilhelm Bauer.

All three boats, *U Hai*, *U Hecht* and *U Wilhelm Bauer*, were initially under the Amphibious Force Command in Wilhelmshaven under Captain Kretschmer and later Captain Topp, until the Submarine Flotilla was commissioned in Eckernförde.

The First Submarines of the Third Generation

As early as 8th March 1955, a German engineer called Gabler and Counsellor Aschmoneit of the Federal Ministry of Transport were requested to evaluate proposals for small submarines. The next step was a "development contract" awarded to Ingenieurkontor Lübeck (Prof. Gabler) on 15th January 1958. This included the "short technical description", later referred to as the Concept, and the "final documentation determining the delivery", later called the Definition. The end result of this work was the project for Class 201, a submarine of 350 tons. The project was given the go-ahead on 10th October 1958 by the Chief of Naval Staff and the Head of Department for Technical Procurement in the Federal German Ministry of Defence.

The Defence Committee also approved the project, so that finally on 16th March 1959 a contract to build 12 Class 201 submarines could be signed by the Federal Office for Military Technology and Procurement (the so-called BWB) and the Howaldt Shipyard in Kiel.

These submarines were small, manoeuvrable, heavily armed combative boats with good staying power. They were to secure NATO territory and the Baltic approaches and to defend the coast of the Baltic and North Sea against attack by denying the opponent free use of the Baltic, restricting traffic between his Baltic harbours and the open Atlantic and safeguarding the North Sea for NATO's own use.

These first Class 201 boats were most promising for duties in the Baltic. To reduce flow noise, the two rudders were laterally displaced from the central line, and the forward hydroplanes, designed as convex and concave scoops, were retracted when not in use. To reduced cavitation noise, the propeller was located aft of the rudders. With 8 bow torpedo tubes loaded from their outside forward ends, the boats were kept small and the available space was put to optimal use.

The bridge platform was enclosed in tarpaulin, a solution that soon proved unsuitable for surfaced transit. To avoid flow noise and eddies, it had to be removed for the boat to dive, and the hoistable masts such as periscope, snor-

kel, antennas and radar were placed completely behind the conning tower fairing.

The electric propulsion system consisted of a double-armature motor powered by a three-part lead acid battery, a modern method of power storage. Top speeds were 17 knots submerged and 12 surfaced. The two diesel generators were able to recharge the battery with just 4 hours running time in any 24 hours.

With a total complement of 4 officers, 5 senior NCOs, 8 NCOs and 5 ratings, it was possible to run two watches.

On 20th March 1962 *U 1* was commissioned in Kiel under the command of Lt. Cdr. Baumann, the third submarine in German history with the designation *U 1*.

Had we not learned from the past that the submarine is the ideal naval weapon for small purses, capable in co-operation with surface forces of forcing the opponent to take three-dimensional defence precautions?

Had we not learned that a submarine can pose a hard-to-calculate threat in a hostile sea area, at a relatively low personnel and material cost?

Had we not learned that submarines can effectively bind much greater numbers of the opponent's weapon systems?

For the first time in German history, submarines were specifically designed for a defensive role. A weapon system that was part of a balanced fleet with a firmly established area of operations, able to measure its possibilities and limitations against a potential opponent.

Chapter 4
The Submarine as a Naval Weapon Today

The scope and equipment of armed forces are determined by security policy considerations and the areas of main effort they dictate.

The structure of a navy is determined by such general tasks as protecting the sea lines of communication, defending its own coasts against attack and safeguarding national interests at sea. The type and equipment of the naval units depends on the weapon systems and military technologies available on the markets of the world that might in any way affect the integrity of national territory.

A balanced relationship between various different types of unit is essential for the structure of a strong navy. Submarines are therefore a key component of the fleet. Only they can fulfil specific defensive and offensive defence tasks that no other naval unit can perform.

Offensive Role

Submarines may be used against surface units or other submarines, for which purpose they may be equipped with torpedoes and/or missiles. They can also lay mines in critical sea-traffic locations, operate together with other naval forces against single ships or convoys and provide transport for special forces to and from their missions. They can deny an opponent the free use of the sea and his sea lines of communication.

Their main strength lies in their ability to approach unseen and take part in covert operations. The submarine is particularly suited as a means of anti-submarine warfare (ASW), because, like its opponent, it can take up position at the best depth for detection purposes and then achieve optimal detection ranges with minimal own noise.

Especially when it comes to operations in shallow coastal waters, submarines optimized for ASW tasks are superior. Working together with ASW helicopters, aircraft or ships they provide the third dimension. There is no substitute for submarines in ASW operations, in particular in shallow sea areas with currents and different layers of salinity and water temperature. Although they usually prefer to reach their area of operations undetected, in time of crisis the mere fact of their presence constitutes an incalculable threat.

Defensive Role

Conventional submarines are not suited for a rapid concentration of forces and are unable to chase surface ships, but they are eminently capable of tasks against land and sea targets together with other naval units or operating alone.

Their operations are preferably based on passive data acquisition, so that their presence only becomes known when weapons are employed or as a result of intentionally provocative behaviour. As forward observers, they can remain in a sea area undetected for extended periods of time in a surveillance role or to accumulate data for use by other naval units. Just the fact that they are there or that they might take action effectively binds large numbers of hostile forces.

They have high combat strength, good staying power and long endurance at sea. They can therefore be employed irrespective of weather conditions and in all sea areas.

The Importance of Submarines Today

Submarines have regained importance today as a means of naval warfare not as a result of revolutionary new discoveries, but rather because their value results, nuclear power aside, from continuous development in such fields as shape and lines, batteries, electric motors, detection and weapon control

systems, weapons and equipment. Comprehensive research and the uncompromising exploitation of physical conditions in underwater operations, together with the application of ultra-modern technologies in perfected construction methods, implemented by well-trained crews, determine the value of the submarine.

The importance of the role of the submarine in increasing the combat strength and raising the defensive power of the fleet increased considerably over the last four decades of the 20th century. The number of navies in the world with a submarine component has risen from 19 to 49. Their modern equipment and high combat strength makes them an essential part of any future-oriented naval formation.

Their superiority over surface forces and ability to perform unseen but well-orchestrated tasks, especially in sea areas under the direct surveillance of a hostile force, makes submarines very versatile operators. This is why they are assigned such diverse missions as mounting defence patrols in their own coastal waters, providing long-term security of sea lines of communication, or surveillance of large sea areas, functioning as strategic missile platforms or supporting surface formations.

Depending on their configuration, propulsion system and payload of weapons and equipment, submarines can be effectively employed to carry missiles for use against land-based or sea targets, torpedoes for use against surface ships or in an ASW role against submarines, as covertly operating forward reconnaissance units, as silent observers to set up a tactical data basis or as minelayers. In actual fact, the dream of unlimited submerged operation has only been realised by those few nations (America, Russia, Great Britain, France, China) with nuclear-powered submarines. Their unlimited power enables them to operate as strategic weapon systems or participate in operations all over the world virtually permanently submerged and at constant speeds in excess of 35 knots.

For non-nuclear boats, at the present time the most effective, technically most advanced and operationally most suitable alternative is provided by the fuel cell in combination with a main battery. This system enables conventional submarines also to operate constantly submerged for extended periods of time. The operational restrictions of the need to snorkel no longer apply. Covert operations are possible for up to 60% of mission duration. High sprint speeds using battery power are still possible. Heat and noise propagation can be reduced to a minimum. The fuel cell has provided conventional submarines with distinct gains in terms of depth, range and mission duration.

Areas of Operation

Owing to the collapse of the East-West blocks and the resulting increase in freedom of operations, submarines are engaged all over the world today under all kinds of climatic and water conditions. More than ever, submarines have become a highly economical weapon system for all medium-sized navies, with an enviably low life cycle cost (one-third to one-fifth that of a frigate).

The sweeping developments of the last 30 years – culminating in conventional submarines with air-independent propulsion capable of long-term submerged operation – have opened the way for submarines to be optimised in terms of size, manoeuvrability, staying power, propulsion, weapons and equipment for operations in any specific sea area. Submarines are at home in all weather and sea conditions, in shallow, restricted waters or in the depth of the oceans, make effective defence weapons and are reliable partners in any fleet formation.

Chapter 5
New Additions
Classes 201 and 205

The first new submarine of the Federal German Navy, U 1, was commissioned on 20th March 1962 in Kiel under Lt. Cdr. Baumann. U 2 followed on 3rd May 1962 under Lt. Freytag and U 3 a few weeks later, commissioned under Lt. Farstat on 10th July as a loan to the Norwegian Navy. The manoeuvrability of these new boats when submerged complied fully with military requirements, and the top submerged speed of 17 knots produced by their 5-blade propeller was a clear indication of technical progress. However, considerable technical difficulties had to be surmounted in the first months before the young German submarine force with its new boats was able to meet all requirements.

The WEU Armaments Control Agency had established displacement rules for German submarines. According to these rules, the solid ballast could no longer be deducted from total tonnage, which meant that the new submarines U 1, U 2 and U 3 at 395 tons no longer complied with the requirements of the Paris Treaties. On 19th October 1962, Germany submitted an application to raise the tonnage limits for German submarines from 320 t to 450 t and in addition to permit the construction of six submarines of 1,000 t each for ASW duties in the North Sea. This was authorised.

In order to fulfil the German contribution within the new NATO strategy of "flexible response", in 1965 the Defence Committee of the Federal Government authorised 30 submarines for the German Navy.

But this was not where the current problems lay. Thorough testing of the new submarines had led to the bit-

ter realisation that the non-magnetic steel hulls showed inter-crystalline corrosion and tension cracks. Cracks became apparent in the hull and diving tanks.

This posed such a risk to the safety of the boats that *U 1* and *U 2* had to be decommissioned in 1963. Two new boats were built of ferric steel (ST 52) using the available equipment, and various installations and systems and handed over to the 1st Submarine Squadron in 1966 and 1967.

Although the second construction series *U 4* to *U 8* proved to be more resistant and the hulls did not have to be replaced, cracks were still observed and led to diving restrictions in later years. With these restrictions, the boats were used for training purposes for a number of years at the Submarine Training Group in Neustadt. The last construction series *U 9* to *U 12* was built of non-magnetic and finally non-corrosive steel and commissioned between 1967 and 1969.

The strength and durability of this steel was drastically put to the test when *U 12* collided with a surface ship. Despite receiving a large dent measuring 4 x 2 x 1.5 m, the steel did not crack.

Earlier ships and submarines had been equipped with compensation systems to counter the ship's own magnetic field, but this non-magnetic

construction method seriously reduced the risk from magnetic mines and the detection probabilities due to magnetic sensors. The Americans had decided against non-magnetic construction due to the more complicated production processes involved. In spite of the initial difficulties, the German submarine builders persevered with this method, finally achieving perfection. The second construction series already met most demands and the third series from *U 9* finally complied with all requirements.

In order to be quite sure that the stability of the boats with all the various tanks and pipes met the safety requirements for regular diving depth, calculated maximum depth and shock resistance, the boats were subjected to pressure tests at regular intervals, particularly after longer periods in dock. The first safety checks took place at sea, because the later specially constructed pressure dock was not yet available. For the tests at sea, the boats and the floating cranes *Energie* and *Ausdauer*, later with Messrs. Harms' *Magnus* cranes, went to Horten in Norway, where pressure tests were carried out in a side arm of the Oslo Fjord by allowing the boats to sink. The crews were taken off, the boats were provided with additional trim weights, and with all vents open they were suspended from the cranes and lowered to the required test depth.

The object was to establish whether there was any leakage at valves and hull penetrations, or whether any cracks could be observed. Microphones installed in the boats transmitted every tiny sound, every drip of water.

The disadvantage of using the *Energie* and *Ausdauer* for these tests was their slow raising speed, so that if there was indeed leakage in the boats, they could not be raised fast enough to prevent damage. Thus, one of the first pressure tests with *U 5* led to an inrush of water through a cable penetration, with a long overhaul period in dock as a result.

The *Magnus* cranes later had a much faster lifting speed, allowing the boats to "surface" within a few minutes if a leak was discovered. Apart from the water inrush on *U 5,* there were no other incidents. But plenty of high-ranking officials had sweaty palms every time the microphones transmitted the sound of dripping water.

In order to ensure maximum safety for the boats and crews, they went to Norway for pressure tests every spring and autumn. While the crew enjoyed the change in routine, it was a costly affair for the Squadron, which regularly lost 3-4 weeks of operational or training time.

One of the first handling difficulties established was the very poor manoeuvring capabilities of the boats on

the surface. This was due not only to the small size of the rudders but also to the positioning of the propeller aft of the these, which meant that the rudder blades did not utilize propeller stream and were therefore ineffective. The boats could only be handled well when making plenty of way. The Class 201 boats, *U 1* to *U 3*, had been designed under strict instructions to ensure good submerged operations and were extremely difficult to manoeuvre on the surface.

This meant not only that turning circles in Kiel Fjord between Kitzeberg Point and Tirpitz Harbour could not be described without tug assistance, but even that entering and leaving harbour or the course change necessary to pass Friedrichsort could not be accomplished without the tug aid. The bridge casing consisted of tarpaulin, and there was neither a compass nor any other navigation aid available. The only way of communicating with the Control Room was through the open hatch.

Other weaknesses included the loud pneumatic circuit breakers on the switchboard, the unreliable anchor system and the refuelling point on board, which was located right next to the electric switchboard and led to a longer period in dock after the very first refuelling operation.

The first time a new boat passed through the Kiel Canal, strict regulations imposed by the authorities requir-

ed an escort of two tugs to ensure that manoeuvring or stopping was possible at passing bays and in the locks. On the Elbe and Weser rivers, the submarine also had to take a pilot on board. Altogether it meant a complicated procedure just to relocate from Kiel to Bremerhaven. But experience had still to be gained in manoeuvring in restricted spaces or in currents.

In Bremerhaven a harbour pilot unused to manoeuvring a submarine tried to turn a boat with the assistance of two heavy tugs. When the submarine commander indicated that he would do better without the stern tug, he refused to listen – he was accustomed to moving "much bigger ships". The pilot stood on the bridge, hung on to the raised periscope and whistled up his tugs. They powered up their 800 hp engines in order to turn the submarine in the harbour basin, but to the pilot's great dismay, the submarine did not turn but heeled over 40°. When the tugs were called off, the pilot was visibly relieved to hand the submarine over to its commander. With only one tug and power from the submarine's own propeller, he was able to manoeuvre the boat into the narrowest corner of the harbour without any trouble.

As a result of such difficulties experienced in surfaced manoeuvring, larger rudder blades were fitted and the rudder angle increased, which enabled

the turning circle to be reduced and considerably improve manoeuvrability.

Nevertheless, the boats remained clumsy on the surface, and the design for the later Class 206 boats was wisely configured with the rudder placed aft of the propeller. The feared impact on noise emission did not materialise, as tests showed with *U 11* and *U 12*, the first boats which were built to the altered design.

This configuration was retained for the later Class 206 boats.

The same difficulties were not experienced in submerged manoeuvring, although the forward hydroplanes were built in a completely new way. Instead of the usual retractable flat or non-retractable hydroplanes, the new boats were built with concave/convex triangular scoops that only had to be extended far enough to provide the required degree of lift or drag. When the required angle of the forward planes is neutral, both planes are fully retracted so the water flow resistance is "zero". At higher speeds, when minimal plane angles are sufficient for depth changes or when trim is achieved by the stern planes only, flow noise is considerably reduced. This led to significant improvements in detectability by passive sonar systems. However, in spite of the minimal plane angles depth control of the submarines in deep or shallow waters is excellent.

Good manoeuvrability is not only

important in the shallow water areas of the Baltic and North Sea, but also for operations in other sea areas. Although the German boats were originally designed with operations in the Central and Eastern Baltic in mind, where water depths mostly lie in the region of 50-100 m, they were eminently capable of operations in other coastal areas with water depths of just 20 m.

While modern weapons allow attacks to be launched from deeper water towards an opponent in a shallow water area, it is still important to be able to carry out mine-laying tasks, to transport frogmen or to carry out operations directed against land targets in coastal areas. It is widely agreed by the international experts that apart from the German boats, no other submarines are capable of manoeuvring safely at speeds of >17 knots in 20 m deep waters and with only two m of water beneath the keel.

Equipping the boats with an external mine belt does not restrict their manoeuvrability, so that this additional weaponry can be carried without unduly affecting seaworthiness. These submarines, like the German export boats, are characterised by low target strength, high manoeuvrability and good handling features. Such characteristics are essential if submarines are to employ torpedoes, mines or other weapons in restricted or shallow sea areas.

Experimental Submarines

Parallel to the construction of the attack submarines, preparations were under way to build two very small submarines. Originally they were intended to serve as test boats prior to introducing the 350 t Class 205 submarines and then later to act as forward observers for reconnaissance missions. For this purpose, in addition to standard equipment they were provided with a very large active long-range sonar system that was to be tested for subsequent boats. These small Class 202 boats, built by Krupp Atlas Elektronik in Bremen, displaced 100 tons, were 22 m long and had a crew of 6. Their 350 hp diesel engine was used on the surface and to charge the batteries, while their electric motor with the same output provided propulsion when submerged. As the Type XXIII boats in World War II, these midget submarines also had a 27 hp electric motor for crawling speeds.

U Techel, named after the former Imperial Navy's submarine builder Hans Techel (born in 1870), was commissioned on 14th October 1965 under Sub-Lt. Rautmann. *U Schürer*, named after the head of design and warship construction in the wartime German Navy, Friedrich Schürer, first set flag and pennant on 6th April 1966 under command of Sub-Lt. Hoschatt. However, these boats had been commissioned much too late and proved to be unsuit-

able for the projected test purposes. With a bridge height of only just one metre, the conning tower's visibility was both bad as well as becoming awash under light sea conditions. Space was so cramped that there was nowhere to put additional test personnel in addition to the crew.

Low air reserves and barely adequate battery capacity did not allow the boats to travel to their operation areas submerged. Reconnaissance missions were unthinkable. As they were built of ferric steel, it was almost possible to watch the boats corroding in harbour, moored to a pier with copper anode protection. In the end, it was a relief for all concerned from test personnel to commander, crew and builder when the order to decommission on 15th December 1966 was received. The boats were scrapped.

The Submarine Flotilla was spared other test designs during the early years. Only U 1, prior to decommissioning due to cracks in the hull material, was provided with a test structure for stern torpedo tubes to evaluate this possible additional weapon facility.

It was not until after 1984 that other modifications were introduced. U 1, meanwhile rebuilt of ferric steel and commissioned again, was used together with U 11, U 12 and U 16 to test new propulsion plants, improved

detection systems and weapon control systems. Later U 11 was converted into a double-hull boat and used for torpedo tests and as a target.

U 1 had a special status for test purposes. In 1988 it provided the platform on which the first fuel cell system for air-independent propulsion was installed, and highly successful tests were carried out during 1989. The hull had to be lengthened at the shipyard to accommodate the liquid oxygen tank, metal hydride storage facility for hydrogen and the fuel cell itself in addition to the diesel-electric propulsion system. After these decisive tests for the development of the projected Class 212 submarines, U 1 was finally decommissioned on 29th November 1991. The submarine was subsequently used as a civilian test platform by Thyssen Nordseewerke (TNSW) to test their newly developed closed-cycle diesel propulsion system, an alternative to the fuel cell system.

Class 206

The second major series of new submarines for the German Navy was initiated with delivery of U 13 at the shipyard of Howaldtswerke-Deutsche Werft (HDW) on 19th April 1973. U 13 was the first of 18 boats of Class 206 and the concrete beginning of the 3rd Submarine Squadron in Eckernförde.

The Class 206 boats were based on the Class 205 design, but incorporat-

ed changes to the hull design as a result of operational, tactical and technical experience, as well advances in technical systems, equipment and weapons.

Like their predecessors, the Class 206 boats were designed as single-hull submarines with no pressure-tight bulkhead. Built of non-magnetic steel, they are 48.6 m long and 4.6 m in diameter with a submerged displacement of 500 tons. With a complement of 25, the boats are operated in a two-watch rhythm (four on/four off), mission duration is normally up to 5 weeks.

Powered by an electric motor via a high-performance three-part battery, which is charged by two diesel generators, the boats' top submerged speed is 17 knots.

To replace breathing air and to operate the diesel generators, the boats have to approach the surface periodically to snorkel. The frequency with which this is necessary depends on the speed of advance; with an economical usage of the battery, it is enough to recharge it for 3 hours out of 24. However, by taking great care to avoid power waste, the boats can remain deeply submerged without snorkelling for a period reaching 96 hours.

Armament on the Class 206 boats comprises of eight wire-guided DM2 torpedoes of German manufacture, which replaced the 16 modified American Type MK37 homing torpedoes carried by

Class 205. The maximum range of the new torpedoes allows the submarine to remain well out of sight and the detection range of its target.

In addition to the torpedoes, the boats can be fitted with a mine belt enabling them to carry and lay 24 ground mines. The external mine belt can be centrally released at any time and has only a negligible effect on speed and manoeuvrability.

Of the 18 Class 206 submarines ordered for the Navy, 10 were built by Thyssen Nordseewerke and 8 by the general contractor HDW. 12 were assigned to the 3rd Submarine Squadron in Eckernförde and 6 to the 1st Submarine Squadron in Kiel, replacing six Class 205 boats.

For the first time in German submarine-building history, HDW as general contractor was responsible not only for building the submarines but also for planning, design, production, tests and sea acceptance trials. This new procedure was retained for years. For the Navy, it had the disadvantage that the new crews were not engaged in harbour tests and sea trials, so that they lacked valuable experience with commissioning.

The Class 206 boats were greatly welcomed, as with their future-oriented technology, the German submarine force took a great step forwards. The new shape of the sail, bows and stern, the

new configuration of the passive sonar array, which was removed from the vicinity of the noiseless hydroplanes, the improved M8/8 weapon control system, the modern DM2A1 wire-guided torpedoes with integrated feedback and many installations and systems were state-of-the-art.

Class 206 was a small attack submarine, tailor-made for operations in the specific mission areas of the German Navy and with capabilities in line with the mission and the potential opponent. While essentially designed for operations in the Baltic and North Sea, its ability to operate in sea areas all over the world was later proved. However, first the crews had to come to terms with the new system and take part in extensive training with the new weapons and systems.

The large "cage" in the Control Room to protect the hoistable mast systems prevented direct communications and made an intercom system necessary. Considerable difficulties were experienced with the modern weapon control system when three torpedoes were fired simultaneously against three different targets, when the so-called "fish-bite" phenomenon damaged the wire insulation, a hitherto unknown problem for which a solution had to be found. But ceaseless tests and experiments, sea trials, new training courses, simulator training and syste-

matic theoretical and practical crew and team training helped to overcome the difficulties.

Unjustly, as later events showed, the Class 206 submarines were initially condemned by Naval Test Command as "unsuitable for use". The opposite was the case. After some early difficulties, the crews became experts with the weapon system and their handling of the boats was praised both at home and abroad.

On 13th March 1975 the two last boats of this series, *U 26* and *U 30*, were commissioned. The Submarine Flotilla then consisted of 6 Class 205 and 18 Class 206 boats.

Class 206A

With due allowance for geographic and oceanographic conditions in the mission area and for the opponent's facilities, the Class 206A submarines were to bind and wear down the opponent's forces, to engage in forward defence of their own territory, to deny the opponent unhindered use of seaways and to safeguard their own sea lines of communications. To fulfil this task, they had to have the necessary weapons, equipment and crew to be able to operate at the far reaches of their operations area for several weeks at a time, under central command or as lone operators.

Until 1989 the German submarines'

main area of operations comprised the Baltic, Baltic approaches and the North Sea. This is a restricted sea area with average water depths of between 30 m and at the most 200 m, with extreme salinity and temperature layers, changing water density and very varied coastal geography. Coastal shoals, rocky skerries, bays and fjords are interspersed with river mouths, deep water trenches and very different sea floor conditions. The entire area of operations demands constant technical and tactical vigilance, adaptability and fast crew reactions.

In the scope of the revised NATO concept, which duly affected also the German Navy, German submarines were required to operate in any sea area that is relevant to support NATO defence missions, including areas well outside national waters. In other words, areas of operations are not assigned to specific units or national contingents, but rather all submarines contributing to the defence must be able to operate in all sea areas and under all conditions.

To meet these new demands, between 1987 and 1993 12 Class 206 submarines were converted to Class 206A. This measure was a reaction to advances in underwater detection technology and to new weapons developed in the ASW sector and aimed at maintaining the boats' operability against

surface units. In particular, the ability to combat several targets simultaneously using independent torpedoes required improvement.

This measure to retain combat strength, as it was called, involved fitting the boats with an integrated weapon control system able to fire and control three wire-guided torpedoes simultaneously against different targets. The target acquisition data is provided via the modified sonar equipment, which incorporates active and passive sonar with parallel target tracking and all-round detection, passive acoustic ranging and sonar intercept facilities.

This combined sonar, situation update and weapon control system (SLW 83) makes an unbroken chain from the sensors via data processing and situation report to the effectors, thus considerably improving reaction times.

Automatic target tracking with target data update and control through the data processing unit and the DM2A3 guided torpedo for use against surface or submerged targets enabled these modernised submarines to solve more complex situations, giving them greater operational flexibility and tactical superiority. Of the 18 Class 206 boats, 12 were modernised during their scheduled overhaul period, which was extended up to a year. The 3rd Submarine Squadron, now equipped with

the modernised boats *U 15 - U 18*, *U 22 - U 26* and U *28 - U 30*, was dubbed "the 206A Squadron" and can now meet the requirements for modern submarine operations at least through the first decade of the 21st century.

Chapter 6
The Future: Class 212

The future of the German Navy's submarine flotilla is not just a matter for the drawing board, it is already in the making. At the shipyards of HDW in Kiel and TNSW in Emden the first new submarines of Class 212A are being built. In line with the call for minimal magnetic signatures, the boats are being produced in non-magnetic steel.

Already in 1994 it was decided to build four submarines of the newly developed Class 212 for the German Navy. Just two years later the Italian Navy, rather than developing a design of its own for a new generation of submarines, decided in favour of adopting the German construction programme. Two Class 212 boats are currently being built in Italy at the Fincantieri Shipyard in Muggiano, and there is an option for a further two boats.

What is new about Class 212? What is different in comparison with the trustworthy Class 206A boats?

The first impression received by a knowledgeable observer is of pleasing lines with a length:diameter ratio of 7.7:1 and rounded sail contours. Both design features promise good hydrodynamic characteristics.

Other noticeable details are the forward hydroplanes, positioned on the sides of the sail and the aft planes and rudder combined in an X-rudder configuration. These steering control surfaces allow diving depths to be maintained or changed without changing the boat's angle of trim. Vertical and horizontal manoeuvrability, i.e. changes in depth and course, is very high in spite of having roughly three times the displacement of Class 206A. This is essential for the boats to be able to operate safely and effectively in shallow, restricted coastal areas.

The large diameter of the propeller located behind the X-rudder indicates high torque at low revolutions and thus provides quiet propulsion.

In the bows, the outline of the outer covers of the torpedo tubes and the openings for water pressure torpedo ejection can be made out. In the outer curve of the hull, the long outer panels of the flank array medium frequency passive sonar are visible to port and starboard.

Between the outer hull and the pressure hull, the torpedo loading hatch is located forward, while the pressurised liquid oxygen tanks for the fuel cell system and the winch for the towed array sonar are positioned aft of the sail.

Around the lower aft section of the pressure hull, also in free-flooded spaces, there are metal hydride storage containers for the hydrogen required by the fuel cell. The remaining sonar antennas are also located under the outer hull. They include the hydrophones for monitoring own noise, the circular array for high frequencies and the ranging arrays for passive measurement of the distance to an object. Right in the bows, almost a projecting point, is the sonar antenna for detecting mines and other obstacles.

Summing up the first impression, the technically minded observer will note that the outer hull's shape owes much to hydrodynamic considerations in order to avoid eddy development.

The objective set for the design of Class 212 was to achieve extremely low but balanced signatures. The following signatures were taken into consideration: acoustic, magnetic, sonar target strength, thermal, optical and radar cross-section.

Command and Weapon Control

The nucleus of sensitive equipment on board the Class 212 submarines was the result of bilateral development agreements between Norway and the Federal Republic of Germany. The resulting equipment was the Basic Command and Weapon Control System (Basic CWCS), the periscopes (SERO 14 and SERO 15) and the DM2A3 torpedo (which was subsequently replaced by the next generation, DM2A4, for Class 212A).

The Basic CWCS is where detection, weapon and command systems meet. Data input from all detection sensors, navigation equipment and weapon systems goes into the Basic CWCS, where data is individually evaluated and then combined by computer programmes to produce new "upgraded data". The results of data processing are displayed on the operating consoles as updated situation reports. That means that constantly updated target and firing resolution data are permanently available for a given number of targets located within the range of the sensors. It is therefore possible to mobilise torpedoes via the Basic CWCS with no delay and to guide them right to the target.

The sensor suite comprises: passive sonar systems to detect acoustic events and signals, active sonar to detect mines and other obstructions; the periscope system with two periscopes, including electronic support measures (ESM) and GPS antenna; ESM equipment to analyse incoming radar; and the radar system, which is mainly used as a safety measure in frequented seaways.

The torpedo tubes can alternatively be used to launch special anti-helicopter missiles.

One of the technical innovations of Class 212 is the positive discharge

system for torpedo firing. A hydraulic piston pushes water into the tube behind the torpedo. The torpedo, lying flush with the tube walls, is driven out of the tube by water pressure, attains start-up speed on leaving the tube and does not start up its own propulsion system until it is outside the tube. This makes for almost silent torpedo discharge and start-up. Spare torpedoes can be carried on board in excess of the number of tubes. Tubes are embarked and disembarked through the loading hatch on the forward upper deck.

In order to reduce sound transmission to the pressure hull while simultaneously providing improved shock resistance, the two-level accommodation area and the Control Room on its independent platform are elastically mounted.

Ship's Technical Systems

All technical systems on board that emit more noise than a specified limiting value are mounted on a platform, together with the diesel generators, and the entire assembly with all pipes and cables is enclosed in a sound-proof capsule. All "noisy" systems are on double-elastic mountings and insulated from the rest of the boat.

The most far-reaching technical innovation on board the Class 212 submarines is the ability to produce electric power for the shipboard networks and

for propulsion either from the battery via diesel generators or directly through the fuel cell system. This hybrid system meets the requirements envisaged for future missions, where the greatest possible discretion and submerged "invisibility" are called for during the entire operation. The fuel cell system can provide all the electric power necessary for ship's networks and propulsion without additional external air for over 50 % of planned mission duration. If sprint speeds are necessary, the required increase in electric output is provided by the battery. Depending on the tactical situation, the battery can then be charged using the diesel generators or fuel cell system.

Fuel Cell System

The fuel cell system incorporates all the technical installations required to generate electric power, using hydrogen as fuel and oxygen as oxidation agent in the fuel cell. The system includes tanks for nitrogen and oxygen, metal hydride storage containers for hydrogen, double-walled pipes to transport the oxygen, hydrogen and nitrogen (as inert gas) and, of course, the fuel cells themselves.

In the 1970s Ferrostaal, HDW, Siemens and Ingenieurkontor Lübeck, together with the German MoD as customer, developed a fuel cell system as air-independent propulsion for submarines and subjected it to extensive

tests in a land-based test site before it was installed on board *U 1* in 1988 and successfully tested by the Navy at sea. In the course of comprehensive sea trials the fuel cell was found to function steadily, reliably and quietly. This development has provided conventional submarines with the possibility of long-term, safe, air-independent propulsion, which will enable them to maintain their operational superiority over other naval units.

The development of the fuel cell itself goes back much further. In 1839 Prof. William Grove, during experiments to separate water into its chemical components, discovered that the process could also take place in reverse. The combination of hydrogen and oxygen produces electricity. In principle, Grove thus invented the fuel cell. However, it then took more than 100 years of time and effort before fuel cell technology first made a genuine step forward in the 1950s and 1960s in applications in the Gemini and Apollo space missions. In the future, the versatility of fuel cells is likely to make them suitable as energy sources for all kinds of applications in daily life. The slogan of the Canadian company Ballard, one of the producers of fuel cells, says it all: "The power to change the world".

Fuel cells are electrochemical energy converters. The direct reaction between oxygen and hydrogen, without

any form of combustion, generates as reaction products electricity and warm water. The functional principle of the fuel cell is reversed water electrolysis. The reaction is independent of the Carnot factor, which determines the degree of thermal effectiveness of combustion engines. The Siemens fuel cells destined for installation on the Class 212 submarines work at an operating temperature of below 80 °C with overall efficiency at 70 %, and as demonstrated on *U 1*, they are quite silent. As with all fuel cells, their efficiency is higher under partial load than under full load. The polymer electrolyte used in PEM fuel cells is an ion exchange membrane with electrodes on "carbon paper". The membrane electrodes are located between cooling units. At the cathode, a reaction with oxygen takes place to form anions. These anions then react with hydrogen ions, which have previously passed through the membrane, generating electricity and warm water as reaction products. The sum total of their characteristics makes fuel cells very suitable as economical, air-independent sources of electrical power on submarines.

The conversion of electrical energy into forward motion is effected on Class 212A boats by a compact PERMASYN® (permanent magnetic field synchronous) motor capable of producing high torque efficiently at low revolutions.

Control of the ship's technical systems and equipment and control of the submarine's depth, course and speed is effected from the console in the Control Room.

Safe handling of the submarine is based on a careful and conservative automation concept that is based on decades of practical experience and incorporates decentralised control subsystems and planned redundancy according to a balanced degradation philosophy that encompasses all technical sectors.

Crew

Although the crew members of Class 212A boats are required to perform additional duties due to the new equipment and frequencies such as infrared, laser, medium and low acoustic wavebands with associated analysis tasks, the regular complement is relatively few in number at 27 men.

In order to meet the demand for rapid information and interpretation of the situation in individual circumstances, the crew number was increased by 4 additional members to a total of 27. This enables all stations to be manned in two watches, unless manning with full combat stations is called for.

The working and living spaces are separate on Class 212A boats, and every man on board has his own bunk – the days of "hot bunking" are over at last!

Sanitary facilities have also been much improved with more toilets, washing and shower facilities.

The cook and crew have a modern galley, and refrigeration and cold storage facilities now ensure fresh provisions over longer periods.

Training Facilities

Long before the first equipment and installations belonging to the command and weapon control systems can be fitted on board a Class 212A submarine, their combined functioning as a system has been tested and demonstrated in all fields, including interplay with other control systems. This was possible because shortly after the building contract for Class 212A was signed, the "Training Basic CWCS" was ordered from STN-Atlas in Bremen. During the initial set-up phase, it was used to great advantage by both the customer and the contractor as an integration test facility to detect potential risk areas and implement immediate remedial action. It was thus possible to establish and counteract a number of more or less important technical malfunctions at an early stage.

When the integration work has finally been completed, the integration test facility will be dismantled at the manufacturers premises and set up at the Submarine Training Centre in Eckernförde, so that the first crews can

receive operational training there.

Another advanced training facility is the depth control simulator, which greatly assists in the time-consuming process of submarine control training. Particularly because the boats will largely make use of automation facilities for normal peace-time operations, it is important to exercise control of the vessel in all possible degradation stages. This is the only way to ensure that the crews are able to manage the boat in every imaginable situation. Simulators permit cheap, no-risk, repeatable training exercises in all possible emergency situations and circumstances. This kind of training exercise would only be possible at sea if a considerable increased risk and cost factor were accepted right from the start. Individual training of crew members in future will increasingly rely on modern, computer assisted training facilities. Original systems will only be used for training purposes where necessary or where they offer a cheaper alternative.

Summary

The Class 212A submarines will provide the German Navy from 2004 with technically revolutionary ships, characterized in many fields by technical innovations of a very high standard. These conventional submarines will offer their crews a wide variety of new missions, thanks to their technical capabilities

and resulting characteristics.

Low, balanced signatures, long periods of outer air independence, good manoeuvrability, a modern operation and automation concept with built-in redundancies, degradation stages and high reliability profile, far-reaching passive sensors for target acquisition and classification, a high weapons payload and adequate opportunities for crew rest and recreation are key features of the new conventional generation of Class 212 submarines.

In the new mission scope of national interests coupled with international operations, these boats will provide the commanders and responsible politicians with suitable options for a wide variety of situations.

Future Aspects

In the weaponry field, the TRITON missile system has long reached the detailed development stage. This missile can be fired from a submerged submarine against surface, air and land targets. The development programme was ordered by the BWB and is being carried out with the cooperation of LFK Lenkflugkörpersysteme GmbH, HDW and the Norwegian company Kongsberg Defence and Aerospace.

The TRITON missile – four of which can be independently launched from a single torpedo tube – is equipped with an infrared camera and remains

in contact with the submarine for its entire flight time via a fibre-optic connection. This new technology enables the missile to be guided to hit the target right on the nose. Current planning envisages TRITON as available in 2006.

Fuel cells are currently experiencing rapid development. With no increase in space or weight, they are being refined continuously and their performance characteristics increased.

More and more energy users are being converted to the idea of the fuel cell. In future there will be hardly a means of transport or any other field of everyday life that does not meet its electricity requirements with the fuel cell technology. Development work on the new submarine propulsion systems has contributed to furthering this technology.

This research field is currently engaged in an associated project: the development of economical, safe reformer systems. The reformers will be able to split suitable liquid fuel into its gaseous energetic components, which then produce electric energy and warm water via the fuel cell. Once reformer technology is viable, it will be possible to equip future conventional submarines with fuel cells as "mono" (single source) propulsion systems.

This is a vision of the future that is already becoming reality.

Chapter 7
Set-up and Organisation of the Submarine Flotilla

The submarine is particularly suitable as a means of naval warfare for covert operations, able to use the advantages of invisibility and near-undetectability to penetrate far into hostile sea areas. It can thus nip an attacker's operations right in the bud, reducing his attacking capabilities and heavily binding his forces.

These tenets hold equally for the German Submarine Flotilla, and the special abilities of its weapons make it an important component of the German contribution to NATO defensive forces. It is part of the concept of the "balanced fleet", without which effective defence is not possible.

The arrival of the first new submarines of Class 201 and the setting up of 1st Submarine Squadron in Kiel took place under the overall command of the Amphibious Forces. The Submarine Flotilla was first established on 1st December 1962 in Eckernförde under Capt. Rehder.

There was only a small staff consisting of a few officers and senior NCOs in the early days, responsible for the young but growing 1st Submarine Squadron with the first three Class 201 submarines and the Submarine Training Group with the training boats *Hai, Hecht* and *Wilhelm Bauer*.

Between 1964 and 1965 the first Commander of 1st Submarine Squadron, Cdr. Lange, was charged with assuming the responsibilities of Commander Submarine Flotilla.

Command of the Submarine Flotilla was handed over to Capt. Adolf Janssen in April 1965. During World War II he had been a submarine commander, commanding the Submarine Training Group and captaining the frigate *Köln*. A man of experience, he set an example that the officers and men of the young submarine force were at pains to emulate. His well-meaning and fatherly way of commanding, his attentive care for the well-being of his men and his skill at ensuring that what was necessary was enforced made an impression on all areas of the young third German submarine force.

Under his command, the serious steel corrosion problems of the first new submarines were mastered and the considerable initial difficulties with new equipment and weapons were surmounted.

Capt. Janssen knew how to inspire every man on board or undergoing training with motivation, carefully optimistic confidence and a reliable evaluation of the possibilities of technical development.

In 1970 Capt. Baldus took over command, and the consolidation phase of the Submarine Flotilla began. Under

his command, the Class 206 boats were introduced. The difficulties of extending the flotilla from 12 to 24 submarines, the corresponding increase in trained crews, the changeover to a completely new training programme, the setting up of tactical guidelines and integration of the boats in the flotilla are just a few milestones of his days as Commander.

The 3rd Submarine Squadron was set up in Eckernförde, the training programme was extended to include the new weapon system and training facilities and the crews progressed from being "just" submariners to being part of units capable of carefully orchestrated tactical operations.

Like his predecessor in office, Capt. Baldus had been a wartime submarine commander on a VIIC boat and was also an experienced leader from duties in the Federal German Navy. He was Executive Officer for the delivery of one of the Fletcher Class destroyers on loan from the USA and later in command of the destroyer *Z6*. As A-3 staff officer and Head of Operations at Fleet Command and as a head of section at the Headquarters of the Navy, he had background experience that he skilfully put to advantage in organising the Submarine Flotilla. His drive and natural optimism enabled him to recognise possible solutions to technical, tactical and training issues.

His experience made him a good

leader and commander, and his knowledge of surface and submarine warfare was reflected in a practical, hands-on tactical training programme. Capt. Baldus commanded the Submarine Flotilla with fatherly benevolence and careful discipline for 10 years and 9 months. He was a model for the young submarine commanders, fully aware of the responsibility they bore, for the team spirit of the NCOs and for the self-confident but modest behaviour of his officers. His motto was "Submariners cannot be guided by rules, only by correct decisions conditioned by good training".

When Capt. Baldus left the Submarine Flotilla in 1980, the force lost one of its last officers with wartime experience. It was a turning-point after so many years under his command, a serious change which meant that all future decisions with respect to training, tactics and command could no longer be made against the background of wartime experience, but only on the basis of the experience of a peacetime navy.

Instruction in the next few years focussed on simulation training to ensure safe control of the new systems, torpedo firing exercises with computer-aided evaluation on land and at sea, and NATO exercises. For the next generation of submarine commanders a "commanding officers' course" was intro-duced, incorporating special training on land and at sea, thus extending the Submarine Flotilla's own range of training abilities and making it independent of attendance at Royal Navy courses.

The Submarine Training Group had so far been mainly concerned with individual and rescue training, but in 1984 the scope was extended to include operational training. This gave the Training Group a genuine operational assignment, which clearly gave it special status as the only training establishment in the Navy that belonged to the Fleet. That finally put an end to the constant bickering with the Naval Board that is generally responsible for instruction and training courses within the Navy.

Simultaneously in the early 1980s, planning got under way to move the Submarine Training Group from Neustadt to Eckernförde, in order to have the new Submarine Training Centre at the same location as one of the Submarine Squadrons. This would save time and travel, while enabling the training programmes to be more effective and adapted to current needs due to the direct contact and exchange of experience between crews and instructors. Another factor was the increasing tendency for foreign navies, whose submarines were being built in Germany, to ask for training assistance for their personnel, which required improved facilities and more staff. This additional training sector also gave a new, interesting dimension to the Submarine Flotilla's scope of assignments.

The projected new training facilities for the modernised Class 206A submarines were already to be built at Eckernförde, and the space available there allowed for considerable expansion in comparison with Neustadt, so that it was a sensible move to combine the facilities in one global Submarine Training Centre.

Cooperation with friendly navies was extended in such fields as tactics, operations and training. In addition to long-standing collaboration with the Danish and Norwegian Navies, closer contacts were established to the navies of Britain, the USA, France, Italy, Spain and the Netherlands, and valuable experience was gained in a number of multi-national NATO exercises. New impulses led to improvements in training, operational matters and tactical procedures.

By the time the Submarine Flotilla celebrated its 25th anniversary, it had won the respect and approval of many friendly – and perhaps a few theoretically less friendly – navies. It then consisted of two squadrons, 1st Submarine Squadron in Kiel and 3rd Submarine Squadron in Eckernförde, with altogether 24 submarines and two ten-ders. The tug *Fehmarn* was also assigned to the Flotilla and was used mainly as escort and target. 1st Submarine Squadron then had the remaining 6 boats of Class 205 and 6 new Class 206 boats. 3rd Submarine Squadron consisted of 12 Class 206 boats. All the submarines had been designed by Ingenieurkontor Lübeck (Prof. Gabler) and built by HDW or TNSW; the tenders *Lech* and *Lahn* were built by Flender Shipyard.

The boats at a glance: Class 205 displaced 419 tons, was 43.9 m long and 4.6 m in diameter with a crew of 22 and 8 bow tubes to fire 16 lightweight DM3 torpedoes. Class 206 displaced 456 tons, was 48.6 m long and also 4.6 m in diameter, with a crew of 23 and 8 bow tubes to fire 8 wire-guided DM2A1 torpedoes.

The major difference between Class 205 and the new Class 206 lay in the improved weapon control system, which enabled wire-guided torpedoes to be used. The acquisition of surface and underwater targets was improved by the installation of more modern sensors, passive ranging sonar and new periscopes. Both submarine classes were built of non-magnetic steel, making the risk from mines and detection by magnetic sensors virtually impossible. Propulsion was provided by a powerful electric motor connected by the shaft to the five-bladed, later seven-bladed pro-

peller. Resilient three-part lead acid batteries proved to give excellent energy storage capacities. They permitted top speeds of about 17 knots to be maintained for an hour and were periodically recharged by two diesel generators. The diesel generators were no longer coupled directly on to the shaft, as in the old submersibles until 1945. However, when the boats are heading for home, the battery switched as a puffer between generators and shaft is sometimes furtively and illicitly by-passed in order to give those 10 extra revolutions that will get the men home faster.

Conversion of 12 Class 206 submarines to Class 206A in the second half of the 1980s was another challenge for the Submarine Flotilla. Reorganisation was once more at the top of the list of everyday activities, although operational tasks could not be neglected. The 206A boats had to be integrated into 3rd Submarine Squadron and training adapted to include the new weapon control system and improved torpedoes; the Submarine Training Group was relocated. Crew motivation was fired by specially challenging tasks for all the boats, including the Class 205 and 206 boats, to ensure that not only the new boats were kept on their toes. During this period, the crews of the mixed squadrons with Class 205, 206 and 206A submarines, escort and target boats were assigned to various duties,

so that in particular the next generation of officers and group leaders were familiar with all weapon systems and crew members could be rotated between boats and squadrons. This personnel rotation from boat to boat is often necessary to ensure that shipshape submarines can be fully manned, which would otherwise not always be possible due to the constant lack of fully trained submarine personnel. Even today, there are never too many "old hands", because a full complement with the necessary bill of health, suitable for submarine operations and fully trained, is in the best interests of every man on board. On a submarine there are no off-watch times, no slackers and no shirkers of duty. Life on a submarine is a matter for the whole crew. High training standards must be met to ensure that everyone on board is fully capable of fulfilling his duty from the first moment. One of the prerequisites for submarine service is therefore adequate time committed to the Navy. The lengthy training on land and incorporation into a submarine crew is only considered for officers and senior NCOs with a regular commitment or one of several years' duration. Conscripts are the exception on submarines and usually serve as radio operators.

The submarine commander, with the rank of Lieutenant ("Kapitänleutnant") or Lieutenant Commander

("Korvettenkapitän"), has under his immediate command the Ship's Technical Officer, Operations Officer and Weapons Officer, and on the 206A submarines in addition the Electronics Officer.

The Technical Officer's sector covers the engines, Control Room and electronic systems (except on 206A, where the Electronics Officer is responsible for electronics). The Operations Officer is in charge of navigation, detection and communication systems and of seamanship. He also supervises routine duties. He is second-in-command, represents the Commanding Officer in his absence and is First Officer. The Weapons Officer is responsible for all weapon systems and for provisioning. He is the Second Officer on board. A special status must be accorded to the galley. There is only one cook on board, in the eyes of the crew the next important person after the commander. He is not assigned to a watch, has a bunk of his own – no "hot-bunking" for him! – and keeps the crew in good spirits with five meals a day.

The alterations in political structure since 1990 led to changes in the mission and area of operations of the Submarine Flotilla.

The available 14 submarines, after decommissioning of the Class 205 boats (except for U 11 and U 12) and six of the Class 206 boats, have a high

degree of operational readiness. Their annual exercise programme is geared to the extended mission and to the operational abilities of the Submarine Flotilla. The boats frequently go outside their original operations area of the Baltic and North Sea to missions in the Atlantic and since 1993 also regularly in the Mediterranean. Even joint exercises with the US Navy in the Caribbean have been regular features of the programme and carried out with great success.

In a time of crisis, the Submarine Flotilla's mission is to rapidly ensure full operational readiness and to assume crisis management tasks in the extended area of operations. In cases where obvious military presence is undesirable or where surface units and maritime air reconnaissance are not possible, the submarines are especially suited to contribute with reconnaissance and observer duties, establishing and verifying the situation.

In case of conflict, the mission is to protect sea lines of communications and national and allied coasts by controlling the sea areas concerned. This involves denying hostile surface ships and submarines free access to certain sea areas or to national maritime transport and coasts.

In addition, submarines are always available in time of crisis or conflict for special duties or as a means

of reconnaissance.

In 1998, the Submarine Flotilla and 1st Submarine Squadron moved from Kiel to Eckernförde, where the integrated German submarine base is now located, comprising 1st and 3rd Submarine Squadrons and the Submarine Training Centre (renamed Submarine Flotilla Training Centre in 2000). This facility is home to 12 Class 206A submarines, 2 Class 205 submarines (*U 11* converted as a double-hulled boat for underwater target purposes, *U 12* as test platform for modern sonar equipment), the support vessel *Meersburg*, the Submarine Training Centre with the 206A tactical trainer and the technical land-based test site.

The new NATO strategy and the resulting changes in mission profile for the German submarines forced the Navy to rethink shallow water operations once again. The tactically correct torpedo attack on a formation or a single ship from a great distances as well as the precisely fired torpedo attack in minimum depths of water are still an important aspects for German Navy submarines. Torpedo firing exercises therefore logically take place not only in the open sea and in deep waters but also in coastal and shallow waters.

The German boats are still the recognised specialists for operations in restricted and shallow waters, although they have proved that they can meet the challenge of deep-water operations as well.

The last change before the new Class 212 submarines are scheduled to join the Flotilla involves the addition of the reconnaissance component with the units *Alster, Oker* and *Oste*.

From 1st October 2001, these units stationed in Kiel, together with the Acoustic Intelligence (ACINT) field, will be placed under command of the Submarine Flotilla in Eckernförde.

These boats cooperate with the Naval Underwater Detection Office in Marienleuchte on the Island of Fehmarn and with the Hydroacoustic Analysis Centre to collect and evaluate all kinds of underwater data. The acquisition, evaluation and use of underwater data has therefore now passed into the hands of the Submarine Flotilla, an obvious choice which also serves to underline the importance of the Flotilla.

1st Submarine Squadron

The 1st Submarine Squadron of the young German Navy came into being on 20th March 1962, when the first Class 201 boat, traditionally *U 1*, was commissioned in wintry weather under Lt. Cdr. Baumann. This was the first of the new, small submarines specially designed for operations in the Baltic and North Sea. Its salient features were 395/430 tons displacement at 42 m length and 4.6 m diameter, a crew of 21 men, top speed of 17.5 knots and armament comprising of 8 bow torpedo tubes. 16 MK37 Mod.3 torpedoes were carried on board, of the American MK37 pre-programmed homing type adapted in Germany for shallow water.

Further commissioning ceremonies followed for *U 2* in May 1962 and *U 3* in July 1962 as *U Kobben*.

The first crews went on board the new boats inspired with awe and energy, ready to conquer all comers. To start with, they had to complete an extensive test programme. Everything was new to them. Not just the submarine and actual equipment but very different surfaced and submerged manoeuvring, operation of the then modern weapon control system M 8/1, the MK37 torpedo. Even the tarpaulin-sided bridge without compass, direction finder or the voice-pipe familiar from the *Hai* and *Hecht* needed some getting used to. A new aspect, especially for the "old hands", was the awful manoeuvrability on the surface, with turning circles like a 50,000 ton freighter. Every manoeuvre was a challenge. Leaving the pier without a tug was unthinkable. Pay off stern lines – let go and take in all lines – power astern – towlines forward – and turn with the help of the tug while making 50 revolutions astern. Docking was possible without a tug if the approach was long and straight. However, visibility astern was good from the tiny bridge. The top part of the sail was only 0.90 m wide and surrounded the few hoistable masts, so that visibility was hardly impaired.

Below deck, there were major improvements by comparison with the old boats. The galley was a space enclosed on three sides, boasting an oven, a pressure cooker and 150 l refrigerator, though the floor area was rather cramped at one square metre. The 10 bunks for a crew of 21 were enough to allow the men off watch to relax. The single toilet was apparently not designed to be used by normal people and had to be modified by the addition of a box-like construction welded on later.

Yet the crews were enthusiastic and willing to accept the various "hiccups". The modern electronic equipment, the infinitely variable speed control, the brilliant new periscope, accommodation with a "mess" for officers and senior NCOs, the bow area with the imposing number of 8 torpedo tubes and the toilet with a door – everything was better than on the boats we had known before.

Accompanied by the old minesweeper *Merkur*, tests and trials were carried out under the auspices of Ship Testing Command, although the boats still had no rescue equipment. The container for rescue equipment under the bridge at the forward edge of the sail was constantly maintained, but the life-

raft was not delivered until later.

The steel disaster was a serious setback. Hairline cracks in the hull due to inter-crystalline corrosion and tension put a damper on enthusiasm and caused headaches all round. The steel delivered from Austria was obviously not up to the stress requirements. Fine hairline cracks appeared close to the welds, and leaks developed where the tank plating forward and aft met the dome ends of the pressure hull. Constant re-blowing of tanks was necessary during surfaced operations. Even at the pier, reserve buoyancy was sometimes severely reduced, which made continuous checks necessary.

Additional stiffeners in the tanks reduced the vibrations in the bows. The cracks were sealed with "Isocol" two-component adhesive and plastic lamina, so that the boats could still be operated under restricted conditions. Manoeuvrability was slightly improved by using the forward hydroplanes alternately as aids.

Altogether, the results of the first trials soon showed that Class 201 needed some serious work.

The revised WEU tonnage restrictions meanwhile allowed 450 tons, and work progressed on Class 205. For these boats, the Control Room had been lengthened by 1.5 m, and they were equipped with long-range sonar and had a "real" side to the bridge. The men on

bridge duty were now more or less protected against the sea and had a pressure-resistant compass repeater and permanently installed voice-pipe for use during surfaced navigation. In the forward section of the sail was a space for the long-range sonar transducer, which was not installed immediately on all the boats, and this gave the crew the chance to use it as a "smokers' corner" during surfaced transit. The "conservatory" in the aft part of the sail was a popular place on the surface.

The rudders were repositioned farther apart from the central line to provide improved water flow, and the maximum rudder angle and the blades themselves were increased in size. The much larger sail made the boats look ungainly, but manoeuvrability, though still not excellent, was considerably better than with the first boats.

The first Class 205 boat to be commissioned was *U 4* on 19th November 1962. The next were *U 5* and *U 6* on 4th July 1963 and *U 7* and *U 8* in March 1964. *U 7* was delayed for nearly a year after X-ray tests showed more than 700 bubbles in the welds, which had to be ground out and re-welded.

U 1, the first Class 201 boat, was laid up for repair in 1963 due to severe material faults. In 1965 the boat was back in service, only to be laid up again in 1966 for the hull to be rebuilt in ferric steel. The submarine was recommis-

sioned in 1967 as a Class 205 boat. (This boat was later converted in 1987 as trial platform for the fuel cell and finally decommissioned in 1991.)

In 1966 *U 2* was recommissioned with a new ferric hull.

The subsequent break until 1967 in the delivery schedule was for technical reasons. The first Class 205 boats also proved to develop cracks. The next boats, *U 9* and *U 10*, were built of the third generation of non-magnetic steel and delivered in 1967. *U 11* followed in 1968 and *U 12* was finally commissioned on 14th January 1969 as the last of this construction series.

1st Submarine Squadron was then complete at last. Once again, tests and trials had to be run. Seaworthiness, acoustic, magnetic, diesel and generator tests, torpedo loading exercises and individual exercises with surface ships and ASW aircraft were carried out.

In order to be quite sure that all hulls and pressure hull penetrations fully met all requirements – after the bad experience with the steel quality of the first boats – pressure tests were carried out in the deep water of the Norwegian fjords. Every boat was tested twice a year in the Oslo Fjord. The boats were hand-loaded with ballast by a human chain, and after the crew had disembarked, the boats were lowered to test depth suspended from the floating crane *Magnus*.

Highlights in the early years of 1st Submarine Squadron were the first training trips abroad in the company of the tenders. The tenders had been commissioned in 1964 as the *Lech* and *Lahn*, and escorted the submarines as safety ship during tests and individual operational training. They were used by the Squadron as mobile formation HQ and provided consumables for the submarines. The first trips were to visit the immediate neighbours, but with increasing experience distances were stretched until the permitted edges of the NATO operations area had been explored. The limit to the southwest was Lorient, while trips to the north went as far as the Shetlands.

In the light of later operations in the Mediterranean, the Aegean and even the Caribbean, these forays seem rather tame. But at the time they were valuable training periods, which included torpedo firing and exercises with friendly navies.

After *U Hai* sank in September 1966 and the training boats *U Hecht* and *U 3* were decommissioned, from 1968 onwards *U 4* to *U 8* were relegated to the ranks of training boats, as they were once again found to have cracks around the diving tanks. They were subjected to severe diving restrictions and therefore no longer fully operational. In 1969 they were permanently transferred to the Submarine Training

Group in Neustadt.

In 1966 the tender *Lech* was temporarily laid up and placed on the reserve list. The safety boat *Merkur*, ceaseless and untiring companion of the submarines in the hectic early test years, was decommissioned.

1st Submarine Squadron now consisted of the two virtually new ferric steel boats *U 1* and *U 2* and the four non-magnetic steel boats *U 9* to *U 12*. The tender *Lahn* was also part of the Squadron. In 1969, 1st Submarine Squadron was assigned to NATO.

The Squadron experienced a temporary reduction in strength on 2nd April 1971, after *U 12* collided with the GDR freighter *Fritz Reuter* and had to spend nearly a year and a half in the repair dock. *U 12* was travelling on the surface, and after rudder failure when switching from automatic to manual rudder control, the boat was run down broadside on. It was pushed below the water and surfaced again behind the freighter. A wrong reaction on the part of the submarine crew or rupture of the pressure hull would inevitably have caused the boat to sink. But the crew reacted fast and correctly. Before the freighter hit the boat, the bridge hatch was closed and the officer on watch and the lookout jumped overboard. The crew's actions and the resilient material had prevented a disaster. The pressure hull had a dent almost 4 m high, 3 m

wide and 1.5 m deep. The mountings of the motors and generators were displaced. But the boat surfaced without any water ingress.

The collision was a bitter experience and clearly demonstrated how small submarines are as users of the seaways, and how dangerous it is to rely exclusively on automation. On the other hand, it also clearly showed the extreme strength and resilience of the non-magnetic steel later used for the Class 206 boats as well. Confidence in the non-magnetic construction method was boosted, and the crews were given additional reassurance that they were serving on safe, strong boats. The deliberate, rapid and correct action on the part of the crew was a clear indication that the training programmes were successfully implemented.

Operations with the new submarine force were soon taken for granted, as they participated actively in numerous national and international exercises. The boats performed well in operations in the Baltic, Skagerrak, North Sea and in foreign waters. From the northern parts of the North Sea to the North Atlantic, in the Bay of Biscay and the Mediterranean, they very soon established a lasting good name for themselves.

Extended trips for training purposes are particularly useful for exercising deep-water operations. Off Kristian-

sand and Aberdeen, off Lervik in the Shetlands and Bergen in Norway, off Lorient and in numerous other sea areas, the boats performed exercises and fired torpedoes in the company of their tenders and tugs and collected plenty of experience. But our boats were not only used to extend their own experience, they also served as targets for surface units. They showed their abilities in exercises with destroyers and frigates, helicopters and ASW fixed-wing aircraft, alone or as members of a formation.

It did not take long before the importance of the submarine component within the fleet was generally accepted. The annual performance for 1971 contributed to this realisation. In the course of the year, 6 submarines, the tender *Lahn* and the safety vessel *Spiekeroog* had logged 833 days at sea. The submarines accounted for 578 days, in which 5,050 diving hours were recorded. The tender and submarines spent 313 days actively engaged in exercises, covering more than 45,400 nautical miles. In training, 150 "blind" and 50 "wet" torpedo firings were logged. An excellent result for the year, and the submarines and their crews were well received.

From 14th July 1974, a new page was begun in the history of the 1st Submarine Squadron. The squadron commissioned its first Class 206 boat, *U 25*. The next boats to arrive were *U 27,*

U 29 and *U 28* at monthly intervals from October to December 1974 and finally *U 26* and *U 30* on 13th March 1975. This gave a total of 6 of the new Class 206 submarines to swell the ranks of the remaining Class 205 boats, a considerable increase in the fighting strength of the Squadron.

At the time, nobody dreamed that these Class 206 boats would be the last new submarines commissioned in the Submarine Flotilla for 30 whole years, until the scheduled delivery of Class 212 in 2003.

Between 1987 and 1993, both 1st and 3rd Submarine Squadrons were completely restructured. In connection with the so-called measures to retain combat strength, 5 submarines from the 1st Submarine Squadron were converted to Class 206A and subsequently transferred to 3rd Submarine Squadron, in exchange for 5 non-converted boats transferred in the other direction.

For a while, the 1st Submarine Squadron nominally still had 12 submarines under its command, but very shortly afterwards the first Class 205 boats were reduced to cadre status, i.e. the authorised personnel places were retained although the boats were not operational. Beginning with *U 1* in 1991 and followed by *U 2* in 1992, *U 10* and *U 9* in 1993, the Class 205 boats were decommissioned. The squadron retained *U 11* as a target submarine, *U 12* as

test boat and six non-converted Class 206 boats. When 1st Submarine Squadron was relocated to Eckernförde and integrated into the Submarine Flotilla, the last six non-converted Class 206 boats were also decommissioned: *U 20* in 1966, *U 13* and *U 14* in 1997 and *U 19*, *U 21* and *U 27* in 1998. This left the former 1st Submarine Squadron with just *U 11* and *U 12*.

Restructuring took place in 2000 when *U 25*, *U 26*, *U 28*, *U 30* and the *Meersburg* were transferred from 3rd to 1st Submarine Squadron. Both squadrons were then balanced and equally operational within the framework of the Flotilla.

The scope of missions for the submarines had been restructured just as their command situation.

After the far-reaching political changes in 1990, the order of the day soon included operations in the Mediterranean and Aegean. Whereas torpedo firing exercises in the Skagerrak or off the Shetlands were once considered spectacular, such operations are now carried out with great success in the Mediterranean and Caribbean. Hand in hand with this development, average mission duration has grown from a few weeks to several months.

1st Submarine Squadron is still fully operational in 2001 and will be in a position to fulfil its mission for many years to come.

3rd Submarine Squadron

On 1st April 1972, the 3rd Submarine Squadron was established under command of Lt. Cdr. Kramp and commissioned its first two boats, *U 13* and *U 14*, on 19th April 1972. These were the first submarines of Class 206, to which great hopes were attached and which exceeded even the greatest expectations. Between November 1973 and May 1975 ten more boats arrived, *U 15* to *U 24*, bringing the total to twelve. The tender *Lech* was taken out of "mothballs" and assigned to 3rd Submarine Squadron. The rapid building programme and fast delivery was a great feat on the part of HDW in Kiel and TNSW in Emden. Owing to the splitting of the construction programme between the two yards, the boats did not always arrive in numerical order, but that did not worry the anxiously waiting crews in the least. The tug *Norderney* was assigned to the squadron as safety vessel and additional escort and accompanied the submarines during tests, individual training missions and torpedo firing exercises.

The naval crews took over after the shipyards' own crews had already spent six months on each boat in shakedown and tests. After commissioning, the task in hand was to combine good technical systems and the results of months of crew training into a high-performance, reliable weapon system. First of all, as with any new ship, a series of

tests with the weapon system had to be carried out that the civilian crews had not been in a position to perform. Under the guidance of Naval Test Command, the boats were put through their paces to prove their suitability for naval use. The crews were delighted with the new weapon system, and the first torpedo firings showed far better results than ever before. There were, of course, still a few kinks to be ironed out.

The complex technical systems had to be thoroughly understood and mastered before they could be implemented in really effective tactical measures. The thorough preparation of the crews at the training centre, instruction courses at equipment manufacturers and schooling in principles and theory of operations now paid off.

There were the odd setbacks and disappointments due to technical shortcomings or gaps in training, but that was hardly surprising – after all, in the short space of three years 12 submarines had been commissioned, for which 12 crews had to be assembled and trained. Every man did his best, but "experience" is not ready-made. It was therefore a great disappointment to be told by the Test Command staff that the Class 206 boats were "not suitable for use" in the force because in particular the weapon system placed too high demands on the crew.

This statement was a real chal-

lenge for the crews. They put all their energy, effort and determination into further training on land and on board, and were very soon in a position to prove that the 206 weapon system was by no means beyond them. Technical weaknesses had meanwhile been corrected and participation in international exercises, squadron and flotilla torpedo firing sessions and safe, well-conducted individual operations showed that the crews handled their Class 206 submarines very well.

They mastered the M8/8 fire control system with the so-called 3/3 solution (three wire-guided torpedoes simultaneously against three different targets), and the results of torpedo firing exercises improved constantly.

Thanks to new training courses and more practice using the simulator, the level of instruction improved dramatically. The land-based simulation system and the submarine weapon system trainer boosted individual and team training. Initial work in the trainer on land was no substitute for training at sea, but this more effective preparation enabled sea training days to be reduced.

The torpedo firing exercises usually carried out in the open sea showed greatly improved results after crews had completed intensive team sessions on the simulator. Use of the torpedo preparation station on the jack-

up platform *Barbara*, later on land in containers, and the immediate feedback of the results of torpedo firing had a significant effect on the learning curve.

The torpedo specialists from the Naval Test Command, from Test Centre 71 and from the Jägersberg and Wilhelmshaven ammunition depots were a great help. With their assistance, it was possible to evaluate torpedo firing with real data virtually immediately, so that the results were known and available the next morning. This meant that commanders and crews could exactly reconstruct the courses run by the torpedoes fired the night before, analysing results and mistakes that could have been avoided. This way of developing operational and tactically effective procedures independent of exercises at sea proved most worthwhile over a period of many years and ensures that skills are well up to international standards.

Conversion of some of the Class 206 boats to 206A caused more than just the boat identification numbers in 3rd Submarine Squadron to be changed. Training and operations had to be adapted to the new systems. Whereas in Class 206 the individual input values for torpedo firing had to be introduced manually, the integrated weapon system on the Alpha boats conducts data directly from the sensors via analysis and situation display to the effector. The resulting shorter reaction times thanks

to advanced technology had to be allowed for in the training programmes on land and on board.

In addition, the squadron's mission and area of operations changed in 1990. The main area of operations, hitherto just the Baltic and North Sea, was extended to include missions in the Mediterranean and Aegean. New sea areas and a new mission: a great challenge, which the crews accepted together with the longer mission duration, and they now participate in NATO exercises and other tasks as a matter of course.

Relocation of the Submarine Flotilla to Eckernförde and subsequent integration of 3rd Submarine Squadron only meant organisational changes. The boats' tasks have remained essentially the same, although the focal points have shifted and operational limits no longer apply. As we write in 2001, the boats of 3rd Submarine Squadron are in a good state of readiness. They are adequately equipped for their selected areas of operations and the standard of training is high. The 206A boats will be able to fulfil the tasks assigned to them within the overall scope of the mission of the Navy for many years to come.

The Submarine Training Group

The Submarine Training Group, later referred to as Submarine Training Centre or more recently still Submarine Flotilla Training Centre, is the submari-

ners' "school" and the only training facility in the Fleet specifically keyed to a particular type of vessel.

This is where the sailors of all disciplines and ranks receive basic submarine training before taking over their duties on board. The initial organisation order for the new submarine force was issued in 1955 and made it both possible and necessary to train submarine personnel. On 1st August 1959, the Submarine Training Group was established in Neustadt in Holstein under then Cdr. Reche as a training facility for submariners. Just like the first submarines, it was under Amphibious Forces Command, headed by Capt. Otto Kretschmer. S-3 Staff Officer for Organisation and Training was the first commander of *U Hecht*, Lt.Cdr. Hass. Lt. Totzek was responsible for technical matters.

U Hai and *U Hecht* had been recommissioned in 1957 after salvage and overhaul, and after a period under Ship Testing Command they were placed at the disposal of the centre in Neustadt for training purposes. The boats were now under command of their former First Officers, Lt. Bringewat (*Hecht*) and Lt. Emsmann (*Hai*).

The first basic course for submariners for officers of the watch (duration 5 months) began on 1st August 1960. The first trainees were Sub-Lts. Eberhard Bohlig, Dieter Ehlert, Hannes Ewerth, Ernst-Dietrich Jung, Siegfried

Kramp, B. Lehmeier, Jürgen Mauch, Ulf Neitzel, Walter Jablonsky, Wilhem Rehse, Götz von Steynitz, Jörg Ullmann and Manfred and Wolfgang Werther.

The barracks in Neustadt had been handed back to the Navy by the Federal Border Police, but were in need of maintenance after years of use by civilian families and the Border Police. The trainees were therefore accommodated in houses near the sports ground, partly still inhabited by civilians. It was a colourful mixture of civilian families (including, of course, a few daughters!) and young trainee submariners that made up a happy community during the first few months.

Like the barracks, the classrooms, teaching materials and regulations were rather temporary solutions to begin with. The experienced older submarine officers and senior NCOs soon organised models, sketchbooks and old regulation books, but a properly organised teaching curriculum could only grow up more slowly. It was therefore hardly surprising that Cdr. Rohweder, as second-in-command in charge of organisation, was willing to allow the course participants plenty of opportunities to acquire local knowledge of the sea at first hand.

U Hai and *U Hecht* were constantly filled to bursting point with trainees as well as crew, but there was still plenty of time for the remainder to explore the watery neighbourhood on

the yachts *Gödecke Michel* and *Pirol*. Every opportunity, every spare moment, hour, day or even week was used to reconnoitre the future area of operations in the Baltic from the deck of the little yachts. It kept the trainees and the instructors happy and busy, at least until the cold weather set in. However, it was the enthusiastically welcomed chance to man the submarines in the company of the tug *Passat* as safety boat that provided the practical aspect of training.

Although the little submarines were already very cramped, as many trainees as possible had to be fitted in. That meant that there was not enough room on board in a night spent on the sea floor, and at least two of the trainee officers had nowhere to stretch out once every available corner on or under the table, between the torpedo tubes and in the store was occupied. But it was all part of the fun. Sometimes someone even had to sleep on board the *Passat* in the cable locker during a night in harbour on a training trip, which was not exactly what we had been expecting. The instructors were always good at motivating their trainees, promising better conditions on the sorely awaited "spacious" new submarines. They were right with respect to the newness of the boats, at least.

The Submarine Training Group had hardly any time to get itself organised because training programmes had to be pushed forward to ensure that complete crews were available for the first new submarines, scheduled for delivery in 1962.

Under the third Commander, Cdr. Gustav-Adolph Janssen, more attention was given to training at sea. Crews and trainees were more often exchanged on board to give more opportunity for practical instruction. Although he was a sailor himself, he was less amenable to our "recce trips" by sailing boat.

In March 1962 the time came for *U 1* and *U 2* to be fully manned. Training also included the first torpedo firing exercises – at the time still using G7e torpedoes with manual input of lead angles – with quite respectable results. Nobody was seriously upset that the torpedo salvage boats were used as targets and that the exercises all had to take place in Eckernförde Bight. The submarine force was getting up steam and every step forward was greatly welcomed.

First exercises took place in the Skagerrak and in the waters off Bornholm together with the loaned Fletcher Class destroyers, although nobody really had any tactical experience. In the technical field, the submarine commanders were ably supported by experienced senior NCOs. On one occasion, it was possible to replace a broken tappet push rod from a diesel engine in Frederiks-havn because the engineer was able to give the local blacksmith precise instructions on how to forge a replacement from a strut taken from a garden fence. Active participation in the exercise had to be interrupted for a while, but it was not necessary to cancel the whole event.

Safe tactical boat handling was unthinkable during the early years, but participation in the DESEX exercises at least provided some experience.

Instruction at the Submarine Training Group aimed to prepare the new submariners for their tasks on board in such a way that they could take up their full duties on board as a responsible member of the crew without further ado. A good theoretical grounding with practical sessions on land and on board proved to be the best solution. The new Class 201, 205 and 206 submarines were too small to be able to accommodate trainees in addition to the crew required for the daily running of the boats. Training had to take place essentially on land with supplementary schooling at sea. The training facilities were therefore extended more and more to enable complete training to take place on land. *U Hai* and *U Hecht* received support in the shape of *U 3*, a Class 201 boat that had been on loan to the Norwegian Navy, so that training was on a firmer practical footing.

On 14th September 1966, during a training trip from Neustadt to Aberdeen *U Hai* sank with a crew of 20 men on Dogger Bank. Together with *U Hecht*, *U 3*, the tender *Lech* and the tug *Spiekeroog*, the boat had been travelling on the surface in a heavy sea. Only one man was rescued. A few weeks beforehand, *U Hai* and *U Hecht* had been in dock at the shipyard the installation of a new diesel engine, which involved lengthening the boats by insertion of a central section 1.5 m long and alteration of the snorkel mast. During surfaced transit, if the snorkel was not fully extended during heavy weather, water had the possibility to pass the seal into the bilge. This was not a safety risk if properly controlled. But on board *U Hai* the water obviously entered unnoticed. Owing to the bilge water flowing aft, the boat became stern-heavy. The weather was rough and the seas ran high, the diving tanks automatically vented air and the boat, lying deeper in the water, increasingly lost her reserve buoyancy. Water then entered directly through the open hatch and the voice-pipe, causing *U Hai* to sink at about 1800 hrs. The only survivor was the ship's cook, who was rescued by a fishing vessel at about 0600 hrs the next morning.

The accident was a result of technical modifications, human error and a chain of unfortunate circumstances. The incident provoked emotional reactions from submariners all over the world. In 1999 a commemorative bronze plaque

was unveiled at the Submariners' Memorial in Möltenort near Kiel, where all German submariners who lost their lives at sea are remembered.

The intensive enquiry placed no blame on anyone and no faults could be found with the training. Nevertheless the training programme at the Submarine Training Centre was revised and extended to include a special diving training course for the entire crew. This course aims to ensure that the crew maintain full control of the boat on the surface or submerged in emergency situations such as inrush of water, fire on board or technical failure. The course lasts about three weeks and is conducted with the entire crew on board their own submarine by a team of instructors under the guidance of the Flotilla. A preparatory week in harbour and about two weeks at sea reinforce the crew's ability to control the boat even under very extreme situations.

Over the last three decades, a number of accidents and "almost accidents" on board have shown the effectiveness of training, not only for tactical purposes but also from the seamanship and technical points of view.

U 3 was decommissioned in 1967, *U Hecht* in 1968. From 1969 on-board training was fully oriented towards the Class 205 boats, as *U 5, U 6, U 7* and *U 8* were assigned to the Training Group. Owing to diving restrictions,

they were no longer fully operational for naval missions, but were a welcome aid for training.

When the training boats finally had to be decommissioned completely in 1974 due to the increasing risk from cracks in the hull, it was decided to dispense with submarines used solely for training purposes. In any case, training had to be adapted to the incoming new Class 206 boats. It also became widely accepted that fully operational boats used periodically for training purposes were more suitable for putting over squadron practice in technical and tactical matters.

The new procedure therefore meant that boats were assigned to the Submarine Training Group by the squadrons for three-month periods. This prevented the crews from becoming stale, and in fact both crews and trainees profited from the arrangement.

In 1977, the 33.5 m deep diving chamber for rescue training was opened under its first controller, Lt. Cdr. Bertz. This completed the total range of submarine training, which was now concentrated in Neustadt. Rescue training, hitherto conducted in England or Norway, could now take place at home. With the submarine and ship safety training programmes, Neustadt became the centre of rescue training for the entire German Navy. In the beginning, the diving chamber and its 20 instruc-

tors were used only for training German and foreign submariners, but when the Submarine Training Group was relocated to Eckernförde the chamber was released by the Submarine Flotilla and used by the Ship Safety Training Group for training all naval divers.

The bottom part of the cylindrical diving chamber resembles a section of a submarine. It is used to practice exiting from a sunk submarine. Submarine trainees complete this training within two weeks. First they get used to diving, then learn to control their fear on leaving the boat at relatively shallow depths. There are always diving instructors in the water to help or take any necessary action. The final test in this training course is "free ascent" from a depth of 30 m. Brought on slowly to this considerable depth by experienced instructors, the trainees are proud to pass this test of courage.

An important aspect of safety training is the ability to use all rescue equipment even with eyes closed. The main items of equipment are: built-in breathing system BIBS, submarine flotation collars, survival suit, blowing system and emergency blowing system. (Combined breathing and flotation equipment is now a thing of the past.)

Special importance is attached to the built-in breathing system. This system has hook-up points distributed all over the boat. Each member of the

crew has his own breathing apparatus, which he can attach to a BIBS valve almost anywhere on board to breathe. It means the crew can move around the boat and each person can decide his own breathing rhythm.

Life-jackets and life-rafts are also carried on board. They are used in drills and also in practical exercises.

The Submarine Training Group was provided with two important additions to its facilities, namely the fully functional land-based submarine propulsion system in 1979 and the computerized depth control simulator in 1983. However, these systems had to be constantly updated to accurately reflect changes in the technical equipment used on board, so that instructors and trainees were kept up to date with technical advances.

Over the years, German submarine training has attained generally recognised high standards, so that not only our own trainees but also representatives from the German industry and submarine personnel from 12 friendly nations have received training with the approval of the Submarine Flotilla.

The Submarine Training Group was accorded even more importance in 1982 when tasked with standardised "operational training" for entire crews. The officers in charge of the Training Group were included in planning and implementation of exercises and torpedo

firing, the instructors had to go back on board more often and the training standards for the crew as a unit were improved. The scope of training courses was further extended in 1983 with the introduction of courses for commanders, to be carried out once every year.

The Submarine Training Group is responsible for the instruction of personnel of all ranks, from ratings to officers, and has acquired a high international reputation over the last 35 years. Until 1988 the curriculum encompassed: basic operational training for officers, technical officers and NCOs, submarine rescue system training, diving chamber training (buoyant ascent, i.e. free ascent from great depth with buoyancy aid), special courses for foreign submariners as assistance for friendly navies building submarines in German shipyards, final operational training for submarine crews, courses for technicians and engineers, and courses for submarine commanders.

In order to participate in courses at the Submarine Training Group, the trainee must have completed basic NCO or officer cadet training and have passed the submarine aptitude test.

Training focuses on providing the men with enough theoretical knowledge to enable them to fulfil their post on board without the need for many hours at sea. The practical aspect of training begins with a large number of function-

al scale models. One such model is a complete propulsion system with all batteries, diesel engines and snorkel, electric motor and switchboard. There is a scale 1:5 FRP model of a Class 206 submarine and a number of other operating systems that can be used for training.

Practising submarine operation and handling is just as possible on land as at sea, and the same goes especially for the fields of maintenance and repair. A trainee working at the depth control simulator who "grounds" the boat need fear no serious repercussions. Practice makes perfect, without a dent in the boat stopping the exercise.

Submarine training culminates in an examination, and later training will be required only if additional duties are to be assumed, such as petty officer or commanding officer courses. Successful completion of basic submarine training is essential for anyone to be taken on board. After six months as a member of the crew, the special submariner badge is awarded. This badge, first awarded in 1972, identifies the submariner as a member of an elite group of qualified specialists.

From 1959 to 1986, some 5,000 NCOs and 1,000 officers took part in courses at the Submarine Training Group. In 1986 work began on setting up the new Submarine Training Centre in Eckernförde.

After some controversy, in 1984 German Naval High Command had agreed to concentrate submarine base facilities in Eckernförde. The idea was to withdraw the Submarine Training Group from Neustadt and to set up a complete submarine base in Eckernförde. All stages from basic training, operational training and commanding officer courses to tactical training on the submarine weapon system simulator and coordination of squadron missions were to be incorporated in one base under the overall command of the Submarine Flotilla.

Although there were personal and political reservations about giving up the well-established and traditional Submarine Training Group in Neustadt, this was really the only sensible course of action. In 1988 the Neustadt facility was closed.

The submarine weapon system simulator belonging to the Naval School of Armament was assigned to the Submarine Training Centre. Future submariners no longer received their instruction on weapons and equipment at the Naval School of Armament. Finally, in 1998 the Submarine Flotilla Command with the System Support Group was relocated from Kiel to Eckernförde. All submarine training and operational activities were now concentrated in one place and under one central command. Having the Sub-

marine Flotilla, the Squadrons and the entire training programme in one base ensured secure command, short distances and rapid reaction times. The result was improved coordination of training and operations and reduced personnel requirements.

In 1984, the President of the German Submariner's Society donated a prize to be awarded every year to the best of the trainees. The pewter plate has now been been awarded every year since 1984 to the best graduate, irrespective of rank.

The Tenders

The submarine tenders are variously referred to as "mother duck", escort, supply ship, target and command vessel. After many years with the tenders *Lech* and *Lahn*, today the *Meersburg* fulfils these duties.

Built by Flender in Lübeck between 1961 and 1964, the Class 403 tenders were 98.6 m long, displaced 2,633 tons and had a top speed of about 20 knots. They had a crew of 114 men. As "jacks of all trades" the tenders were extremely versatile. They provided accommodation for the Squadron HQ staff and if necessary for a few submarine crews and provided the submarines with consumables and spare parts, oxygen, high-pressure air or mixed gas, rescue equipment, etc. They took torpedoes on board for storage or gave them

back to the submarines and provided medical support for all squadron units. They performed torpedo salvage duties – and still do so today – with remarkable success. Torpedo salvage involves securing the torpedo after firing and collecting it with the specially trained crew of an inflatable boat. The crew wear neoprene diving suits to protect them from winter temperatures and cold water, as well as reflective caps and life-jackets to make them easily visible at night with searchlights. The inflatable crew has never been known to show fear or doubt, even on the darkest nights. They are the men who collect the torpedoes in high seas and freezing weather, and they also ensure the safe transfer of personnel from one unit to another.

Thanks to such good support, the submarines can exercise at sea in realistic tactical and operational conditions, safe in the knowledge that support is at hand if needed. The tenders as target, torpedo salvage and general support vessels enable the submarines to take part in concentrated training sessions, so that each submarine is able to fire several exercise torpedoes every year, irrespective of the sea area. Even with wave heights of up to 2.5 m – getting close to the limit – the torpedoes are picked up safely. There is always discussion about where the limit lies and under what conditions it is still reasonable to ask the

inflatable crew to go out to collect a torpedo. Even the on-board Met. Officer is often unable to help. The responsibility lies in the end with the Exercise Commander and Firing Officer. One says "That's the limit, break off the attack", while the other counters "We can still pick it up, we'll fire this fish". There is no perfect answer, and from the bridge of the tender the sea often seems much calmer than from an inflatable dinghy. But in case of doubt the inflatable crew is always ready to "go for it".

Because the tender commanders are usually former submarine commanders themselves, they are best able to judge where the men on the little boats most need assistance and how they can best provide it. There is a long-standing mutual pact of friendship and understanding that binds the submarines and tenders.

In the course of financial cutbacks and reductions in the Fleet, the tender *Lech* was retired in 1989 and the *Lahn* in 1991, after almost 30 years' service in the Submarine Flotilla. They were replaced by the supply ship *Meersburg*, which has assumed escort and training support duties, and is provided with a torpedo-handling crane and automatic swell compensation gear. Today, it has fully assumed the role of large "mother duck", and the little submarines like to lie alongside and receive provisions and support.

Chapter 8
Training

Under submarine training, we understand the schooling of individual men, the entire crew or part of it to ensure safe navigation and boat handling with a likely probability of successful weapon deployment.

When individual instruction began for *U Hai* and *U Hecht* prior to the first sea trials in 1957, this training stage already included all steps of later submarine training courses and was based on the experience of submarine commanders during the last years of the war.

The Submarine Training Group had not yet been established as a school facility, and there were no service regulations. NATO partner networking had still to be achieved. However, in spite of beginning again after a break of 12 years, the commanders with wartime experience and senior engineers had no difficulty in picking up the threads. Old habits, new ideas and regulations were adapted to meet new orders, and the new communities on board soon welded into functioning crews. The few "green" members of the crew were soon equipped with initial training and rapidly integrated into the team of "old hands".

The commanders, officers and senior NCOs were still familiar with the technical aspects of the boats. Operation was soon possible without trouble. The

changed areas of operations, the potential opponent, operational procedures and cooperation with NATO partners had to be slowly accounted for step by step in new training instructions, tactical directives and orders. The area of operations was limited, new results of oceanic R&D had to be taken into consideration. Allied regulations on safety and tactics had to be learned, and for the first time it was necessary to adjust technical, tactical and training issues to the likely capabilities of a potential opponent.

The future areas of operations were the Baltic, Baltic approaches and North Sea. A restricted area of mainly shallow water (between 25 and 50 m), that posed a challenge even to the small boats and their crews.

After first operations in the Kiel Bight and the Western Baltic, training trips were soon extended to include the sea areas around Bornholm and the Skagerrak. During surfaced cruising, stations had to be maintained. Changes in formation for exercise purposes caused many an officer of the watch to be reprimanded for not maintaining his station, but the new tasks all had to be learned. Operations in formation, a relic from the early days of submersibles before World War II, were in fact kept up until the 1970s.

It therefore took a while before submarines were once again assigned to

typical "lone wolf" operations, relying on their own abilities, each boat with specific mission orders and an individual area of operations.

Although training began without delay and the first instruction facilities were soon set up, procedures dragged on interminably until weapons exercises with modern torpedoes could begin. In the restricted waters of the western Baltic, the first torpedo firing was not possible until 1961, with massive safety precautions. As was only to be expected, we were not alone. Our "friends" from the People's Navy of the German Democratic Republic sat in their observer vessels right at the edge of the territorial waters and watched the proceedings with interest to see what new developments were afoot among their neighbours to the West.

The first firing formation, consisting of *U Hai*, *U Hecht*, the torpedo preparation ship *Memmert*, two torpedo salvage boats and the tug *Passat* as target, were tied up in Kiel at the Scheermole naval quay. G7E torpedoes bought back from France were loaded into the submarines' two tubes in painstaking manual work via a loading pontoon with its own trim and freeing system. In the summer of 1961, the torpedo salvage boats as targets and the *Passat* as formation command and safety vessel performed the first torpedo firing with the *Hai* and the *Hecht* in the sea area Stoller Grund in Kiel Bight. At the time, our demands were so modest that this was considered a highly successful operation.

Whether using correction tables and periscope or the wartime lead prediction method, the first firings were not bad, and almost all the torpedoes could be salvaged afterwards. Real evaluation of the results or of tactical behaviour was not attempted with these first firing operations, but the first steps towards subsequent systematic training had been taken. Our confidence in the boats, in our own ability and in the effectiveness of the new submarine weapon system grew visibly, and we had the added satisfaction of seeing that tactical training was possible right outside our own front door in spite of the proximity of observers from easterly waters.

The new Class 201 submarines were taking their time in arriving. *U Hecht*, *U Hai* and *U Wilhelm Bauer* were routinely manned with officers. Some of the first young officers therefore found themselves left standing high and dry without a boat and real work. In order to use the time profitably, gaining experience and learning from Allied navies, some officers were therefore temporarily assigned to foreign submarines. This on-the-job training in Britain, France, the USA and Turkey lasted between 3 and 6 months and gave us the chance to learn about tactics, operations, modern technology and the latest weapon systems. The sort of routine that was already taken for granted by our naval surface ship personnel slowly became available to submariners as well. Contacts were established with our NATO partners.

Unfortunately, to begin with little of this new experience could be used for improving our own training directives, regulations and manuals, because each returning officer's experience was coloured by procedures of the nation he had been visiting, and we had neither the personnel nor the ability to interpret the data.

It took some time before experience was reflected in regulations, weapon development and the corresponding training. In the navies of our Allies, neither technical submarine and weapon development nor training had stood still after 1945. We were therefore especially anxious to catch up, not only through our own experience but also by making use of every training opportunity offered abroad as well. Numerous training courses were therefore attended and any chance of making contact with other navies with submarines was put to good advantage. Parallel to this, however, own operational procedures and tactics had to be developed to meet the special needs and abilities of our small submarines and the requirements of our own area of operations.

Arrival of the new boats in 1962 was coupled with considerable technical difficulties, so that weapons training took a poor second place to the need for tests, trials and break-in programmes alongside the usual basic submarine training. Expected performance abilities of the new boats of Classes 201 and 205 were soon confirmed during participation in national exercises in the Baltic and North Sea, but several years elapsed before our own first tactical experience could be reflected in training and lead to regular torpedo firing exercises.

In 1966 the first firing exercise with Class 205 boats and American MK-37 torpedoes was carried out off Olpenitz. The results confirmed the attack possibilities and hit likelihood of these homing pre-programmed torpedoes fired from the submarines, hitherto known only theoretically or as a result of exercise simulation. The next real firing exercise did not take place until 1969. In the meantime, senior commanders, submarine commanders and instructors had accumulated experience in numerous national and NATO manoeuvres, so that this next firing exercise took on a more professional character

From 1970, torpedo firing exercises took place in the open sea, enabling deep-water manoeuvres to be performed and the submarines to behave more in the manner for which they were designed. This made it necessary to be

able to find and recoup the torpedoes in all weather conditions, while also requiring a procedure for evaluating firing results and submarine movement.

Finding the torpedoes at night was relatively easy due to a light installed in the nose. But torpedo firing in daylight was not possible until the Squadron's torpedo expert CPO Zeh, persevering in the face of opposition from higher authorities, developed a daylight recovery system using colour marking. The tests were not always authorised and the odd torpedo was lost, but in the end the daylight recovery system referred to as the "Z" system worked well and enabled important steps forward in training to be made. In close cooperation with the torpedo section of the Naval Test Command and the ASW experts at the Naval School of Armament, in 1970 it was possible to develop a way of transmitting the submarine's own and the target ship data to a computer on land. Now at last we were in a position to compare torpedo possibilities and hit probabilities with real firing data. This procedure, later carried out graphically on the tenders, enabled exercise results with or without "wet" torpedo firing to be calculated within a few hours.

We thought the training programme was comprehensive enough to make it just routine to take the next step to training for the new Class 206 weapon system from 1975. In practice, this was not the case, however.

Transition to the new wire-guided DM2A1 and DM1 torpedoes set completely new standards. The first exercise steps clearly showed that success would only be possible as a result of team training and detailed knowledge of the weapon system.

The new torpedoes were no longer fired from a distance of 500, 1,000 or 2,000 m, but against targets many kilometres distant. With modern weapon systems, firing the torpedo is not what determines whether a hit is made or not, so that after firing we can just sit around and wait for the result – the real work of the torpedo guidance team does not begin until after firing. Then it is up to the Torpedo Officer to take the "fish" on the "line" and guide it to its target.

This development means that it is no longer just the submarine commander and his "Number One" who fire the torpedo. The entire team in the Control Room, at the weapon control system, the operators of hydrophones, sonar, passive ranging sonar and the various plot systems all have to contribute to ensuring that the torpedo reaches the target safely. Detailed knowledge of the torpedo's abilities and its guidance system are just as important as evaluating the acoustic feedback from the torpedo's own sonar and translating this information into new target and control data. This is the only way to ensure that the torpedo reaches the designated target, avoiding or ignoring unintended targets or decoys.

Undertaking operations against a target in the open sea means first locating the target, recognising it and then classifying and identifying it. Firing the torpedo and guiding it during transit as well as ensuring the correct tactical behaviour of the submarine after firing are all part of a successful firing exercise. Subsequent salvage of the torpedo irrespective of the weather, evaluation of firing results in harbour, preparation of the torpedo for the next exercise and many helping hands in the background all contribute to making the firing exercise a successful training manoeuvre. It is not the submarine commander alone who fires a torpedo; success depends on the whole team.

Team training for submariners was given a real boost in 1977 when a new training system became available in Eckernförde in addition to the simulator for individual instruction and practice: the submarine weapon system trainer "AWU", designed specifically with team interaction in mind. It permits systematic, realistic simulation of torpedo firing to be practised until the level of training required for a real "wet" firing has been achieved. This level of training formerly necessitated many days at sea for both the subma- rines and target ships. However, it has to be admitted that even the best simulator is no substitute for genuine time at sea.

Torpedo firing at sea is therefore the ultimate goal of training. This is when the submarine commander and his crew prove their mastery of the boat, sensors and weapons. Evaluation of each torpedo firing with film recordings giving precise data to the metre and the second allow for no misinterpretation of success or failure.

This exercise is the last step in the operational training programme for the Submarine Flotilla.

Submarine Weapon System Trainer ("AWU") 206A

The new training aid introduced in 1989 brought the training facilities once again up to state-of-the-art. Already the previous system, the weapon system trainer AWU 206, had provided good dry land training aids, permitting the whole Control Room staff to work their way through combat sequences including all data processing and guiding the torpedo after firing.

The new 206A simulator consists of a life-size reproduction of the Control Room with original equipment, a lecture theatre where the dry exercises can be re-run partially or completely with the team and a computer room where all system functions are controlled and

recorded for later replay.

"*Sonar I to all stations: New contact in 3-1-4. Designation 11-alpha. Sonar II from Control: Analyse 11-alpha*" says the voice of the First Officer in the red-lit Control Room of U 22.

"*2 shafts, 3 blades, 400 revolutions, probably a small warship*" comes the quick answer from the leading rating sitting at Sonar II. The periscope is hoisted immediately.

The submarine commander gives more precise data: "*Bearing 11-alpha, small warship. Bows right – trim 20 – distance…*". He is interrupted by a loud bang that makes the men jump, everything stops. But there is no catastrophe, no inrush of water, just a voice from the loudspeaker: "*Thank you, the exercise is over, we will take a break there. Please come into the lecture theatre*". The voice is that of the senior instructor.

That is how Stephan Rehder describes a typical exercise in the 206A simulator in his report in the naval magazine "Blaue Jungs". The instructors go over the exercise again. The target was located in time, acoustic signals correctly interpreted and the target correctly identified. But – and here comes the criticism, well-founded on the basis of precise recordings for replay – "*You concentrated on one contact only and failed to reconnoitre the sea and air before hoisting the periscope. That is why you did not observe the hostile*

helicopter in the vicinity, which therefore fired a torpedo at you".

A typical exercise, repeated with variations countless times during tactical training of a Control Room team at the Submarine Training Centre.

Via noise generators, the 206A simulator feeds realistic signals to the original equipment of the command and weapon control system, so that all sensors react in all operational modes and as if they were at sea.

Parallel to this, the entire exercise can be viewed and recorded on monitors and displays in the instructors' control room and is supervised on a large viewing screen. For playback, all data can be recalled for a given time frame. Representation of the enemy takes all characteristics of possible targets such as their sensors, weapons, noise emission and visual appearance into consideration, including such details as special sonar and radar emissions, colour and shape of the ships.

Just to complete the picture, all sea areas with their coastal features and aids to navigation can be incorporated in the simulated scenario, as well as environmental factors such as daylight/night and weather conditions.

The 206A simulator is sometimes in use 24 hours a day. It provides a valuable supplement to theoretical training and excellent preparation for real operations at sea.

However, simulation can never be a substitute for experience at sea! There is no risk, there are no unforeseen developments. But the simulator together with the other training facilities is invaluable because it minimises the risk at sea, hones performance skills and ensures that the need for training at sea is kept within acceptable limits in the face of improved and ever more complex technical systems.

Without doubt, after many years of experience with the 206 and since 1989 206A simulator systems the training standards of the submarine crews have been raised almost to optimal technical mastery of the command and weapon control system.

Chapter 9
Medical Support

The Submarine Flotilla's medical service supports the men – and in future also the women – who operate this weapon system with all its technical features and can employ it effectively in case of need. Submariners are a special breed of people with particular medical requirements, best described as "submarine medicine". It is characterised by very close contact between medical staff, especially the doctors, and the submariners. When submarines are at sea, there is virtually no distinction between medical support in time of peace, crisis or war.

The task assigned to the Submarine Flotilla medical personnel, as to other naval flotillas, is based on the concept issued by the German Naval Chief of Staff. "The naval medical service encompasses all medical personnel, medical facilities and procedures for the Navy as employed in the fields of planning, research, training, preparation, readiness and operations and aims to maintain, ensure and restore sailors' health."

One of the most important requirements of this mission is providing medical support to the crew that meets with general standards valid in Germany. Realisation of this requirement is reflected in the structure of the medical service of the Submarine Flotilla. The current structure was implemented in January 1998 and ensures that the mission is fulfilled during peacetime.

The medical section is the smallest in the Submarine Flotilla, but small structural elements can also be extremely effective.

The submariners' requirements do not always coincide with availability of medical personnel. Personnel resources in this field are limited, so recourse often has to be made to the naval medical facilities at the naval base, where there is unfortunately often a lack of submarine expertise. The present structure largely confines the Head of

Medical Services to consultation, aptitude tests and medical training, so that he is hardly available for basic issues.

Specific fields of submarine medicine include availability of the doctors for consultation, welfare of the submariners and divers, training in advanced first aid, on-board hygiene, nutrition, galley sanitation, occupational medicine.

Doctor's consultation: The sailors of the Flotilla can consult their doctor whenever necessary. This is very much like the work in any general practitioner's surgery, and the Submarine Flotilla doctors consider themselves to be the submariner's GP. Visits to the doctor are generally to solve the sort of complaint commonly experienced by young people, such as strained muscles or tendons, problems of the respiratory tract or general medical problems.

Welfare of submariners and divers: Special emphasis is given to monitoring the welfare of submariners and divers. Every one of the approximately 450 submariners in the flotilla has to undergo medical examination to prove his aptitude for submarine and diving duties. The scope of this annual aptitude examination is clearly defined and constitutes a general fitness test.

The first detailed medical of the future submariner takes place at the Institute of Naval Medicine in Kiel-Kronshagen, after a regular service doctor with special qualifications in

the field of diving medicine has first established the potential sailor's basic fitness. This detailed examination at the Institute of Naval Medicine also establishes whether the candidate is fit to participate in submarine rescue training with "buoyant ascent". Since 1997 the aptitude tests are no longer repeated every two years at the Institute but only every five, with annual examination in the intervening years carried out by the Flotilla medical service.

The special duties to be fulfilled by submariners make a special welfare programme necessary. It encompasses aspects of occupational medicine and in particular enables early recognition of morbid or pre-morbid conditions. That makes it easier to initiate a diagnosis and therapy, with the aim of restoring full fitness to the submariners. In contrast to the general trend towards a drop in the frequency with which the doctor is consulted, the Submarine Flotilla's medical service aims for the closest possible contact with submariners, because medical care on board submarines at sea is subject to severe limitations. Thanks to the close doctor/patient relationship it is possible to avoid sending men with chronic complaints to sea. The risk of illness at sea and the associated possible restrictions in mission fulfilment can thus be minimised.

Life on board a submarine, char-

acterised by extremely confined and constricted space, constant close bodily contact with colleagues, total loss of privacy and permanent artificial lighting, is associated with a higher frequency of certain types of illness. For example, infections and psychic ailments occur as stress reaction. However, such psychic stress reactions, which are particularly noticeable during the first few days at sea, are almost invariably relieved by mutual aid within the crew and only rarely require the intervention of a doctor, who in any case is hardly ever present on board. The relative infrequency with which such stress reactions occur is mainly due to the voluntary nature of submarine service, coupled with the high motivation of submariners.

Submariners tend to dissimulate, which does not make medical care any easier. In spite of all precautionary measures on land, it sometimes happens that sailors are taken ill at sea. As lone operators, often far from any external assistance, rapid help from the outside may not be possible, so the crew has to be largely self-reliant in medical matters as well.

Training in advanced first aid: The combination of operational requirements and the distance to any aid post means that there are considerable differences in the medical care of submariners and other members of the armed forces. The time limits established in

medical directives just cannot be applied on board submarines. General directives require first aid measures and stabilisation of the wounded within 30 minutes after an emergency and surgical or clinical intervention within 2-3 hours at the most, but such facilities are the exception rather than the rule for submarine crews. Sick or wounded submariners usually have to rely on emergency life-saving procedures administered by others on board. Medical training in the Submarine Flotilla therefore has a key place in the training programme of Operations and Electronics Officers. All officers and men are required to participate regularly in courses in advanced first aid to help themselves and others.

Considerable importance is attached to this aspect of training. Traditionally it is the Operations Officers, especially the youngest officer, who is responsible for medical care and supplies on board.

Owing to his longer term in office between rotation, since 1998 it is the Electronics Officer on board the Class 206A boats who is given special medical training to increase his level of proficiency and make his added training and experience available to the crew.

Depending on weather conditions, it may be impossible to transfer a doctor to a submarine at sea, so well-trained lay assistants are valued members of the crew. For them to be in a position to pro-

vide effective help at sea, they must be able to give injections, to set up an infusion and to perform simple sutures, with the aid of a doctor via radio. Medically trained officers on board submarines have often been able to prevent severe later complications by setting up infusions for sick crewmen with serious loss of liquid or circulatory problems. Similarly, the lay medical officers have frequently been called upon to stitch up minor wounds, with good results. When the immediate first aid is of such high quality, subsequent treatment in harbour rapidly restores the patient to full health. The Submarine Flotilla has found this method of medical care to be successful and intends to maintain it, contrary to the general trend to employ rescue assistants.

However, the degree of medical assistance that can be performed at sea also depends on the available medical supplies, which have to be reduced to essentials due to lack of storage space. All submarines are therefore equipped with a standard first aid kit, the contents of which are regularly reviewed to comply with advances in the field of medicine. The Rescue Coordination Centre at Fleet Command in Glücksburg has a list of the instruments and medication available on board each boat, so that radio advice can be given accordingly. In addition, the crew has literature issued by the Chief Medical

Officer to help identify symptoms and assist in diagnosis. With the combined help of good basic first aid training, standard medical equipment on all submarines, appropriate literature and medical advice via the radio, submarine crews have been able to master quite complicated medical problems at sea.

Hygiene, nutrition, galley sanitation, occupational medicine: The general fields of hygiene, nutrition and occupational medicine are part of welfare and thus belong to the activities of the medical service. Hygiene is especially important on board submarines. Owing to the extreme living and working conditions over extended periods of time, food is an important factor that contributes to the crew's general well-being and to the mood on board. Special attention must therefore be given to aspects of hygiene, nutrition and provisions on these small boats. There have been no cases of group sickness due to lack of kitchen hygiene in the Submarine Flotilla for many years, a result of the interest shown by the officers in all aspects of hygiene. Drinking water on board is regularly subjected to bacteriological and chemical testing by the medical service in close cooperation with the commanding officer. Checking the drinking water is especially important on board submarines, because there is no way to improve the quality of drinking water at sea, except by boiling.

The doctors have little influence on nutrition. A minimum calorie count per day is prescribed as a general guideline, but due to the importance of mealtimes on board, there is a general tendency to eat too much. In combination with the lack of exercise, this means that submariners have a tendency to overweight This can easily turn a nutritional problem into a case for medical therapy. The medical officers try to influence the menu with respect to healthy food, especially before a long spell at sea, but their work is made difficult by the restricted deep frozen storage and lack of space for storing fresh provisions.

Another focal point of occupational medicine is the field of "sport on board". In 1997 during transit of two submarines to the USA, a scientific research programme was carried out on one of the boats, the other serving as control. The resulting dissertation illustrates how even light physical exercise – in spite of the extreme living and working conditions on board a submarine – enables the upholding of fitness.

From the point of view of occupational medicine, functional disorders of the supporting and locomotion system are what cause most problems for the crew. Facilitated by the extreme lack of movement while at sea and the associated drop in physical performance, such complaints arise in particular on long

missions of 3-4 months with sea endurance periods of 3 weeks and more. Although there are periods in harbour during the total mission duration, when the opportunity for physical exercise is given, the drop in performance is startling. However, when the submariners arrive back at home, a period of intensive sporting activities and plenty of movement soon brings them back into best physical shape.

Depending on the area of operations of the formation and the mission duration, the Submarine Flotilla medical personnel may be reinforced by additional doctors such as a surgeon, anaesthetist or dentist. In any case, one of the trained medical officers is always embarked on board for about 25 weeks in the year. In addition to the real aim of these periods, which is to check the medical condition of the crew, the time is also put to good use for training purposes. Medical exercises are carried out regularly and emergencies simulated on the boats, when the crew is given advice by radio.

Future tasks

The structural changes within the Submarine Flotilla naturally also had their effect on the medical service. Medical support of the new fleet submarines and commissioning of the first Class 212A boat planned for 2004 will bring new tasks and new problems. For

example, such fields as working in a closed system, hygienic treatment of breathing air, emission of pollutants and the psychological aspects of extended periods submerged will all have to be incorporated in the curriculum of the Chief Medical Officer and will result in new activities.

The medical support of the Submarine Flotilla will remain an important special sector for the Navy in spite of the general reorganisation of the medical services of the German Armed Forces.

Chapter 10
Operational Command
Until 1989

Submarines are an important element of the fleet and considerably raise its combat strength. This is clearly reflected in the profile of the navy, the mission assigned to the submarines and the value accorded to them in the overall concept of defence.

The mission, within the scope of the relevant NATO strategy, is to provide a flexible and suitable response to possible aggressive military activities.

For the area of operations of the German Navy, especially the Baltic, this meant that an adequate number of submarines had to be available to meet the possible threat. Defence operations by German submarines in the Baltic meant deployment as far east as possible in

order to meet a developing threat at an early stage and to bind the forces of the potential opponent as early as possible in sea areas dominated by him.

But the submarine also plays an important role in the sea areas of the northern flank and in other assigned operation areas. The idea is to operate as far forward as necessary in order to face an opponent in the depth of the field. For operational planning and command, this means taking the specific advantages and limitations of the weapon system – in this case the submarine – into consideration. The operational principles are determined by the parameters of the weapon system, the area of operations and the mission.

The mission planning authority therefore has to give due regard to the individual mission, operational abilities and limitations, i.e. the strengths and weaknesses of the weapon system, likely capabilities of the opponent and specific features of the area of operations.

Planning must take into account typical strengths of the submarine such as optical, electromagnetic and acoustic "invisibility", long endurance also in hostile waters, independence from sea areas and weather, as well as other factors like training status, crew stability, sea area restrictions and depth zones. This may lead to extension or limitation of the mission profile. The submarine's ability to act as a lone combatant or

under central command as part of a coordinated engagement is as important an aspect as the specific material and personnel of the individual boat. If possible, operational planning should not prescribe route and time factors for deployment to and from the area of operations, so that the submarine commander is free to decide his route and speed of advance according to the prevailing circumstances and conditions. The submarine's great strength due to invisibility and its weakness having to snorkel can only be used to best advantage or compensated if the commander has a degree of freedom to decide where, when and how to proceed. This has no effect on overall mission command.

However, the better the information status of the submarine and the less it is forced to surface – apart from the need for periodical snorkling to replenish batteries etc. – the safer it will be and and the more likely to succeed in its mission. Equipped with torpedoes as main armament and with mines as an additional measure, the Class 206 and 206A submarines are suited to take part in missions in all sectors of the operations area assigned by NATO. This includes operations in the extended shallow coastal waters of the Baltic and the North Sea as well as in the deeper waters of the northern North Sea and the North Atlantic. As a naval weapon operating in conjunction with

surface vessels, aircraft or other submarines, they are just as effective against merchant shipping, warships and submarines as in barrier operations, special-purpose tasks and reconnaissance work.

It is important for senior operational command to be familiar with the salient features of submarines in order for them to be able to realise their full potential, as has been repeatedly demonstrated in exercises at the national and NATO level. The NATO water space management concept, like centralised air space control, has proved its worth for several decades. And yet, submarines will always remain sole operators at heart – lone wolves – with clearly defined assignments.

After 1990

The end of the age of bipolarity led to drastic changes in both mission and command. National defence remains the primary mission of the submarines, and they are still assigned very independent tasks within an area of operations, although control is centralised on land from Fleet Command. Their ability to operate for extended periods of time undetected in sea areas dominated by the enemy makes submarines predestined for a number of tasks in crisis management and wartime scenarios. New task priorities are: reconnaissance and monitoring of sea areas, harbours

and coastal regions, support and implementation of special operations (with frogmen and special forces), cooperation in a combat unit, including employment as forward underwater sensor, protection of surface units, operations against surface vessels and submarines, rescue tasks in the area of operations. To fulfil these tasks, unlike in earlier times the submarines need constant contact with land command posts to ensure close coordination. This provides resolute, purposeful employment of the German submarines within the scope of NATO in operation areas all over Europe. Under the new concept, the submarine, hitherto the typical "loner", has become an integrated unit in a major formation. The wide range of new tasks must be reflected in training and equipment. The Class 206A boats are not entirely suited to all these tasks. However, the new boats of Class 212A are already fully equipped and the crews trained with a view to the new mission. From 2004, the German Navy will have new, ultra-modern submarines for national and NATO tasks.

Chapter 11
On Station
Class 205 at Sea
A light haze hangs over the harbour, 0500 hrs and it looks like turning into a hot day. The harbour still seems to be dozing. Just a few men in leather

jackets clamber through the narrow hatch in the sail of their submarine to make ready for sea. At 0600 hrs a grey shadow glides silently out of the harbour.

On board, there is an atmosphere of quiet but brisk activity. Exercise charts are prepared, studied and discussed again, trim calculations made, compressed air bottles filled to 250 bar, diesel engines started up and batteries charged. The last provisions are carefully stowed according to the storage plan, and the torpedo system is inspected for the hundredth time.

The boat eats up the miles under the slowly rising sun. Not many on board notice the young day, since the bridge is only manned by the officer of the watch, a lookout and a messenger. Even the helmsman, who catches a glimpse of the sun through the periscope while taking bearings to check his position, hardly notices that the day is getting warm. But then the CPO in the Control Room measures the humidity at 88 % and the men below realise how warm it must be outside, and that they are likely to get condensation dripping on them.

The joyfully greeted order "Prepare to dive" disrupts the quiet on board. The order is repeated by everyone and leads to a bus of activity, all stations must be ready to dive without delay. All hull penetrations are closed.

Diving tank vents are opened, the diesel is killed, only the battery ventilation still hums until the very last second to expel the dangerous gases overboard. Flag and pennant, life-belt and binoculars are handed down from the bridge. The executive officer reports clearly: *"Prepared for diving"*. After the CO's brief acknowledgement *"Ja"* and the order *"Diving stations!"*, only the "Old Man" is left on the bridge for one last quick look around at the situation on the surface.

The next few moments are a rapidly fired series of orders and confirmations, issued with no chance of misunderstanding in a sequence drilled thousands of times. *"Close hatch"* – *"Hatch is closed"* – *"Standby air vents"* – *"Air vents ready"* – *"Flood tanks"* – *"Periscope depth"*.

When the diving manoeuvre is successfully completed and the air vents are closed once more, the CO orders the boat *"Make 100 revs ahead, one degree trim by the bow, periscope depth"*. And now the tension subsides. The whole procedure took two minutes, the submarine is submerged.

The CO or his Number One is at the periscope, keeping a vigilant eye on the surface for the reported hostile formation in the vicinity, without forgetting to keep an eye on the air. The sonar operator is at the hydrophones, trying to identify a target in the midst of the

submarine's own noise and ambient sea noises.

The command to *"Stand down diving stations, starboard watch on duty"* brings routine into the procedure. The men off duty find a corner to relax in the bows, but everyone is on call, as the boat is on patrol during an exercise. This is the moment of quiet before the storm. Just the quiet orders from the CO and executive officer indicate how everyone is wide awake and waiting in suspense to establish contact with the opponent.

After 15 minutes, the commander takes the boat down to 30 m to improve listening conditions. The quieter water at 30 m depth has hardly been reached before the hydrophones report *"Screws at 130°, very faint"*. The CO changes course to one-three-zero to establish a base line for course and bearing of the opponent.

Not a doubt, it is the kind of noise produced by the propellers of surface vessels, merchant ships or warships. *"Battle stations!"* the order sounds, and movement returns as everyone tries to get to his station quickly, not an easy matter in the confined space. There are only a few places where the passageway is wide enough to allow men to pass each other. But the bustle lasts for less than a minute before all is quiet again.

Every man is standing or sitting at his post in an attitude of concentra-

tion. An attack is to be exercised and every move counts. No valve must be opened too much or too early, too little or too late. Each of the 22 members of the crew knows he can and must rely on his neighbour.

This tense waiting game has meanwhile lasted an hour, and still the boat is 30 m deep and creeping up on the target. The object is to pass undetected up to the convoy, which is protected by several warships, and to fire the torpedoes from a distance of about 12,000 to 15,000 m.

The submarine does not always succeed in remaining undetected. Often it is headed off or identified by the surface ships' sonar systems. Then the hunter becomes the hunted and the submarine has lost its big advantage of the invisible approach.

So far, we have remained undetected, although our boat is just a few thousand metres from the forward escort. We can clearly hear the chirping of his sonar. Has he got us yet? Now we can hear the increasing noise from the propellers all through the boat. Nerves are stretched to breaking point. Will the destroyer identify us? Will it run right over us? Will we be able to get to the convoy? All these questions come to our minds.

The grinding screws are right above us, and still no detonation to indicate a simulated depth charge. We made

it! The singing sound of the destroyer's propellers moves away, and the crew takes a deep breath. But the man at the hydrophones is already tracking the closest ship in the convoy, passing on every little change to the navigator and plotting table. The CO reacts immediately. Now that the boat is free of the escort, he turns towards the bearing and moves to attack. *"Periscope depth!"* The bows rise, the boat comes up to 11.8 m. A quick glance of 10-15 seconds through the periscope is all the CO needs to complete the picture.

"Prepare tubes One and Two for firing!" The results of the work at the plotting table indicate estimated speed and distance. The values are compared with periscope observation and look good. *"Speed good, course change 5°"* is the report from the control. *"Tubes One and Two ready"* comes the report from forward.

"Flood tubes One and Two". The CO gives the Second Officer at the torpedo calculator the target data. *"Distance confirmed"* reports the torpedoman and passes the data settings on. Then everything happens very fast.

"Go to zero-nine-zero!" – *"Tubes One and Two flooded, muzzle flaps open"* – *"Tube One ready!"* – and just seconds afterwards: *"Fire One!"*

At that very moment, a green flare is fired from the signal tube to show that a torpedo attack is being

simulated. The boat maintains course. The second torpedo is ready against a second target: *"Down to 60 m quickly, ahead 200 revs, steer zero-seven-zero"*.

Making 15 knots, the boat now tries to reduce its silhouette, turning away from the increased risk of detection. But here they come! The fast, singing screw noises of the destroyer, hurrying at more than 20 knots towards the spot where the green flare was sighted and where they think the submarine must be. The submarine spirals down to 100 m and then creeps at 7 knots back towards the convoy, screened by the column of bubbles it has caused. A quiet cheer is raised, the evasion seems to have been successful. The hunter's screw noises grow fainter: apparently the destroyer's underwater detection systems thought the disturbed water was the submarine, and they lost their target. Now we have a chance of closing in on the the convoy's protective noise screen. *"Stand down battle stations!"* The CO knows he cannot attack again yet, not until the escorts are far enough away. He grants his men a few minutes break, for as soon as the opportunity arises he will try to tackle the next ship in the formation. He needs his whole crew for the next attack, wide awake and fully concentrated.

In the next couple of days the boat makes another eight attacks. The story is repeated: Creep up unseen, fire,

hide, take countermeasures and wait, search, wait. Finally the first part of the exercise is concluded. *"Prepare to surface!"* The order repeated by everyone sounds like a relief, like the *'All clear'*. Sadly, the happy mood is of short duration. When the boat comes up from 70 m to periscope depth and then slowly surfaces, we find that the fine weather is over. The boat rolls heavily in the high seas, heeling up to 40° to either side. The waves coming up on the stern quarter have built up so much in the last two days that they shake the little boat around like the grip of a giant hand.

Nevertheless, one after another the men ask permission to come up to the bridge. Unshaven, unwashed, sweaty and tired, bundled up in leather jackets, they come up to the tiny bridge to smoke a quick cigarette and then – not least to get out of the wet – go down and make space for the next man.

One at a time, the men get a cup of water from cook to clean their teeth. The breathing space between the parts of the exercise is soon over, and the order rings out again: *"Prepare to dive!"*

The exercise lasts two weeks, and the submarine is still heading for home long after the destroyers, frigates and minesweepers have already made fast in harbour. The boat pitches and rolls its way through the night at its relatively slow surfaced speed along the mine-

free seaways. The spirit on board is high, it is only a question of hours until we reach harbour and hot showers, dry clothes and a clean bed with white sheets. The freshwater reserves on board are so low that there is just enough for cooking, the storage space so limited that only the bare necessities can be carried. The 14 bunks have to be used in turns, and getting undressed in the short breaks between spells of duty is hardly thinkable. Once again, we have not taken off our leather clothing, designed to protect against cold, wet and injury, for two whole weeks.

But now, when we know we will be in harbour in just a few hours, all the hard work and the privation is forgotten. The sudden quiet as we pass inside the outer harbour walls is impressive and calming. We announce our arrival with a loud blast on the horn.

Once again, the harbour seems lifeless. Only the bright lights on the ships and the quayside indicate that anything is alive inside the big grey hulls. We silently come alongside the pontoon bridge, using only the electric motor, to be met by the Squadron Commander.

It is the end of an exercise, but life goes on. *"End of exercise"* – *"Secure lines! Start up diesel engines! Commence charging! Present pier guards for watch duty!"* The last orders make it clear that not everyone can

catch up on much needed sleep. Some of us are still on duty …

Tender Operations: Taking the Lahn *to the torpedo firing area*

The tender *Lahn* looks like a skyscraper at her moorings in Kiel. The submarines are hardly visible, so to say at her feet. She is a totally different kind of ship, but is united in a formation that will soon leave together on a joint training cruise to foreign waters. Our first port of call is Frederikshavn, the familiar Danish naval base where we have already been guests so often, then we head on to the Norwegian base at Bergen and Aberdeen in Scotland. As well as the *Lahn*, our old friend "Spieki" (nickname of the 2,400 horsepower tug *Spiekeroog*, 854 tons) will be along on the trip.

The training programme includes torpedo firing in the Skagerrak.

Stocking up the *Lahn* with everything "Jack Tar" needs took 48 hours. Stores range from fresh provisions and fruit, drink, tobacco and confectionery to large quantities of fuel and lubricants to re-supply the submarines as well. A mess bill carefully prepared by the Provisions Officer ensures smooth organisation of stores. Cold stores and lockers are filled to the brim. The good old *Lahn* lies low in the murky harbour water.

At last, everything is ready. The guard on the pier is recalled. The shore

connection and telephone lines are removed. On board, the ventilation stops briefly, emergency lighting flares up once, then a few seconds later everything is humming and purring as usual, we have switched to shipboard power. 99 metres of tender are self-sufficient, nothing is provided from land any more.

"Crew to action stations!" There is a moment of apparent disorganisation with people milling about, then all stations are manned. Section chiefs make ready reports.

The First Officer calls the bridge to order as the Squadron Commander enters. He makes his report to the Commander: *"All stations manned."* *"Tender ready to depart"* the CO of the *Lahn* adds – he has already received the ready reports. He commences departure. *"Clear all lines fore and aft, except for one spring"* – the orders are acknowledged. The sailors handle the lines quickly and confidently. *"Port ahead 3, starboard astern very slow"*. The officer of the watch starts to turn her against the taut line to open an angle between the ship and the pier. *"Stop engines, clear spring, both astern slow"*. The tender retreats slowly from the waving families and friends on the pier. The gap between ship and land widens fast. The ship turns and makes ten knots out past the submariners' memorial at Möltenort and Laboe.

Routine takes over. *"Departure*

concluded, starboard watch on duty!" The mast-head flies the pennant of the Squadron Commander today instead of the CO, an indication that the squadron is en route to a joint exercise and that the typical solo operators will remain together for training purposes.

This exercise will last four weeks, and training will include torpedo firing by the submarines, depth charges launched by the tender and tactical procedures under the guidance of squadron staff. And the tender will be on duty all the time.

There are only a few officers and senior NCOs from the squadron staff on board in the mess and on the decks. But in another 24 hours – in the area of operations – they will determine the rhythm of day and night for everyone. The tender is needed as a target, to transfer instructors, to salvage torpedoes, to take the submarines alongside, to re-supply with fuel, … for everything. For nearly every task, the entire crew has stations to man.

We reach the Skagerrak after 24 hours of routine transit, giving the personnel time to settle in on board.

Last preparations have been made for the torpedo firing exercise. The submarines are already in the exercise areas. We head for the meeting point, accompanied by our faithful and ever-present tug *Spiekeroog*. Instructors and registration personnel are to be

transferred. *Spieki*, as she is affectionately called, is heading out when the tender's loudspeakers call the inflatable crew to stations. Everyone on board knows that a north-westerly wind force 6 is the limit. Transfer to the inflatable will require luck and good seamanship. The inflatable crew, wearing neoprene suits and life-jackets, face a challenge embarking in this sea, and another tonight when they collect the torpedoes.

The chaplain is going on board one of the submarines today. During the past few days he has been talking to the tender crew and has been a welcome figure in our midst, sharing out comfort, advice and help as necessary.

Altogether, the "trefoil" of commander, doctor and chaplain has proved to work very well over the years. At least one of them is always available to listen to the sailors' worries, questions or troubles. For this trip, medical care of the formation is entrusted to a doctor and a dentist, while the submarine flotilla chaplain is in charge of pastoral care. The meteorologist on board is reputedly responsible for the weather.

Night has fallen, the wind has not increased but the sea has risen to steep crests. "*All stations, operation commencing*", the distorted voice comes from the loudspeakers all over the ship. The Control Room is fully manned, extra lookouts are posted on the bridge, the CO gives last-minute course and speed

adjustments. Just routine? Everyone has to be able to perform his work even in his sleep. Everything goes smoothly.

The submarines are submerged, ready to attack. On board the *Lahn* everyone is waiting for the torpedo firing data and the exercise torpedo, which should pass beneath the target. Will it be a hit? Were the calculations right? Will the "fish" surface afterwards and be easy to find? The same standard questions crop up every time. But this time everything goes well. The crew of the inflatable is in luck as well: they catch the "fish" and bring it safely back on board, no mean feat in the pitch-black night.

The tender has been both target and command post for the last few days, and is now heading for Bergen in Norway. The submarines are making the transit submerged. We are pitching into a stiff northwesterly to meet the pilot. For two hours we have been waiting outside the barrier of rocky islets in the grey dawn. The sun hardly went down at all in the night and has already bathed the coast in clear light.

It is 0600 hrs local time when the pilot comes on board, to be greeted on the bridge with a generous breakfast. The ship begins to stir. Times for the change of the watch and breakfast have been advanced, the relief watch gets ready in fresh blues for duty topside as we enter harbour. In the galley prepara-

tions are being made for giving representatives of the host nation a good lunch.

"*Enjoy your breakfast*", wishes the Chief on deck duty cheerfully to the sailors sitting down to breakfast in their second-best blue smocks, "*I'm going to need every last one of you again to set the submarine fenders!*"

Many preparations run parallel to each other. In harbour, the submarines will come alongside to refuel; the press conference is being set up in the wardroom. The Squadron Commander and CO will make their courtesy visits as soon as we have tied up. The galley has been very busy cooking up special food for the official lunch – it is quite amazing what such a small team can produce.

We have now been in harbour for three days. We are working our way through an all-round programme. Apart from providing all the necessary supplies and support required by our submarines, we are also fulfilling multiple duties as host to a group of orphans, who are enjoying all the delightful surprises in store for them on the aft deck, being a party ship with a high-class restaurant, and on Sunday we will provide the quiet venue for a church service. Everything is done hand-in-hand, and everyone can help out with (almost) everything. Perhaps it is just this special atmosphere of working together

that ties the bond so firmly and welds the tender crew into a team.

After five days we take our leave of the friendly harbour of Bergen. Back to sea and routine duties. The two screws cut a stripe across the calm sea. We have 400 m of water under the keel, course is set for Aberdeen. The submarines must be somewhere around too …

1979 in the Skagerrak and off the Coast of Crete

In the Skagerrak

The scene: Kranzfeld Harbour, Eckernförde, early dawn. Feverish activity on board *U 13*. Every tiniest space on board is packed with provisions for a three-week trip.

22 men live, work, eat and sleep in the confined steel tube. They have to adapt, show consideration, work their way through the stressful situations of a mission together. They know they have to cope, nobody can leave ship halfway round.

The CO and his officers have discussed all the tactical aspects of the mission in foreign waters for the umpteenth time, nothing is left to chance. The crew is tensely waiting to see what this "training in foreign waters" will bring. The men are all old hands, and yet every trip brings new experience and impressions, due not least to the watery medium surrounding the boat.

The programme includes submarine attack and ASW exercises. An open display of strength? How good will the "enemy" be, under what flag does he sail? Tenacious frigates or fast destroyers? ASW aircraft or helicopters? "Well, it won't be the *Gorch Fock*", says the youngest engine mechanic amidst general laughter. Head count on the pier. Everyone is carrying the typical submariner's bundle. Reports, welcome. In unison, the crew repeat the order from the CO: "*Exercise stations!*" and the officer of the watch pipes up departure from the pier. "*Clear all lines!*" Slowly the houses and harbour grow smaller, the familiar panorama is left astern, pretty yachts cross behind us, waving a greeting. *U 13* is making 10 knots. Our big bow wave seems to be trying to bar our way. A heavily laden containership passes, inward bound, flags are dipped in greeting.

Routine takes over on board. Every man knows his job, is familiar with every task in his field, ready for action. Conversation is quiet. Spaces are separated only by thin partitions or felt curtains. If the "Old Man" wants to take a nap, he can only stretch out with his feet under the chart table. Fresh water is restricted, artificial light makes every face look pale. Everything is permeated by the typical submarine smell, a combination of men, cooking, engine oil and diesel fumes.

U 13 is heading north through the Danish islands, surfaced, of course. It goes against the grain for a full-blooded submarine, but we have to comply with international regulations, which do not permit submarines to pass through the Great Belt submerged.

The helmsman has put up the chart of the Kattegat. Neptune decides to rear his head: the sea grows heavy. The boat is working hard, heaving through the waves like a huge whale. If you don't hang on tight, you'll soon land in a corner.

The bridge is shrouded in spray. The watch gets drenched constantly . Skagen disappears astern and the officer of the watch sets course west.

"*Lt., sir, orders to dive*", reports the radio man in the Control Room. "*Diving stations!*" orders the CO. The Chief Engineer reports the lower deck is prepared to dive. The CO is last off the bridge and closes the hatch. "*Flood the tanks!*" and the pressurised air hisses out. *U 13* sinks below the waves. The Ops Officer is glued to the rubber eyepiece of the periscope, taking the obligatory last look around. "*No customers.*" As soon the boat is trimmed to the satisfaction of the Chief Engineer, submerged cruising can begin. The Old Man orders the boat to 60 m. His order works wonders, the boat is quiet and steady, the strong swell unnoticed at this depth.

Both depth control operators are working with total precision, keeping *U 13* exactly on the 60 m mark. Speed and heading are under control. The highly sensitive sensors detect and analyse every little sound outside, shaping them up into a picture of the situation. The men sit in front of the fluorescent screens. Everyone is concentrating hard.

At last we reach our area of operations west of the Norwegian coast. *U 13* is supposed to attack a convoy consisting of two tankers and three supply ships protected by destroyers and frigates. A heavily armed escort, equipped with ultra-modern detection equipment and ASW weapons.

U 13 gets ready for the attack. The boat explores the water depth to establish the sound propagation qualities of the water and to determine the best attack depth. Everything is quietly organised. Then the waiting starts. Is the convoy coming? Are there noises from other ships that have nothing to do with the exercise? At last the watchful waiting is rewarded: a weak noise from the expected direction. Constant, slowly growing in volume, coming closer.

"*CO to Control Room.*" "*Sir, the enemy is approaching.*" "*Sonar to CO, sound source detected on bearing 310°.*" The CO checks incoming information and orders "*Battle stations!*" Fast as a flash the men take up position. Not a

loud word is spoken. Stopwatches are produced, the incoming sensor signals recorded, calculations checked, slide rules worked. After just a few minutes the Ops Officer produces proposals for attack course and speed.

The target data are passed to the Weapons Officer at the fire control system. He feeds the computer with data, and shortly afterwards it produces a resolution. The Weapons Officer then reports he is ready to fire. Tension rises, although the routine has been practised thousands of times. The convoy is still too far away, so we have to wait again until the screw noises grow louder.

Every ship "speaks" differently. The steady throb of the slow-turning freighter propeller, the rapid "whoop-whoop-whoop" of the destroyer's screws. Experienced sonar operators know the score exactly. The CO wants to drop down through the ring of escorts to manoeuvre into a good attack position.

"*Periscope depth*", the mast is carefully hoisted for one quick look around before the order comes "*50 m, fast*". *U 13* tilts forward, the depth gauge moves on and stops at 50 m. Total silence on board. Just the quiet hum of the electric motor and the ventilator is all that can be heard. The distance closes between *U 13* and the escorts, who are running on a zig-zag course.

The CO estimates the outer frigate is making 20 knots, and the

helmsman's dead reckoning confirms the figure. The protective screen of escorts surround the tankers and supply ships. The crews are aware of the risk of submarine attack, but as yet nobody has any idea of the presence or location of the hidden threat.

On board the submarine, the displays give tell the story: the hostile formation is abeam, then astern. The submarine has crossed the escort line. Slowly, the propeller sounds of the guardians fade as the sound from the ships in the convoy increases. *U 13* investigates the closest target. "*Fire!*" Next target, and again "*Fire!*"

More speed, change of course, ready for the next attack. Firing data are recorded for later exercise review. Every "fish" fired is indicated by a smoke grenade. At high speed the boat catches up with the rest of the convoy again to repeat the attack.

Off Crete

A few thousand nautical miles farther south at the Greek naval base of Salamis, *U 16* and *U 29* have reached harbour after 21 days in submerged transit. A friendly welcome, re-supply, then a party leaves for joint exercises. The group includes the familiar old Fletcher Class destroyers under Greek flag, a few ex-American Gearings and some elderly Bostwick Class frigates. Conditions in the Aegean are very diffe-

rent from the Baltic and North Sea. The submariners adjust quickly. Exercise procedures run to plan.

And then the big day dawns: the first live torpedo firing from a German submarine (*U 16*) since the end of World War II is scheduled. Target is the decommissioned Greek navy tanker *Zeus* (900 tons). Diving area south east of the island of Hydra. The order comes: "*Prepare Tube Seven*".

Tube Seven is readied. Via periscope and hydrophones, target bearings are entered into the computer. The fire control system soon has things set up.

The team in the Control Room is tense. Will it work? Are the data correct? Will the "fish" find the target? At last, a short relief of tension when the order is issued: "*Fire Seven!*" After running 5,500 yards, the torpedo reports back "*Target identified*". The torpedo is in charge now. The seconds drag like hours. The CO is glued to the periscope. "*A hit*" he says, a fraction before the sound wave from the detonation hits the submarine. A rumble like thunder, the crackling sound of something sinking. Flames and smoke hang over the tanker. It rises, suddenly breaks open amidships and goes down. Nothing remains but a beacon of smoke, pieces of wreckage and swirling water.

End of exercise in the bay off Hydra, crowning point of a training session. Food for gossip in Salamis: this

was *Zeus*' last voyage.

In the last week of May, *U 16* and *U 19* started on the journey home in the company of the tender *Lahn*. While snow was still falling at home in Germany, the submariners were dancing in Naples, enjoying Spanish hospitality in Cartagena, gazing at monuments in Lisbon and being thoroughly spoilt by French chefs in Lorient.

The net result of the journey: convincing proof of training ability, close friendship in the crew, new places and faces and the certainty that the boats are capable of fulfilling extreme requirements.

SUBEX –
The 2001 Challenge

U 24 is at periscope depth. It is a sunny morning 90 nautical miles south of Puerto Rico. A moment we have worked a long time to experience. The crosswires of the periscope are centred on the characteristic silhouette of an aircraft carrier.

All night the submarine was observing and shadowing the huge formation protecting the *USS Enterprise*, until it the chance came to penetrate the cordon of escorts and "attack" the aircraft carrier. After course and position data of the American formation were again reported, *U 24* is ordered to attack. A few minutes later, several simulated torpedo firings take place –

the US Navy has no choice but to accept them as direct hits.

The first officer uses the periscope camera to take some photos as "proof", but the *Enterprise* has already changed course and is fleeing at high speed, not knowing that her escape from *U 24* is leading her straight into the operational area of *U 28*, whose commander has also analysed incoming sensor data and placed his boat in an ideal position to sit and wait …

Frigates and destroyers, supply ships, Tornadoes from the Naval Air Wing and submarines *U 24* and *U 28* have made up a strong German Navy formation, now further reinforced by a group of Canadian frigates. Flagship of the formation is the German frigate *Bayern* under the command of a German admiral. The Commander of the 3rd Submarine Squadron and his staff have moved from the tender *Meersburg* to the *Bayern*. Now the submarines are controlled from this ship. They are positioned far ahead of the surface units. They operate in the passive mode and thus hardly use the radar equipment for the task of forward observer and reconnaissance work, transmitting the acquired data at an early stage to permit a coordinated deployment of the German units.

Exercise opponent is the 2nd Fleet of the US Navy, which aims to employ the formation around the carrier

Enterprise together with an amphibian formation to take over the sea area south east of the Caribbean island of Puerto Rico and another supposed island state. But this objective fails, not least due to the effectivity of the submarine operations.

This exercise is one of the highlights for the German Submarine Flotilla SUBEX formation. This is the third operation of this kind since 1997, and takes two submarines and the tender *Meersburg* across the Atlantic into Caribbean and American waters for almost 5 months. The programme involves a series of complex exercises with ships, submarines, aircraft and helicopters from numerous nations, including special exercises with American nuclear-powered submarines.

A torpedo firing exercise in tropical waters poses a considerable challenge to the crews and the support personnel. Hard on the heels of the long Atlantic crossing, a difficult, realistic exercise programme with little chance of sleep and extreme climatic conditions tests the crew of the submarine to the very limits of endurance.

But the weeks pass by and 18 torpedoes are successfully fired. *U 24* and *U 28* proudly accept the congratulations of the senior officer on their exceptionally good performance and on reaching the highest stage of operational readiness.

Unlike in earlier years, the torpedo attack itself is no longer the main task of the German submarines. Their ability to remain undetected and their far-reaching sensors make covert operations in coastal waters their primary task. The scope of operations ranges from surveillance and reconnaissance of harbours, coasts and sea areas, alone or in a combined formation, to missions in cooperation with special forces, such as hostage release, which are receiving more emphasis in new crisis scenarios. However, this does not make torpedo firing exercises secondary or unnecessary. On the contrary: this particular type of training exercise ensures that all functional chains are practised to perfection. A crew that can master this complex task without error is capable of fulfilling all other missions.

But let us go back to the Caribbean. While a busy team of maintenance staff, consisting of naval arsenal personnel and the Submarine Flotilla System Support Group, takes care of routine maintenance and repair work, the submariners have earned a few days off to relax and explore the island of Puerto Rico before the next part of SUBEX begins. That way the long periods at sea are interrupted with exotic harbours such as Madeira or Nassau in the Bahamas. The port most looked forward to was Norfolk, Virginia. The men had permission to fly members of

the family over for a week to spend a few days together for the Easter holidays. After that, the boats and the *Meersburg* had another two months of exercise and transit before coming home again in time for Kiel Week.

So what takes German submarines back to the Mediterranean and to the coasts of North America?

The southern flank of NATO – meaning the Mediterranean – has changed in importance over the last decade. From being a region on the edge of the area of main activity, it has become a focal point of strategic interest due to the direct dependence of European security on political and military activity in the region. This has led to the corresponding shift in the primary presence of NATO naval forces. As a result, nearly all major exercises take place in the Mediterranean, while exercise activity is reduced on the northern flank of NATO. This has obviously given the European end of the Atlantic and increasingly the Mediterranean pride of place in German naval operations. Exercises in which the German Navy has begun to move further away from its north European home waters. The fleet – and the submarines – now operate in other sea areas. What began as support operations in the Mediterranean and Adriatic have developed into

regular exercises, and almost every one of the German submarines has been involved in a mission lasting several months. The crews all showed excellent operational abilities and endurance. The longest operation so far lasted 184 days, and was performed by *U 16* in 2000.

The SUBEX manoeuvres in Caribbean and American waters follow several objectives. These exercise areas provide a wide variety of high quality training, exercise and analysis possibilities not to be found in the North Sea and the Baltic. A high density of quality exercises are guaranteed, and all German-American special submarine exercises are a strong case of give and take.

Furthermore, these operational trips fulfil a military political aim, as the repeated presence of German submarines off the coast of America and in American exercise areas is a clear demonstration of the willingness and ability to perform transatlantic joint operations.

The operational trips to the Mediterranean and in the Atlantic will continue to take place in the future, as they are important for crew training and for support of the Alliance, in spite of the advanced age of the Class 206 submarines.

.....

Sponsoren / Sponsors

Die Marine kann sich auf eine moderne deutsche Werft- und Zulieferindustrie abstützen, deren Fähigkeiten internationalen Ruf genießen.

Seit über vierzig Jahren arbeitet diese wehrtechnische Industrie bereits für den Ubootbau und die Instandsetzung der Deutschen Marine und führt gegenwärtig den Bau der neuen Uboote Klasse 212A durch.

Durch die engen Kontakte zwischen der Industrie auf der einen Seite und dem Bundesamt für Wehrtechnik und Beschaffung sowie der Marine und der Ubootflottille auf der anderen Seite hat sich ein gegenseitiges Vertrauensverhältnis entwickelt, das die Basis für innovative, zukunftsgerichtete und zuverlässige Entwicklung und Fertigung ist.

Auch wenn die Ubootflottille nicht Auftraggeber für die Industrie ist und damit keinen direkten Einfluß auf die Beschaffungsvorhaben nehmen kann, sind doch durch jahrelange Zusammenarbeit zwischen "Nutzern" und "Herstellern" Verbindungen entstanden, die

sich positiv auf beide Seiten ausgewirkt haben.

Die operativen Erfahrungen beeinflussen die industrielle Entwicklung, und die Marine profitierte von der kontinuierlichen Fortentwicklung der Waffensysteme. Darüber hinaus haben der Austausch von Besatzungen, das Abgleichen der Ausbildung im operativen und industriellen Bereich und die vielen Gespräche und Diskussionen dazu beigetragen, daß die Uboote aus Deutschland seit vielen Jahren einen hohen,weltweit anerkannten Standard haben.

Die nachfolgenden Anzeigen unterstützen die Erstellung dieses Buches, sind aber auch ein Zeichen dafür, wie eng sich die Ubootindustrie mit der Ubootflottille verbunden fühlt.

Herzlichen Dank
Der Autor und Verlag.

The Navy can rely on the support of a modern and highly capable German shipbuilding and subcontractor industry with a worldwide reputation.

For more than forty years, this branch of the armament industry has been engaged in submarine construction and repair tasks for the German Navy, and is currently building the new German Class 212A submarines.

Close contacts between the industry on the one hand, and the Federal Office for Military Technology and Procurement, the Navy and the Submarine Flotilla on the other hand have enabled a relationship of mutual trust to be established, which provides the foundation for innovative, future-oriented and reliable development and production.

Although the Submarine Flotilla is not in the direct position to place orders with the industry, long years of cooperation between the "users" and the "makers" have led to connections generating positive effects for both parties.

The feedback of the results

of operational experience influences industrial development, while the Navy profits from further continuous weapon systems improvements.

In addition, the exchange of crews and personnel, the coordination of training programmes in operational and industrial fields and countless discussions and reunions have contributed towards giving German submarines for many years an internationally recognized good reputation.

The following advertisements have helped to make the production of this book possible, they are also a clear indication of the close degree of cooperation between the submarine industry and the Submarine Flotilla.

Thank you
The author and publishers

THYSSEN NORDSEEWERKE GMBH (TNSW) hat sich im Bau von Spezialschiffen sowie als Konstruktions- und Bauwerft für Uboote national und international eine Spitzenstellung erworben. So ist TNSW wesentlich am Bau von vier Booten der Klasse 212 A – der modernsten konventionellen Uboote – beteiligt und liefert zwei dieser Uboote verantwortlich an den Auftraggeber.

Die Werft ist auch an der Konstruktion und dem Bau von nationalen Fregattenprogrammen beteiligt. TNSW ist Bauwerft der dritten Fregatte der Klasse 124 und wird, als Mitglied der ARGE K 130, an Konstruktion und Bau der Korvetten Klasse 130 beteiligt sein.

THYSSEN NORDSEEWERKE GMBH (TNSW) has gained a national and international reputation as a top player designing and building submarines, as well for special purpose vessels. Two of the Class 212 boats, the most modern conventional submarines worldwide, are under construction in Emden.

TNSW also participates in the design and construction of national frigate programmes and is the building yard of the third Class 124 frigate.

Thyssen Nordseewerke GmbH
Am Zungenkai · P.O.Box 2351 · D - 26703 Emden · Germany
Tel.: +49 (4921) 85-0 · Fax: +49 (4921) 85-2853
www.thyssen-nordseewerke.com

Thyssen Nordseewerke

Ein Unternehmen von
ThyssenKrupp Technologies

ThyssenKrupp

In the naval world GABLER Maschinenbau is one of the world's leading manufacturers for hoisting mast systems as well as other special submarine equipment.

Gabler has delivered tailor-made hoisting devices for more than 100 submarines commissioned to about 20 navies from numerous different shipyards.

Together with partners in the world's navies, industry and government offices, we are permanently working on new solutions concerning development, construction and production.

Customers benefit from our experience, reliability and innovation.

Experts from GABLER not only develop custom-designed hoistable masts for state-of-the-art sensor systems, but also take care of a seamless integration into the bridge fin of diverse types of vessels.

Are you familiar with our latest projects "Big Eye" or "Callisto"? Get informed, please don't hesitate to contact us.

GABLER – quality you can rely on. Yesterday, today and tomorrow.

Seit 1960 vertrauen mehr als 20 Marinen unseren VARTA Uboot Batterien.

Von Batterien für Boote der Klasse 205 bis hin zu optimierten Lösungen für die Klassen 212 oder 214 bauen und liefern wir maßgeschneiderte Batterien in Standard- oder Doppeldeckerbauweise für jeden Ubootstyp.

Unsere langjährige Erfahrung in der Anwendung sowie unsere Kompetenz in allen Entwicklungsfragen macht uns zu einem gesuchten Partner für Werften, Konstruktionsbüros und Anwender weltweit.

Auf Basis unserer bewährten Komponenten erfüllen wir alle Anforderungen unserer Kunden in bezug auf Energie- und Leistungsdichte, Lebensdauer und Zuverlässigkeit. Unsere Batteriemonitoringsysteme und Wasserstoffeliminatoren helfen den Marinen, ihre VARTA Batterien, optimal zu nutzen.

Wir helfen unseren Kunden nicht nur bei Aktivierung und Installation der Batterien sondern stehen über die gesamte Lebensdauer der Batterie rund um die Uhr mit Rat und Tat zur Verfügung.

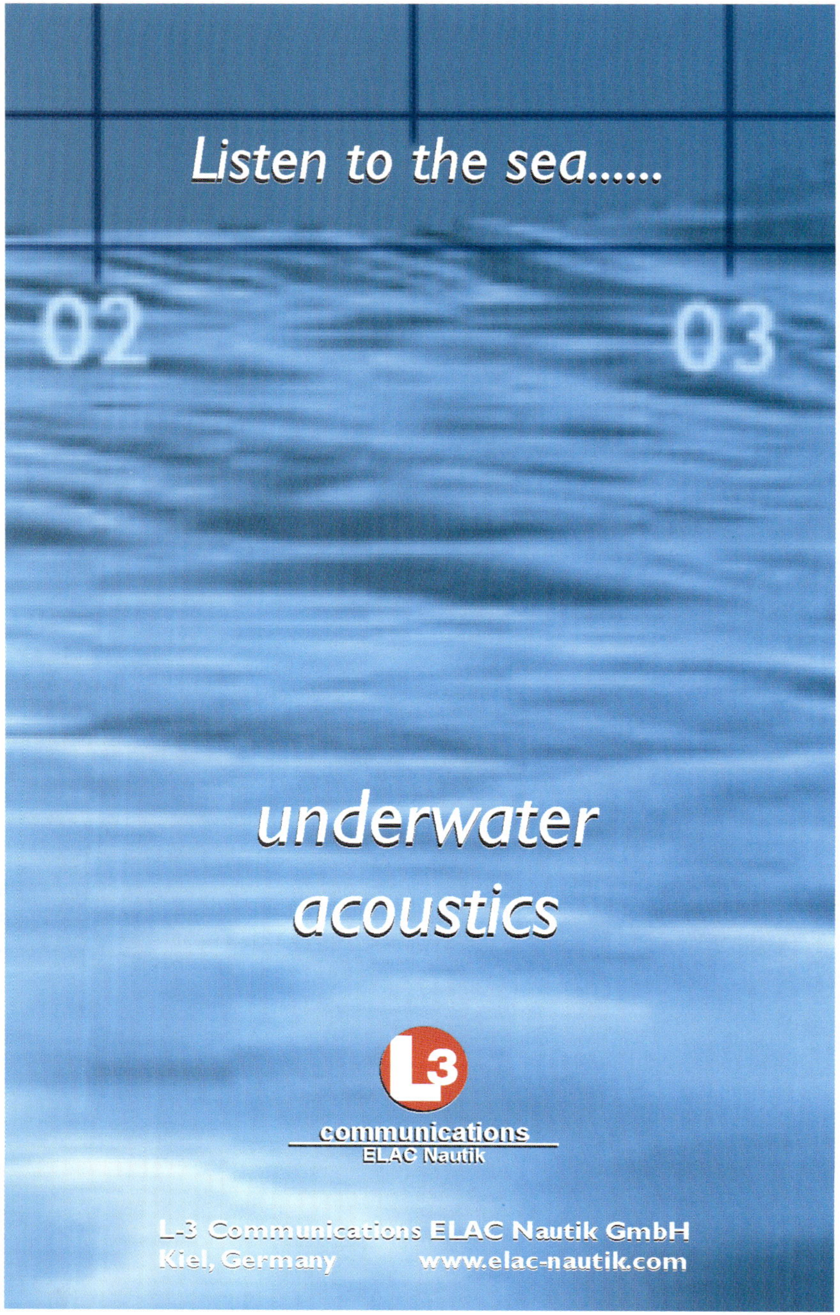
Listen to the sea......
02
03
underwater
acoustics
L3
communications
ELAC Nautik
L-3 Communications ELAC Nautik GmbH
Kiel, Germany
www.elac-nautik.com

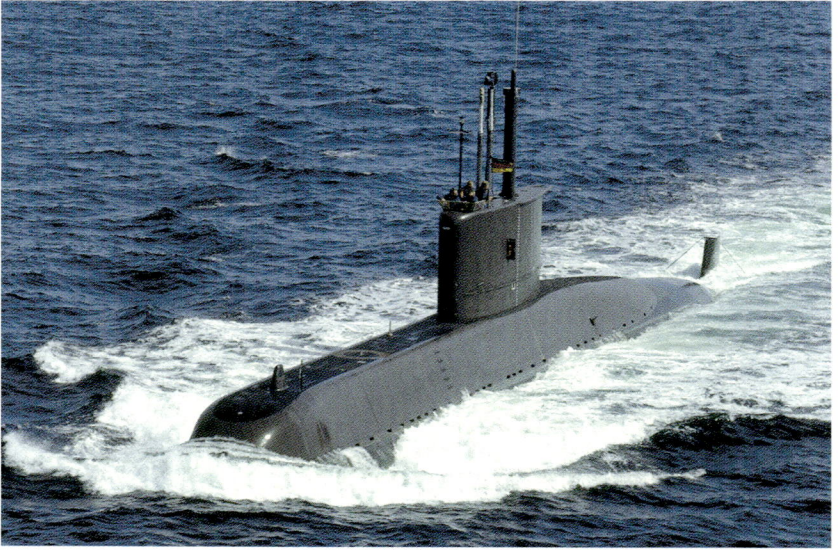

Marinepumpen nach Maß

ABEL GmbH & Co. KG ist der führende deutsche Hersteller von Kolben- und Kreiselpumpen für die Marine. Anwendungen erfolgen als Bilge-, Trimm- und Ballastpumpen oder zur Stevenrohrspülung und Batteriekühlung etc.

Nicht nur für Neubauten – auch für Ersatz – werden die Abel-Marinepumpen so konstruiert, daß an Bord sowenig wie möglich angepaßt werden muß und alle gewünschten Spezifikationen erfüllt werden. Durch innovative Weiterentwicklung werden die Pumpen den immer höheren Anforderungen gerecht.

Marine Pumps tailored to your demand

ABEL GmbH & Co. KG is the leading German manufacturer of piston and centrifugal pumps for Marine applications. These include for example bilge, trim, ballast, sterntube and battery cooling pumps.

Not only for new vessels – but also for refits – Abel pumps are designed so that almost no changes have to be done aboard in order to fulfil all required specifications. Due to their innovative design and R&D, Abel pumps satisfy all current and future demands.

Die AUMA Werner Riester GmbH & Co. KG

verfügt im Bereich der Armaturenautomatisierung im Schiffbau über langjährige Erfahrung. Zuverlässige Technik, die allen militärischen Anforderungen Rechnung trägt, hat den Namen AUMA zu einem Begriff im internationalen Marineschiffbau werden lassen.

So ist es nicht verwunderlich, daß AUMA Stellantriebe in die engere Auswahl für das derzeit fortschrittlichste U-Boot-Projekt kamen – und AUMA hat den Auftrag erhalten. Niemals zuvor wurden AUMA-Stellantriebe solch harten Prüfungen unterzogen wie für dieses U 212-Projekt. Alle Tests wurden bestanden.

AUMA hat die technische Herausforderung angenommen und die AUMA-Antriebe an die speziellen Anforderungen dieses Einsatzzweckes angepaßt. Diverse Modifikationen wurden in enger Absprache mit den Bauwerften durchgeführt – das Resultat: Ein Stellantrieb, der die Spezifikationen zu 100 % erfüllt: Dadurch leisten AUMA Stellantriebe einen entscheidenden Beitrag zur Einhaltung der hohen Sicherheitsstandards an Bord, für die Besatzung ein beruhigendes Gefühl.

Pipe Lifecycle Management

CARETRONIC specializes in the development of complete system solutions for design, calculation, manufacturing and quality assurance of pipe systems. The combination of practical know-how from shipbuilding and pipe production, as well as state-of-the-art software and Internet technology makes CARETRONIC's e-production solutions a branch standard in the construction and maintenance of naval and merchant ships.

Special demands placed by the high-tech shipbuilding industry on innovation, reliability and economic efficiency are met by our products in an optimum manner with computer-aided solutions throughout from planning to operation, as well as support of global cooperation between shipyards and suppliers.

Thanks to the time-tested production management system PipeFAB and the integrated hardware components RoboFIX as well as SCOPELINK, you are offered higher quality, shorter processing times and lower costs.

Sicherheit auf See

Dräger bietet modernste Technologie für sicheres Atmen. Neben persönlicher Schutzausrüstung gehören Tauchgeräte und Dekompressionskammern zum Produktprogramm. Stationäre und mobile Messtechnik sowie kundenspezifische Anlagen für das Atemluftmanagement sichern die Einsatzbereitschaft von U-Booten. Dräger errichtet individuelle Systeme zur Atemgasversorgung von Tauchanlagen. Eingesetzt werden dabei unter anderem Kompressoren, Sauerstoffumfüllpumpen und Versorgungscontainer für Druckluft, Sauerstoff oder Mischgase.

Safety at Sea

Dräger is the market leader when it comes to state-of-the-art respiratory protection systems. We offer a full line of personal protective equipment. Fixed and mobile gas detection units and customized breathing air management systems ensure the safe operation of submarines. Dräger also offers breathing air supply systems and decompression chambers consisting of compressors, oxygen filling stations and supply storage for oxygen, compressed air and mixed gases. Whatever your needs at sea, we help you make it safer.

NH90 mit dem Hubschrauberwindensystem von ESW

Ideen für Produkte
Produkte für Systeme

ESW – Partner für Entwicklungen und Lieferungen von Anlagen in militärischen Anwendungen – hat sich einen Ruf als kompetentes Unternehmen im In- und Ausland erworben.

Die Schwerpunkte in der Marine liegen z.B. in der Stabilisierung von Radaranlagen (HL 351, CPF, SF 300), Launchern (RAM), Rettungswinden (NH90) oder Teilen der Torpedoausrüstung (Motore) sowie Torpedo-Teststand.

We develop Ideas

ESW – as a partner for the development and delivery of systems in military applications – has an excellent reputation as a competent company worldwide.

Main naval business focal points are, for example, the stabilization of radar antennae (HL 351, CPF, SF 300) and missile launchers (RAM), rescue hoists (NH 90) as well as components for torpedo systems and torpedo test equipment.

Mit mehr als 100 Jahren Erfahrung zählt Noske-Kaeser international zu den führenden Herstellern schiffstechnischer Anlagen. Produkte und Dienstleistungen des Unternehmens setzen Maßstäbe für Sicherheit und Zuverlässigkeit. Die Lieferung von über 1200 Anlagen für die Marineschiffe von 40 Ländern spricht für das Know-how von Noske-Kaeser.

Das Programm umfaßt Entwicklung und Produktion von Komponenten und Anlagen aus den Bereichen Klimatechnik, Lüftungstechnik, Kältetechnik, Feuerlöschtechnik und Rohrleitungsbau sowie den Service.

With more than 100 years of experience Noske-Kaeser is one of the leading companies worldwide producing equipment for the shipbuilding industry. Our products and services set standards for safety and reliability. Our delivery of more than 1,200 plants for navy vessels of 40 countries surely prove the know-how of Noske-Kaeser.

Our programme comprises development and production of components and plants in the areas of air-conditioning technology, ventilation technology, refrigeration technology, fire-fighting technology and piping as well as the service for all these applications.

Piller Naval Technology

Piller was established in 1909. Today, the company is a member of the RWE Group and globally recognized as a supplier of high-quality products in the field of naval technology. Piller has been supplying components and complete systems for on-board power supply for over thirty years. The product range encompasses:

- Brushless charging generators
- AC alternators
- Static and rotary frequency converter
- Static UPS
- Combined mains and charge system
- Special DC motors and fans

Piller plans, produces and markets tailored solutions in compliance with all relevant regulations and specifications. The products have confirmed their reliability on numerous submarines and surface vessels. Piller was commissioned to supply components and systems for vessels such as the F124, the U212 (anti-magnetic construction) as well as the Class 206/206A, 209 and 214 submarines.

RWE Solutions

RWE PILLER GmbH
Abgunst 24 · D - 37520 Osterode
Tel: +49 (5522) 311-0 · Fax: +49 (5522) 311- 562

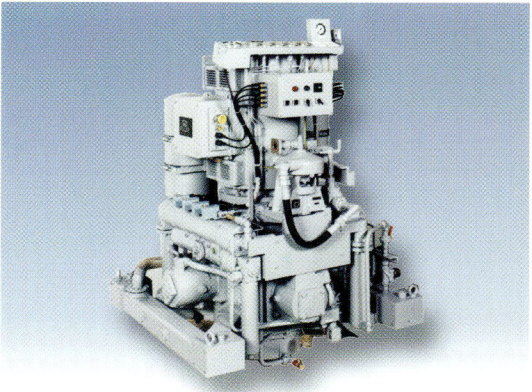

J.P. Sauer & Sohn – Partner der Marinen

Der erste Sauer Marineverdichter wurde 1956 an die Deutsche Bundesmarine ausgeliefert. Heute verlassen sich weltweit über 50 Marinen auf ihre Kampf- und Versorgungseinheiten über und unter Wasser auf die Kompressorentechnik des Kieler Traditions-Unternehmens. Ständige Weiterentwicklung der Kompressorentechnik, wie der Hochdruckkompressor WP5000, mit 100% freiem Massenausgleich und längsten Wartungsintervallen sowie Produktergänzung aus den Tochterunternehmen Girodin-Sauer und Sauer Compressors USA sichern dabei den notwendigen technologischen Vorsprung für die Zukunft.

J.P. SAUER & SOHN – PARTNER OF NAVIES

The first Sauer Navy Compressor was delivered to the Federal German Navy in 1956. Today, more than 50 navies worldwide rely on board their combat and support ships above and below the water on the compressor technology of the well-established company located in Kiel, Germany. Constant development in compressor technology – such as the High Pressure Compressor WP5000 with 100% free inertial forces and enhanced maintenance intervals as well as new products from subsidiaries Girodin-Sauer and Sauer Compressors USA ensure our technical leadership in the future.

J.P. SAUER & SOHN
MASCHINENBAU GMBH

J.P. Sauer & Sohn Maschinenbau GmbH
Brauner Berg 15 · D - 24159 Kiel-Friedrichsort
Tel: +49 (431) 3940-0 · Fax: +49 (431) 3940-24
E-mail: info@sauersohn.de · www.sauersohn.de

F124 SACHSEN

FELIX SCHUH DÄMMTECHNIK VON A - Z

Abgasrohre – Blechverkleidung – Ceramo-Spray – Dampfbremsen – Entdröhnung – Feuerschutz – Gastanks – Hohlraumbedämpfung – Innenausbau – Kühlräume Lärmschutzmaßnahmen – Meß- und Prüfberichte – Normen, vorschriftengerecht – Ort- und Plattenschaumarbeiten – Paneeldeckeneinbauten verschiedener Module – Quickservice-Leistungen – Rauchstop, Rohrisolierung, Dampf- und Kondensat – Stahlboden: A 60 – elastische Trittschalldämpfung – Tanks und Bunker – Umbauten – VA-Verkleidung

FELIX SCHUH INSULATION FROM A - Z

Ceiling panels – Ceramo-Spray – classification approvals – cold storage areas – conversions and refits – draught stop – elastic fire protection – exhaust lines – floating steel floors A60 – floor sound proofing – gas tanks – foam insulation – hollow space insulation – immediate and fast service – interior outfitting – noise reduction – pipe insulation – sheet metal coverings – stainless steel coverings – tanks and bunker containers – test reports – vapour-barriers

DIN EN ISO 9001 + 9002

Schuh+Co

Felix Schuh & Co GmbH
Postfach 74 07 04 · D-22097 Hamburg
Tel. +49 (40) 7 33 43-0 · Fax +49 (40) 7 33 43-149
E-mail: schiffbau.hamburg@felix-schuh.com

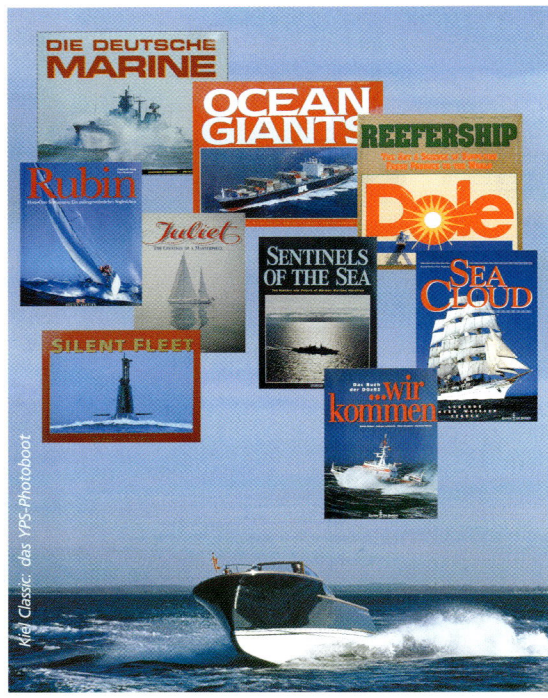